权威·前沿·原创

皮书系列为
"十二五""十三五""十四五"时期国家重点出版物出版专项规划项目

北京市哲学社会科学研究基地智库报告系列丛书
中共北京市委党校（北京行政学院）学术文库系列丛书

北京人口蓝皮书
BLUE BOOK OF POPULATION IN BEIJING

北京人口发展研究报告（2023）

ANNUAL REPORT ON POPULATION DEVELOPMENT IN BEIJING (2023)

积极应对人口老龄化

主　编／闫　萍　胡玉萍　吴　军　杜　鹃
副主编／陈志光　董亭月

社会科学文献出版社
SOCIAL SCIENCES ACADEMIC PRESS (CHINA)

图书在版编目(CIP)数据

北京人口发展研究报告.2023：积极应对人口老龄
化／闫萍等主编.--北京：社会科学文献出版社，
2023.11
　(北京人口蓝皮书)
　ISBN 978-7-5228-2663-9

　Ⅰ.①北…　Ⅱ.①闫…　Ⅲ.①人口-研究报告-北京
-2023　Ⅳ.①C924.24

中国国家版本馆 CIP 数据核字（2023）第 200596 号

北京人口蓝皮书
北京人口发展研究报告（2023）
　　——积极应对人口老龄化

主　　编／闫　萍　胡玉萍　吴　军　杜　鹏
副 主 编／陈志光　董亭月

出 版 人／冀祥德
组稿编辑／恽　薇
责任编辑／孔庆梅
责任印制／王京美

出　　版／社会科学文献出版社·经济与管理分社（010）59367226
　　　　　地址：北京市北三环中路甲 29 号院华龙大厦　邮编：100029
　　　　　网址：www.ssap.com.cn
发　　行／社会科学文献出版社（010）59367028
印　　装／天津千鹤文化传播有限公司

规　　格／开　本：787mm×1092mm　1/16
　　　　　印　张：19　字　数：283 千字
版　　次／2023 年 11 月第 1 版　2023 年 11 月第 1 次印刷
书　　号／ISBN 978-7-5228-2663-9
定　　价／158.00 元

读者服务电话：4008918866

　　本书为北京市社会科学基金研究重点项目"北京人口发展研究报告（2023）"（编号：22JCB046）的研究成果。

"北京人口蓝皮书"课题组

主　编　闫　萍　胡玉萍　吴　军　杜　鹃

副主编　陈志光　董亭月

成　员　（按姓氏拼音排序）

昌　硕　嘎日达　黄江松　李　兵　刘帅顺

马小红　谈小燕　王雪梅　薛伟玲　杨嘉莹

营立成　于　倩　张　越

主要编撰者简介

闫　萍　教授，现任中共北京市委党校（北京行政学院）社会学教研部人口发展与城市战略教研室主任，硕士研究生导师。兼任中国人口学会理事（第九届）、中国人口学会青年专家委员会委员、北京市人口学会理事（第十届）、北京改革和发展研究会理事（第五届）、北京市统计学会理事（第十一届）、北京市卫健委政策专家咨询委员会成员（第三届）。毕业于中国人民大学社会与人口学院，获法学（社会老年学）博士学位，国家留学基金委公派英国谢菲尔德大学联合培养博士。主要研究方向为人口发展与城市战略、人口老龄化、家庭发展。主持省部级以上课题6项，公开发表论文50余篇，出版专著2部，获省部级奖项5项。

胡玉萍　教授，现任中共北京市委党校（北京行政学院）社会学教研部（北京市人口研究所）主任，硕士研究生导师。兼任北京社会建设研究会秘书长，中国人类学民族学研究会教育人类学专业委员会理事。毕业于中央民族大学教育学院，获法学博士学位，美国佐治亚大学公共与国际事务学院访问学者（2017年）。北京市西城区第十六届、第十七届人大代表。主要从事民生与社会建设、铸牢中华民族共同体意识的教学和研究工作。主持完成国家社科基金项目2项、北京市社科基金项目4项，主持和参与其他各级各类项目20余项，出版学术著作3部，公开发表学术论文60余篇，获省部级奖励5项。

吴 军 副教授，现任中共北京市委党校（北京行政学院）社会学教研部（北京市人口研究所）副主任，硕士研究生导师。主要研究方向为城市社会学、城市政策、城市问题与治理等。主持国家社科基金项目2项、北京市社科基金项目4项以及其他省部级课题多项。在《社会学评论》《城市发展研究》等核心期刊发表论文80余篇，6篇论文被《新华文摘》《中国社会科学文摘》《中国人民大学复印报刊资料》进行全文或观点转载。专著《文化舒适物——地方质量如何影响城市发展》获得北京市第十六届哲学社会科学优秀成果二等奖。译著《场景：空间品质如何塑造社会生活》（合译）获得社会科学文献出版社2019年度"十大好书"称号。多篇决策咨询报告获省部级领导肯定性批示。

杜 鹃 副教授，现任中共北京市委党校（北京行政学院）社会学教研部（北京市人口研究所）副主任，硕士研究生导师。毕业于中国人民大学社会与人口学院，获法学（社会学）博士学位。主要研究方向为社会分层、人口健康、基层治理。主持国家社科基金课题1项、北京市社科基金课题2项。在《社会学评论》《自然辩证法通讯》《人民日报》《光明日报》等期刊报纸发表论文20余篇，出版专著1部，《拿起针筒的国家——20世纪中国性病控制社会史》获北京市第十六届哲学社会科学优秀成果二等奖。

陈志光 中共北京市委党校（北京行政学院）社会学教研部（北京市人口研究所）讲师，毕业于中国人民大学社会与人口学院，获法学博士学位。主要研究方向为人口发展、政策科学。主持国家社科基金1项、天津市重点课题1项，参与国家社科基金、国家自科基金、教育部、北京市、天津市等多项课题。在《人口研究》《人口学刊》《青年研究》《山东社会科学》《社会政策研究》《北京日报》等期刊报纸发表论文50余篇；出版专著《安居乐业 和合能谐——有序推进农业转移人口市民化研究》《此处安心是吾乡：农业转移人口市民化推进机制》。

董亭月 中共北京市委党校（北京行政学院）社会学教研部（北京市人口研究所）讲师。中国老年学和老年医学学会青年委员会理事，毕业于中国人民大学社会与人口学院，获法学（老年学）博士学位，美国纽约大学访问学者（2018 年）。主要研究方向为老龄社会学、老龄社会政策。主持国家社科基金青年项目、北京市社科基金决策咨询项目各 1 项，参与国家社科基金重大项目等课题 10 余项。在《人民日报》、《人口与发展》、*Research on Aging* 等国内外期刊报纸公开发表文章 20 余篇，其中 1 篇被《中国人民大学复印报刊资料》转载；出版专著《中国老年人长期照护需求评估指标研究》。

摘　要

习近平总书记在党的二十大报告中指出："中国式现代化是人口规模巨大的现代化。我国十四亿多人口整体迈进现代化社会，规模超过现有发达国家人口的总和，艰巨性和复杂性前所未有，发展途径和推进方式也必然具有自己的特点。"北京作为全国首个减量发展的超大城市，需要在坚持"疏控并举"的前提下科学研判人口走向带来的综合影响，进一步落实"四个中心"首都城市战略定位，推动首都功能全面提升。本书从人口规模、结构、分布、素质等多个维度系统研判北京人口发展趋势对经济社会发展多个方面带来的新机遇和新挑战，据此提出优化政策供给机制、推进京津冀协同发展、建设人才友好型城市、促进新消费水平提升等对策建议。

北京市常住人口自 2017 年以来呈现连续下降趋势，2022 年为 2184.3万人，比上年减少 4.3 万人。其中，常住外来人口从 2015 年的 862.5 万人持续降至 2022 年的 825.1 万人。北京市常住人口自然增长率自 2017 年开始呈现逐年降低态势，人口负增长惯性持续累积。2021 年，北京市常住人口自然增长率大幅下降，2022 年出现负值。

对各功能区的人口的比较显示，首都功能核心区和中心城区（除东、西城外）的人口规模持续下降；城市副中心（通州区）、平原新城的人口规模整体上相对增加，承载水平提高；生态涵养区的人口规模波动变化。各功能区的人口连续多年呈现"内降外升"态势，多点支撑人口格局正在形成。

北京市育龄妇女规模下降，总和生育率持续低迷。北京市长期保持超低生育水平，内生性低生育格局凸显，生育率提振的内生动力不足，加之人口老龄化程度持续加深，少子化与老龄化的双重挑战将成为影响首都人口与经济社会高质量发展的关键因素。

《北京市"十四五"学前教育发展提升行动计划》提出2025年普惠性幼儿园覆盖率达到90%的目标。为此，未来需要进一步拓展普惠性教育资源布局，推动优质教育资源统筹分配。健全支持学前教育普惠发展的政策，关注普惠性资源薄弱区域，补齐普惠性资源短板。多渠道增加对农村普惠性学前教育资源的供给，加强村级幼儿园建设，完善城乡学前教育布局和公共服务网络，切实保障适龄幼儿入园；在城市新增人口、流动人口集中地区新建、改建、扩建一批幼儿园，有效满足适龄儿童就近接受学前教育的需求，切实保障非京籍随迁幼儿顺利入园。

北京市人口整体素质不断提升。北京市人口健康水平持续提升，人口健康状况位居全国前列，人均预期寿命从2010年的80.81岁提高到2021年的82.47岁，高于同期全国平均水平。北京市人口受教育程度持续提升，北京市"六普"和"七普"数据显示，平均受教育年限从2010年的11.71年上升至2020年的12.64年，远高于全国平均水平。2021年，北京市每10万名15岁及以上常住人口中专科及以上文化程度者为54573人。

伴随着人口老龄化程度的不断加深，北京市老年抚养比持续攀升，虽然目前就业领域仍然存在就业困难群体和结构性失业现象，但是，伴随着劳动力供给水平的不断下降，老年人力资源开发工作的必要性日趋显现。养老服务需求不断增长，且呈现多样化趋势，应建立"一核多元"的养老服务供给模式，厘清政府、市场、社会各方面的权责边界，明确自身角色定位，发挥各方优势，规避劣势，促进社区养老服务精准供给实现。

成立都市圈协调管理机构，避免依据行政单元进行规划带来的不足，充分考虑不同地区间经济、社会、环境和文化的联系。加快编制北京、天津、河北三地功能互补的现代化都市圈规划，进一步优化区域分工和产业布局，进而带动人口合理布局。

关键词： 首都　人口规模　生育率　劳动力　老龄化

目 录 ↖⟩

Ⅰ 总报告

Ⅱ 分报告

Ⅲ 专题报告

皮书数据库阅读**使用指南**

总 报 告
General Report

B.1

北京人口形势分析与预测（2023）

本报告课题组*

摘　要： 本报告主要采用定量分析方法，对北京市人口规模、结构、素质与分布等基本特征和趋势进行描述及预测分析，总结得出常住人口规模平稳下降，常住人口出生率降低，常住人口自然增长率出

---

* 本报告课题组：朱柏成，中共北京市委党校（北京行政学院）分管日常工作的副校长（副院长），主要研究方向为城市发展；闫萍，博士，教授，中共北京市委党校（北京行政学院）社会学教研部人口发展与城市战略教研室主任，硕士研究生导师，主要研究方向为人口发展与城市战略、人口老龄化、家庭发展；马相东，博士，中共北京市委党校（北京行政学院）校刊编辑部研究员，主要研究方向为宏观经济理论与政策；昌硕，博士，中共北京市委党校（北京行政学院）社会学教研部（北京市人口研究所）讲师，主要研究方向为社会政策；尹德挺，博士，中共北京市委党校（北京行政学院）副校长（副院长），教授，主要研究方向为人口流动与区域协同；卓杰，硕士，北京市委研究室城市处副处长，主要研究方向为城市规划、城市治理；薛伟玲，博士，中共北京市委党校（北京行政学院）社会学教研部（北京市人口研究所）副教授，主要研究方向为人口经济学、老年健康；陈志光，博士，中共北京市委党校（北京行政学院）社会学教研部（北京市人口研究所）讲师，主要研究方向为人口发展、政策科学；董亭月，博士，中共北京市委党校（北京行政学院）社会学教研部（北京市人口研究所）讲师，主要研究方向为老龄社会学、老龄社会政策；王娟芬，中共北京市委党校（北京行政学院）社会学教研部（北京市人口研究所）人口学专业硕士研究生，主要研究方向为人口发展。

现负值，育龄妇女规模下降，老龄化程度进一步加深，三次产业就业人口比重趋于稳定，人口区域分布呈现多点支撑、梯度分布格局，人口健康与文化素质水平较高等特征和趋势。本报告分析了北京人口在年龄结构、规模变化、均衡分布及京津冀协同发展等几个方面面临的机遇和挑战，并在此基础上提出进一步促进北京人口发展的对策建议，即从营造一体化的首都人口发展环境、优化政策供给机制、解决劳动者"急难愁盼"问题、促进新消费水平提升、健全人才培养体系、深化供给侧结构性改革等多个角度共同发力，以应对人口新形势对北京经济社会发展带来的一系列挑战。

关键词： 人口规模　人口结构　老龄化　人口政策　北京

习近平总书记在党的二十大报告中指出："中国式现代化是人口规模巨大的现代化。我国十四亿多人口整体迈进现代化社会，规模超过现有发达国家人口的总和，艰巨性和复杂性前所未有，发展途径和推进方式也必然具有自己的特点。"人口高质量发展是北京市落实首都城市战略定位、全面提升首都功能的重要基础。北京作为全国首个减量发展的超大城市，需要在坚持"疏控并举"的前提下科学研判人口发展带来的综合影响，进一步落实"四个中心"首都城市战略定位，推动首都功能全面提升。本报告以《北京统计年鉴》中的数据以及第六次全国人口普查（以下简称"六普"）与第七次全国人口普查（以下简称"七普"）等相关数据为基础，从人口规模、结构、分布、素质等多个维度系统研判北京人口发展趋势及其给经济社会多方面带来的新机遇和新挑战，并提出优化政策供给机制、推进京津冀协同发展、建设人才友好型城市、促进新消费水平提升等对策建议。

一 北京人口发展状况和趋势

（一）常住人口规模"六连降"，户籍人口规模明显增长

常住人口规模"六连降"，2022年降幅明显。自2017年以来，北京市常住人口规模呈现连续下降趋势。2017~2022年的常住人口规模分别为2194.4万人、2191.7万人、2190.1万人、2189.0万人、2188.6万人、2184.3万人（见表1），各年比上年减少的人口规模分别为1.0万人、2.7万人、1.6万人、1.1万人、0.4万人、4.3万人。由此可知，2019~2021年，北京市常住人口规模比上年减少的规模呈缩小态势，2022年出现减少的规模扩大的现象。

表1 2015~2022年北京市常住人口、常住外来人口、户籍人口规模

单位：万人

指标	2015年	2016年	2017年	2018年	2019年	2020年	2021年	2022年
常住人口	2188.3	2195.4	2194.4	2191.7	2190.1	2189.0	2188.6	2184.3
常住外来人口	862.5	858.8	855.5	848.2	843.5	839.6	834.8	825.1
户籍人口	1345.2	1362.9	1359.2	1375.8	1397.4	1400.8	1413.5	1427.7

资料来源：《北京统计年鉴》（2023）。

常住外来人口规模"七连降"，2022年的降幅变大。自2015年北京实施以有序疏解非首都功能为"牛鼻子"的京津冀协同发展战略以来，常住外来人口规模自2016年开始出现下降趋势。2016~2022年，北京市常住外来人口规模分别为858.8万人、855.5万人、848.2万人、843.5万人、839.6万人、834.8万人、825.1万人。可以发现，2022年常住外来人口规模的下降幅度明显，这也是2022年北京常住人口规模降幅大的主要原因之一。

户籍人口规模基本呈现持续增长态势，个别年份出现小幅波动。北京市户籍人口规模长期呈现正增长态势，2017年下降，2018年以来表现出持续

正增长的态势。2015～2022 年，北京市户籍人口规模分别为 1345.2 万人、1362.9 万人、1359.2 万人、1375.8 万人、1397.4 万人、1400.8 万人、1413.5 万人、1427.7 万人，自 2016 年起，各年较上一年变化的规模分别为 17.7 万人、-3.7 万人、16.6 万人、21.6 万人、3.4 万人、12.7 万人、14.2 万人。

（二）常住人口出生率降低，常住人口自然增长率出现负值

2016～2022 年，北京市常住人口出生率连续下降 3.56 个千分点，2022 年，常住人口出生率为 5.67‰（见图 1），显著低于全国平均水平（6.77‰），比 2021 年的常住人口出生率 6.35‰下降 0.68 个千分点，北京市持续处于超低生育水平。常住人口死亡率近十年来基本呈现波动上升态势，2020 年出现一次下降后继续上升，2022 年上升至 5.72‰，北京市常住人口死亡率稳步上升主要是受人口老龄化不断加深、老年人口规模逐渐攀升等因素影响。常住人口自然增长率自 2017 年开始呈现逐年降低态势，人口负增长惯性持续累积，2021年大幅下降，2022 年，常住人口自然增长率出现负值。

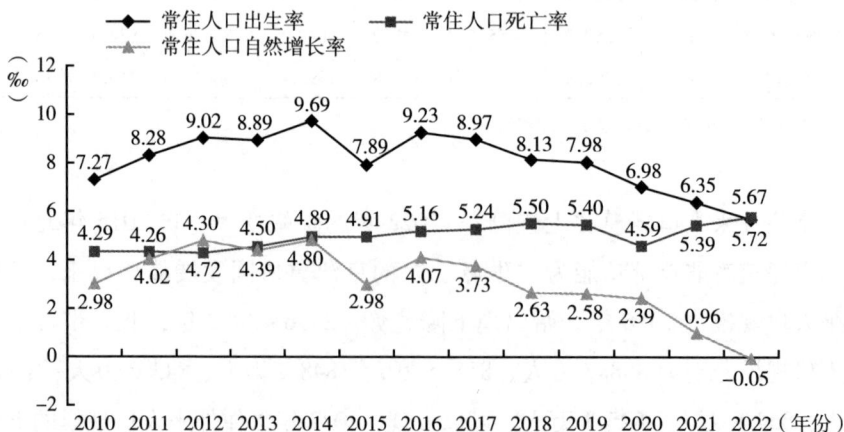

图 1　2010～2022 年北京市常住人口出生率、死亡率及自然增长率

资料来源：《北京统计年鉴》（2023）。

（三）育龄妇女规模下降，总和生育率持续低迷

近十年来，北京市育龄妇女规模及其占总人口的比重明显下降，育龄妇女的年龄结构呈现老化趋势。"六普"时，北京市育龄妇女数量约为613.9万人，占总人口的比重为31.3%（见表2）；"七普"时，北京市育龄妇女数量约为560.0万人，占总人口的比重降至25.6%。同时，近十年来，北京市育龄妇女的年龄重心逐渐向较高年龄组转移。"六普"时，北京市育龄妇女年龄分布在20～24岁组的比重最高（20.6%），接着是25～29岁组（18.8%）；"七普"时，北京市育龄妇女分布比重最高的年龄组变为30～34岁组（21.3%），接着是35～39岁组（18.5%）。

近十年来，北京市的总和生育率维持较低水平，显著低于全国平均水平。"六普"数据显示，北京市总和生育率仅为0.707；"七普"时为0.868，显著低于全国平均水平（1.3），更远低于生育更替水平2.1。北京市长期保持超低生育水平，即使生育政策调整，这种现象依然存在，内生性低生育格局凸显，生育率提振的内生动力不足，加之人口老龄化程度持续加深，少子化与老龄化的双重挑战将成为影响首都人口与经济社会高质量发展的关键因素。

表2 "六普"和"七普"北京市分年龄组育龄妇女规模及比重

	"六普"		"七普"	
	规模（人）	比重（%）	规模（人）	比重（%）
15～19岁	506210	8.2	287842	5.1
20～24岁	1264989	20.6	634503	11.3
25～29岁	1155783	18.8	908792	16.2
30～34岁	868667	14.2	1193840	21.3
35～39岁	803776	13.1	1035049	18.5
40～44岁	772124	12.6	763689	13.6
45～49岁	767062	12.5	776237	13.9
合计（15～49岁）	6138611	100.0	5599952	100.0
育龄妇女规模占总人口的比重（%）	31.3		25.6	

资料来源："六普""七普"短表数据。

（四）人口老龄化程度进一步加深，劳动力供给风险隐现

伴随着生育率的持续低迷及平均预期寿命的提高，北京市人口老龄化程度进一步加深。按照国际通行标准，从2021年起，北京进入中度老龄化社会。2022年是近五年来老年人口增量最多、增幅最大的一年。北京市统计局公布的最新数据显示，2022年，北京市60岁及以上常住老年人口为465.1万人，在总人口中的比重为21.3%（见图2）；65岁及以上常住老年人口330.1万人，在总人口中的比重为15.1%。户籍人口老龄化现象更加突出，2022年是近十年北京户籍老年人口增量最多、增幅最大的一年。在户籍人口中，60岁及以上人口为414.4万人，占总人口的29.0%；65岁及以上人口为302.2万人，占总人口的21.1%。按照60岁及以上老年人口的标准，2022年，北京户籍老年人口抚养比为51.2%，意味着大约每2名劳动力要抚养1名老年人。

图2 2010~2022年北京市60岁及以上常住人口和户籍人口占比变动情况

资料来源：《北京统计年鉴》（2023）。

同时，人口老龄化程度的加深对北京市劳动力市场供给结构带来影响，劳动年龄人口规模和比重不断下降。虽然当前北京市劳动年龄人口占总人口的比重仍高于全国平均水平，但是15~64岁劳动年龄人口规模在2014年达

到峰值 1717.1 万人后，从 2015 年开始出现持续下降的趋势，2022 年降至 1590.2 万人（见图 3），占总人口的比重也从 2010 年的 82.7% 下降至 2022 年的 72.8%。

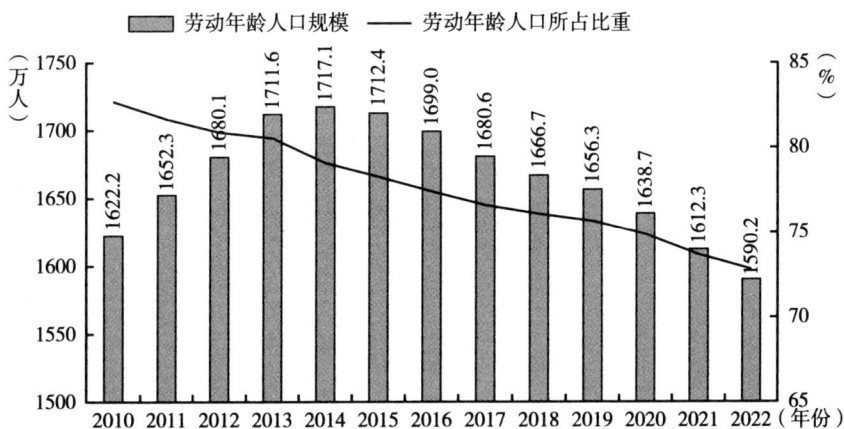

图 3 2010~2022 年北京市劳动年龄人口规模和比重变动情况

注：此处依据国际通行口径，将劳动年龄人口年龄界定为 15~64 岁。

资料来源：《北京统计年鉴》（2023）。

（五）就业人口数量呈现下降态势，三次产业的就业人口比重趋于稳定

2010 年以来，北京市常住就业人口数量呈现先增后降的特征。2017 年之前，常住就业人口数量逐年增加，在 2017 年增至 1191.3 万人后呈现连年下降的态势，2022 年降至 1132.1 万人（见表 3）。自 2010 年以来，北京市第一、二产业的就业人口所占比重基本上呈现下降态势，第三产业的就业人口所占比重呈现持续上升态势，但是近年来的变化幅度趋缓（见图 4）。数据显示，2020 年北京市第三产业就业人口数量达到近年来的峰值（941.8 万人）后便出现下降趋势，2022 年降至 921 万人。

表 3 2010~2022 年北京市常住就业人口数量及三次产业就业人口数量和比重

单位：万人，%

年份	常住就业人口数量	就业人口数量			就业人口所占比重		
		第一产业	第二产业	第三产业	第一产业	第二产业	第三产业
2010	1067.3	58.3	252.1	756.9	5.5	23.6	70.9
2015	1164.4	43.1	220	901.3	3.7	18.9	77.4
2016	1187.6	41.7	218	927.9	3.5	18.4	78.1
2017	1191.3	38.6	215.1	937.6	3.2	18.1	78.7
2018	1189.6	36.5	212.3	940.8	3.1	17.8	79.1
2019	1183.5	31.3	210.9	941.3	2.6	17.8	79.5
2020	1163.8	28	194	941.8	2.4	16.7	80.9
2021	1158	27	193	938	2.3	16.7	81
2022	1132.1	25.1	186	921	2.2	16.4	81.4

资料来源：《北京统计年鉴》（2023）。

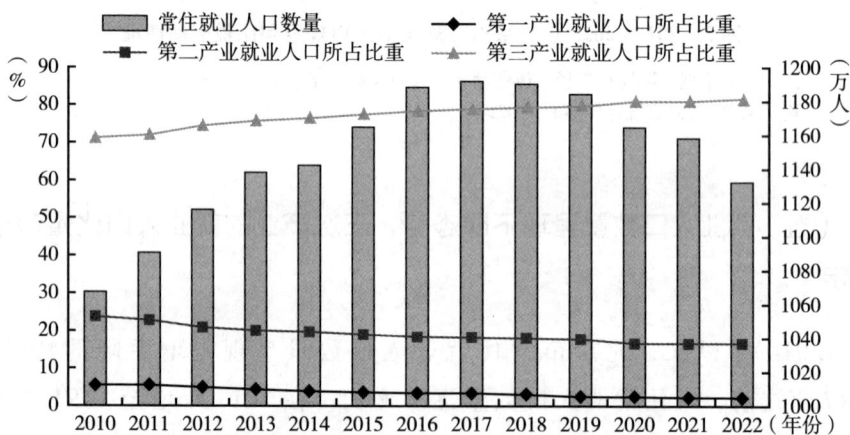

图 4 2010~2022 年北京市常住就业人口数量与三次产业就业人口比重

资料来源：《北京统计年鉴》（2023）。

（六）人口区域分布趋于稳定，呈现多点支撑、梯度分布格局

各功能区常住人口规模及比重变化趋于稳定，人口区域分布趋向均衡。

自 2016 年以来，首都功能核心区和中心城区（除东、西城外）的常住人口规模持续下降，但近年来降幅减小，人口规模趋于平稳。城市副中心（通州区）、平原新城与生态涵养区的常住人口规模基本上呈现上升态势，且从2021 年开始逐渐趋稳，2022 年甚至小幅下降（见表 4）。由此可见，北京人口区域分布多年持续积累的"内降外升"态势，使首都功能核心区与中心城区（除东、西城外）人口规模下降，城市副中心（通州区）、平原新城的人口规模相对增加，人口承载水平提高，生态涵养区的人口规模波动变化，多点支撑人口格局正在形成，人口的空间分布更趋均衡。

表 4　2015~2022 年北京市及各区域常住人口分布情况

单位：万人，%

		2016 年	2017 年	2018 年	2019 年	2020 年	2021 年	2022 年
人口规模	北京市	2195.4	2194.4	2191.7	2190.1	2189.0	2188.6	2184.3
	首都功能核心区	213.7	206.1	198.9	190.6	181.5	181.2	180.4
	中心城区(除东、西城外)	1051	1020.6	991.2	957	917.0	916.0	914.1
	城市副中心(通州区)、平原新城	735.6	767.4	796.2	833	874.0	874.7	873.7
	生态涵养区	195.1	200.3	205.4	209.5	216.5	216.7	216.1
占比	首都功能核心区	9.73	9.39	9.08	8.70	8.29	8.28	8.26
	中心城区(除东、西城外)	47.87	46.51	45.23	43.70	41.89	41.85	41.85
	城市副中心(通州区)、平原新城	33.51	34.97	36.33	38.03	39.93	39.97	40.00
	生态涵养区	8.89	9.13	9.37	9.57	9.89	9.90	9.89

资料来源：2016~2021 年数据根据《北京区域统计年鉴》（2022）整理得出；2022 年数据根据《北京统计年鉴》（2023）整理得出。

对各功能区人口密度的比较结果显示，人口密度呈较大梯度分布，首都功能核心区人口密度远高于其他区域。相较全市平均水平，首都功能核心区集聚了更高比例的少儿人口和老年人口。"七普"数据显示，西城区 65 岁及以上老年人口占全市人口的比重为 6.9%，0~14 岁少儿人口占全市人口的比重为 6.1%，这两个比重都高于该区常住人口占全市人口的比重（5.1%）；东城区 65 岁及以上老年人口占全市人口的比重为 4.4%，0~14 岁少儿人口占全市人口的比重为 3.8%，这两个比重均高于该区常住人口占全市人口的比重（3.2%）。2022 年，中心城区（除东、西城外）常住人口为 914.1 万人，比 2014 年减少 140.9 万人，下降 13.4%。中心城区（除东、西城外）的平均人口密度为 7018 人/平方公里左右。平原新城和生态涵养区的人口密度都低于 2000 人/平方公里（见图 5）。

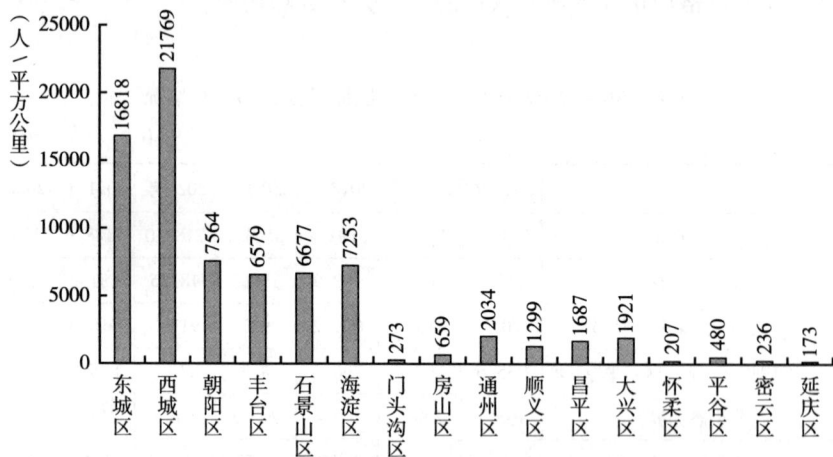

图 5 2022 年北京市各区人口密度

资料来源：《北京统计年鉴》（2023）。

（七）人口健康与文化素质水平位居全国前列

从健康水平和受教育程度两个指标对北京市人口素质进行分析发现，北京市人口健康水平持续提升，人口健康状况位居全国前列，人均预期寿命从 2010 年的 80.81 岁提高到了 2021 年的 82.47 岁[1]，高于同期全国平均水平。

---

[1] 《2021 年北京市卫生健康事业发展统计公报》，北京市卫生健康大数据与政策研究中心网站，http://www.phic.org.cn/tjsj/wstjgb/202203/P020220316647704704042.pdf。

北京市人口受教育程度持续提升，北京市"六普"和"七普"数据显示，北京市人口平均受教育年限从 2010 年的 11.71 年上升至 2020 年的 12.64 年，远高于同期全国平均水平。2021 年，北京市每 10 万名 15 岁及以上常住人口中专科及以上文化程度者为 54573 人。

结合人口就业年龄分布特征，本报告继续对 25 岁及以上不同文化程度的人口进行估算。预计 2020~2050 年，在 25 岁及以上人口中，受教育程度在专科及以上的常住人口在有增有减的波动中基本稳定在 800 万人左右，其中，2020 年约为 794.57 万人，2025 年增至约 829.87 万人，2030 年降至约 799.26 万人，2035 年降至约 759.28 万人，而后继续下降，2040 年约为 747.11 万人，然后出现回升，2045 年升至约 766.24 万人，2050 年约为 810.31 万人（见表 5）。

表 5　2020~2050 年不同年龄段专科及以上文化程度人口估算结果

单位：人

	2020 年	2025 年	2030 年	2035 年	2040 年	2045 年	2050 年
25~29 岁	1428894	1081335	571741	632338	956534	1138818	1208665
30~34 岁	1730109	1403469	1082331	604647	683147	1021802	1225574
35~39 岁	1454183	1827248	1517612	1200249	704227	808060	1200910
40~44 岁	908016	1293799	1607279	1325906	1046054	619453	699734
45~49 岁	660540	681717	948600	1154162	937968	730333	428878
50~54 岁	475241	488656	499792	685979	825828	665884	513515
55~59 岁	401407	404233	411498	416837	564456	672558	537237
60~64 岁	273922	319846	319900	323063	325082	435528	513922
65~69 岁	245029	278606	325560	325554	328568	330652	441580
70~74 岁	133093	226159	257219	301431	301889	304600	307221
75~79 岁	94661	141287	245854	285824	344280	352989	363339
80~84 岁	85475	84809	131098	233986	278026	345691	362773
85 岁及以上	55117	67539	74111	102871	174996	236057	299717
合计	7945687	8298703	7992595	7592847	7471055	7662425	8103065

资料来源：笔者利用"七普"相关数据，按照时期等比例分配原则预测得到。

对不同年龄组专科及以上文化程度人口比重的分析发现：25~29岁、30~34岁、35~39岁年龄组所占的比重在2020~2050年基本呈"U"形分布，40~44岁、45~49岁、50~54岁、55~59岁年龄组所占的比重基本呈"倒U"形分布，而60岁及以上各年龄组基本呈现随年份推移增加的趋势。预计在2020~2050年，25~39岁受教育程度在专科及以上的人口占全部25岁及以上受教育程度在专科及以上的人口的比重将从58.06%降至44.86%，其中，2035年和2040年，该比重分别仅为32.10%和31.37%。

（八）北京市面临经济动能转换升级的"人口机会窗口期"[①]

三种预测情景[②]的模拟运算结果如下。对于生育水平，假设整个预测期内总和生育率一直保持"七普"的水平，即0.868；对于迁移水平，假设2021~2035年北京常住外来人口保持平均每年4.58万人的净流出水平，2036~2050年为0；假设2021~2035年每年户籍人口净流入量为9.41万人，2036~2050年为7.5万人。在此情景下，预计2035年北京常住人口将下降至2174.6万人，2050年将下降至1930.1万人。相应地，北京人口老龄化将持续加剧，常住人口中位年龄预计将从2020年的38.55岁升至2035年的49.05岁，而后升至2050年的59.57岁（见图6）。老年人口抚养比持续升高，预计2035年将达到39.51%，2050年继续升至69.73%（见图7）。

将生育水平适度调高，假设总和生育率从2020年的0.868线性递增到2035年的1.5；2035~2050年，总和生育率从1.5线性递增到1.58。将迁移水平适度调整，假设2021~2035年北京常住外来人口增量从每年4.58万人变动至2035年

[①] 注：该部分老年抚养比的计算口径为65岁及以上老年人口。

[②] 三种预测情景对生育模式、出生性别比、死亡水平、死亡模式、迁移模式采用统一的假设。假设2020~2050年北京市常住人口生育峰值年龄由30岁缓慢上升至31岁。出生性别比从2020年的108.24线性递减至2030年的106，此后保持这个水平。2020~2030年，男性的预期寿命平均每年增加0.10岁，女性平均每年增加0.18岁；2031~2040年，男性和女性的预期寿命平均每年分别增加0.10岁和0.15岁；2041~2050年，男性和女性的预期寿命平均每年均增加0.08岁。死亡模式采用联合国模型生命表体系中的一般生命表。迁移模式以"七普"数据中外省（区市）来京人口的年龄模式为基础。

的 0，此后变动至 2050 年的 10 万人；假设北京每年维持 9.41 万名户籍迁入人口规模不变。那么，北京的人口老龄化速度将放缓，常住人口中位年龄预计将从 2020 年的 38.55 岁升至 2035 年的 47.87 岁，而后升至 2050 年的 55.42 岁。预计 2035 年的老年人口抚养比将达到 37.82%，2050 年升至 56.64%。

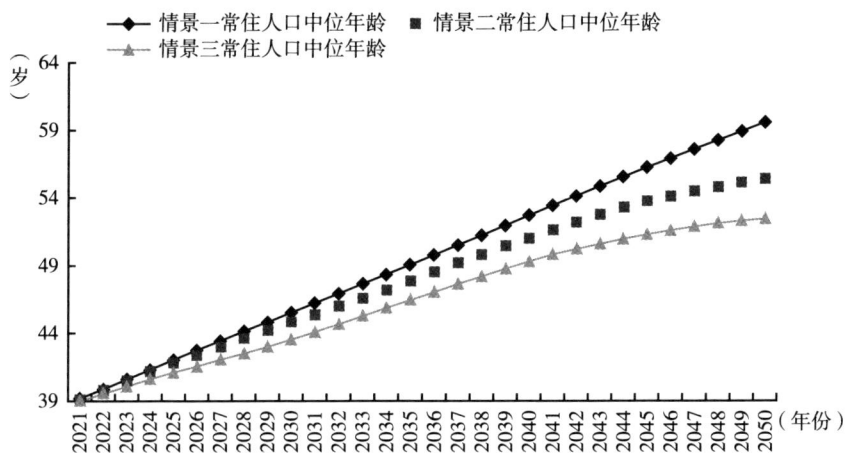

图 6　2021~2050 年三种预测情景下北京常住人口中位年龄走势

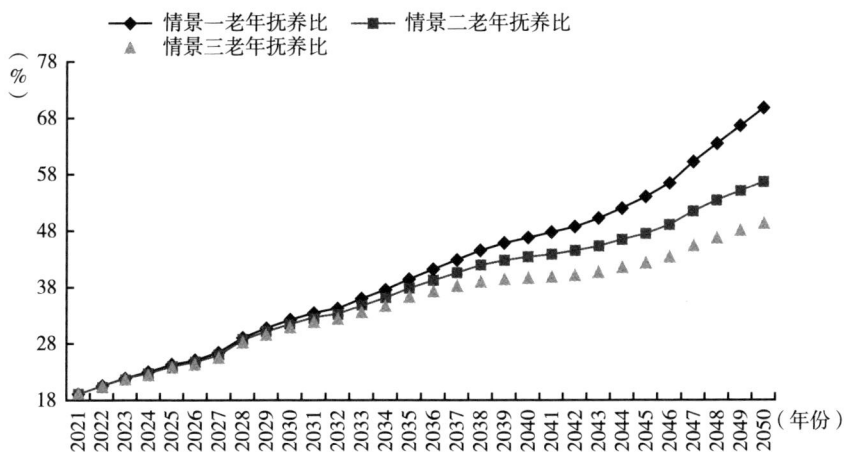

图 7　2021~2050 年三种预测情景下北京老年人口抚养比走势

将生育水平继续调高，假设总和生育率从 2020 年的 0.868 线性递增到 2035 年的 1.58，再由 2035 年的 1.58 线性递增到 2050 年的 1.86。将迁移水平适当调整，假设在全部预测周期内北京常住外来人口增量从 2021 年的 0 变动至 2035 年的 10 万人，此后再变动至 2050 年的 16.71 万人；假设北京每年维持 9.41 万名户籍迁入人口规模不变。那么，北京人口老龄化速度将进一步放缓，常住人口中位年龄将从 2020 年的 38.55 岁升至 2035 年的 46.47 岁，而后升至 2050 年的 52.44 岁。老年人口抚养比预计将从 2035 年的 36.23%升至 2050 年的 49.14%。

动态模拟结果显示：在三种预测情景下，人口老龄化都在持续加剧，如果预测期内保持与当前基本一致的生育水平和迁移水平，预计未来人口规模将维持在 2300 万人以下，而人口老龄化则急剧加速。适度调整生育水平和迁移水平，人口老龄化速度将明显降低。这提示未来需要进一步完善人口动态监测体系和加强预警机制建设，在"稳规模"与"优结构"上打出组合拳。

一般认为，包括少儿人口抚养比和老年人口抚养比在内的人口总抚养比不超过 50%的时期为人口机会窗口期。将生育水平和迁移水平进行动态模拟的三种情景显示：人口机会窗口将分别在 2033 年、2030 年和 2028 年关闭。这说明人口机会窗口在短期内不会关闭，这给北京加快经济发展动能转换升级提供了必要的时间。北京市需要更多地关注人口结构均衡、改革红利和人才红利释放。

二 人口发展趋势下北京市经济社会发展面临的机遇

（一）人口老龄化创造新的消费增长点

"银发经济"规模主要由老年人口的数量和结构、老年人口的消费模式和消费能力、国家和社会对有关老年人口的各种基础设施建设的投资决定。随着北京市人口老龄化程度不断加深，以及老年群体内部的世代更替，新一代老年群体的规模、财富、需求发生较大转变，这将推进北京市居民的消费结构发生变化。随着老年人口占比上升，其对于粮食、住房等的消费需求将减弱，而以提高老年人口生活品质为目的的文娱教育、医疗健康等商品和服务的消费需求则会不断增加。随着新一代老年人口消费需求从"生存型"向"发展型"转变，消费层次不断提升，智慧家居、旅游度假、文化娱乐、医疗健康等产业将扩容提质，这有助于拓展北京市消费需求，孕育"银发经济"新动能。

（二）减量发展对科技创新能力形成"倒逼效应"

近年来，立足首都城市战略定位，北京探索形成了以"功能调减增效、结构调优升级、空间调疏有序"为鲜明特征的高质量发展模式，推动城市发展方式由聚集资源求增长向疏解非首都功能谋发展深刻转型，北京成为全国首个提出和实施减量发展的超大城市。在此背景下，人口规模下降直接带来的劳动力减少和劳动力成本上升有助于推动资本深化，倒逼人力资本聚集，推动经济发展方式转向技术创新导向的集约发展方式。与此同时，人口规模下降可能会形成对科技创新能力提升的"需求效应"，并从需求端倒逼人工智能、工业机器人和工业自动化技术被广泛采用，而人工智能和机器人的开发及采用会明显提升企业在这一领域的科技创新能力，逐步促使企业发展模式由劳动密集型向技术密集型转变。近年来，北京市坚持内部功能重组和向外疏解转移双向发力，强化创新引领，以"五子"联动服务和融入新发展格局持续培育高精尖产业引领功能，着力构建具有首都特点的现代化经济体系，持续调整人口密度、结构、强度、布局等，为缓解人口资源环境矛盾奠定基础。

（三）人口分散布局有助于北京市实现多点平衡发展

伦敦、巴黎、东京等均出现过因功能、产业、人口过度集聚，引发城市公共服务超载、生态环境退化等"大城市病"，功能疏解、规模控制、产业升级、人口迁移等是这些城市普遍采用的治理策略。应把疏解非首都功能作为解决北京"大城市病"、有力有序推动减量发展的先导和突破口，牢牢牵住"牛鼻子",积极稳妥、稳中求进,坚持控增量和疏存量相结合、内部功能重组和向外疏解转移双向发力,以减量发展实现增长质量变革、效率变革、动力变革,为诸多触及城市治理领域历史沉疴的深层次矛盾和难题的解决提供科学方案,为特大城市转型发展贡献重要的理论和实践样本①。在具体成效方面,北京首都功能核心区和中心城区(除东、西城外)的人口规模持续下降,城市副中心(通州区)、平原新城和生态涵养区的人口规模整体上提升。北京市已形成全国首个以治理"大城市病"为目标的新增产业规划目录,如科技等高精尖产业的新设市场主体占比由2013年的40%升至2021年的62%②。这在一定程度上缓解了首都功能核心区和中心城区(除东、西城外)的人口压力,进一步优化了北京市人口与产业空间布局,有利于北京市实现多点平衡发展。

(四)人口整体素质提升有助于进行现代化人力资源开发

人口整体素质即人的知识、技能和健康等因素的综合表现,不仅是社会经济发展的重要资源,还是表征现代化水平的重要标志,是推动中国式现代化的主要动力。党的二十大报告强调:"科技是第一生产力、人才是第一资源、创新是第一动力。"人口整体素质提升具有多重性价值,从宏观层面来看,有助于提高劳动力生产率与创新能力,创造社会物质财富与精神财富,提高国家治理能力与治理体系现代化水平;从微观层面来看,有助于实现个人能力的经济价值,也具有增加社会资本积累以增进个人和家庭福利的效用。北京市人口健康与文化素质水平位居全国前列,高素质劳动力规模稳定,中国特色、世界一流大学和优势学科建设不断加快,这促进了现代化人力资源积累与开发,为建设北京国际科技创新中心和高水平人才高地,推动创新链、产业链、资金链、人才链深度融合奠定基础,提升了"四个中心"服务能力。

---

① 刁琳琳:《北京以减量发展实现高质量变革》,《新京报》电子报,http://m.bjnews.com.cn/detail/1689516256129549.html。

② 资料来源:《奏响新时代首都发展的壮丽交响》,北京市发展和改革委员会网站,http://fgw.beijing.gov.cn/gzdt/fgzs/mtbdx/bzwlxw/202207/t20220711_2768597.htm。

（五）畅通人才流动以助力京津冀协同发展

京津冀协同发展是习近平总书记亲自谋划、亲自部署、亲自推动的重大国家战略。以 2015 年《京津冀协同发展规划纲要》的正式批准和实施为标志，三地认真贯彻落实习近平总书记重要指示精神，疏解北京非首都功能初见成效，雄安新区建设取得重大阶段性成果，北京城市副中心高质量发展步伐加快，"轨道上的京津冀"加速形成，美丽宜居京津冀取得丰硕成果，科技创新和产业融合发展水平持续提升①。在此过程中，京津冀公共服务均等化建设取得新突破，首都都市圈已具备一定基础，生态资源环境、区域经济布局和国土空间体系日益协调，人口有序流动，助力北京积极构建人口区域协调发展的新机制。与此同时，京津冀三地抱团打造人才一体化共同体，京津冀人才一体化协调机制、"通武廊"人才一体化发展综合示范区、雄安新区"引才飞地"等人才发展改革新政陆续出台，助推区域人才政策衔接、人才资质互认、人才服务标准协同，助推人才引领科技创新，实现高水平科技自立自强，进而带动区域协同发展。

三 人口发展趋势对北京经济社会发展带来的新挑战

（一）人口负增长和老龄化可能影响潜在经济增长率

理论上，人口负增长尤其是人口老龄化带来的劳动力短缺、人力资本改善速度放缓、投资回报率下降以及资源配置效率提高空间缩小等，会导致潜在经济增长率下降。以日本为例，1970 年，日本开始步入老龄化社会。1990 年，日本劳动年龄人口出现负增长。相应地，日本的经济潜在增长率从 20 世纪 60 年代的两位数（11.71%）降至 70 年代的 5.81% 和 80 年代的

---

① 《习近平在河北考察并主持召开深入推进京津冀协同发展座谈会》，中华人民共和国中央人民政府网站，https://www.gov.cn/yaowen/liebiao/202305/content_6857496.htm? eqid = 9676e2c600 35a4b1000000036465c677。

4.43%。1990 年之后，下降幅度更大，从 1991~1995 年的 1.97%进一步下降到 1996~2000 年的 0.77%。与日本相似，由于人口结构变化，我国的潜在经济增长率将不断下降。自 2017 年北京市常住人口负增长以来，经济下行压力逐步增大。北京市的 GDP 年均增长率目标由"十三五"时期的 6.5%调至"十四五"时期的 5%。随着 2021 年北京市进入中度老龄化社会，北京的潜在经济增长率可能下降。

（二）人口规模下降和老龄化或将抑制社会消费需求

人口规模下降和老龄化通过人口总量效应、年龄结构效应和收入分配效应对消费需求产生不利影响。一是人口总量效应，即人口总量减少抑制社会消费总需求。二是年龄结构效应，即消费水平随着年龄增长而下降，老年人的消费能力和消费意愿普遍不高，而对于劳动年龄人口，养老保险收支压力导致其没有足够的消费意愿和消费能力。三是收入分配效应，即中低收入群体的消费倾向高，但消费目标往往难以实现，而增加高收入群体的收入对其消费水平的影响相对较小。

以上这些因素表明，消费需求会受到人口规模下降和老龄化的抑制。未来，人口负增长和老龄化或将成为影响需求侧经济增长的因素，使实际经济增速达不到预期，从而导致出现增长缺口。

（三）人口发展趋势加剧养老与抚育压力

人口老龄化进程伴随着家庭结构小型化、空巢化、家庭观念淡化等现象，导致家庭养老保障功能快速弱化。"七普"数据显示，2020 年，北京市家庭人口平均规模为 2.31 人/户，相较于 2010 年的 2.45 人/户有所下降。国家统计局的抽样调查数据显示，北京市一人户与两人户的家庭占比不断提升。2021 年，传统家庭结构的代表——三人户的数量较 10 年前下滑 6.2%。

在进入老龄化阶段后，抚养比的上升将增加劳动年龄人口抚养非劳动年龄人口的负担。由于代际的经济和伦理关系发生变化，年轻人将更多的时间和精力用在工作和学习上，注重提升生活品质和自我发展，用于照顾老人的时间和精力有限。同时，晚婚现象普遍，年轻人择偶时更注重"内在匹配度"，由于经济压力大，年轻人的生育意愿与政策导向存在差异。

（四）劳动年龄人口结构性老化

依据国际劳工组织的定义，劳动年龄人口中 45 岁及以上人口被称为老年劳动人口，劳动力老化指的是劳动年龄人口中老年劳动人口的比重不断上升的动态过程。[①] 随着人口老龄化程度加深，北京市劳动年龄人口比例下降，人口老龄化程度日益加深。从横向比较来看，对"七普"调查数据的分析发现，2020 年，我国劳动力老化程度为 42.47%，在同一时期，北京市劳动力老化程度为 38.15%，显著低于全国平均水平。从纵向比较来看，对"五普""七普"调查数据的分析发现，2000~2020 年，北京市劳动力老化程度提升了 11.24 个百分点，呈现低速增长趋势。[②] 劳动年龄人口结构性老化成为主要趋势。这可能不利于社会劳动参与率提高，也可能对社会总劳动边际生产率的提升带来挑战，并对产业结构调整升级产生直接抑制作用。

四　北京市应对人口发展趋势的对策建议

北京是全国政治中心、文化中心、国际交往中心、科技创新中心，北京市委市政府带领全市人民坚持以习近平新时代中国特色社会主义思想为指导，深入贯彻习近平总书记对北京重要讲话精神，紧紧围绕"建设一个什么样的首都，怎样建设首都"这一重大时代课题，全面深化改革，促进人口长期均衡发展，谱写中国式现代化的北京篇章。

（一）营建一体化的首都人口发展环境

以"制度环境先行、资源环境共享、经济环境为本、文化环境激励"的

[①] 熊必俊编著《人口老龄化与可持续发展》，中国大百科全书出版社，2002，第 56 页。
[②] 陆杰华、韦晓丹：《劳动力老化对经济发展的影响机理及其战略应对》，《中国特色社会主义研究》2022 年第 3 期，第 18~30 页。

京津冀区域一体化人口环境建设为方向，促进人口环境在数量规模、分布结构、教育素质等方面起到更为重要的作用和产生更为关键的影响。加强首都人口的制度环境建设。一是完善首都人口发展的法律法规。在现代社会，几乎所有正式的、重要的制度在形式上都是由法律明确的。因此，健全首都人口法律法规体系，以制度指引人口发展方向，用法律为人口发展保驾护航，才能确保首都人口持续、长效、高速发展。二是加大首都人口制度的执行力度。好的制度是基础，制度能够得到坚决执行和有效落实是关键。

（二）优化政策供给机制，提升人口管理服务精细化水平

北京市要坚定不移疏解非首都功能，进一步推动人随功能走、人随产业走。高质量建设城市副中心，全力支持雄安新区发展，打造疏解非首都功能集中承载地，增强其对北京市功能和人口的吸引力、承载力。对于首都功能核心区，要建立更加精细化的人口管理服务体系，促进人口管理工作更好地适应功能定位。强化相关主体之间的沟通协调，调节户籍人口增量，优化户籍人口存量。加快推进首都功能核心区教育、医疗设施向外发展布局，推动公共服务资源均衡配置，降低不同区域之间的公共服务水平的落差，为居民在长期居住地享受公共服务提供资源保障和政策指引。

（三）用好京津冀协同发展战略机遇，在打造一体化发展示范区中增强人口发展活力

2023年1月30日，国家发展改革委推进通州区与北三县一体化高质量发展现场工作会在北京市通州区召开，这标志着一体化高质量发展示范区建设迈入新阶段。北京要以此为契机，在打造一体化发展示范区建设中增强人口发展活力。

一是打造一体化交通网络，提升人口的通勤效率。环京地区"通勤圈"居住了40多万名北京就业人口，建设好"通勤圈"是在进行一体化发展示范区建设中增强北京人口发展活力的首要任务。要进一步依托副中心站综合交通枢纽，有效衔接城际铁路、高铁、城市轨道交通和地面公共交通。同

时，完善区域一体化交通建设、运营、管理政策，研究建立轨道交通、公交运营补贴分担等机制。二是构建一体化产业格局，促进产业协同。产业协同是京津冀协同发展战略中四个率先突破的重点领域之一，也是增强北京市人口发展活力的重要路径之一。要进一步推动中关村通州园等北京产业园区与北三县重点产业园区深化合作，引导北京市龙头企业与北三县开展对接；完善产业协同政策，加快研究制定差异化的新增产业禁止和限制目录。三是提升一体化公共服务水平，促进人口分布与公共服务配置有效对接。聚焦人口发展客观需求，完善公共资源与人口挂钩机制，是增强北京人口发展活力的重要路径。要鼓励以合作办学、建立分校区等方式推动北京基础教育、职业教育等资源向北三县延伸布局；支持多地医疗机构加强合作；建立跨区域工作信息沟通共享机制和企业薪酬调查信息发布协同机制。

（四）解决劳动者"急难愁盼"问题，建设人才友好型城市

要突出人本导向，围绕劳动者高品质生活要求，寓治理于服务，不断提升民生服务品质，助力人才高质量就业和发展。一是聚焦满足人才需求，更好地发挥政府在规划指引、政策安排、公共服务等方面的引导作用。建立健全人才住房、医疗、家属安置、子女入学等政策体系，针对不同群体提供差异化的公共服务。二是推动解决"一老一小"问题。支持连锁化、标准化的社区居家养老服务网络、公办养老服务机构等设施建设，通过增设养老及托育服务设施提升公共服务区域的均等化水平，利用税收优惠、奖励补贴等政策激励手段吸引更多的社会机构和企业参与养老及抚育相关领域的活动。三是加大创新创业支持政策供给力度。高标准建设创新创业孵化基地、科技企业孵化器等创新创业平台，优化创业培训、法律咨询、财务管理、市场拓展、人才引进等服务机制，举办文化活动、创新竞赛、创新创业讲座等，营造促进创新创业的环境。

（五）推进住房政策创新，大力降低城市生活成本

当前，北京市大量新市民、青年人、城市基本公共服务人员以及人才群

体的住房问题亟待解决。在坚持"房住不炒"基本定位的基础上，应加快建设以公租房、保障性租赁住房、共有产权住房和安置房为主体的住房保障体系。

一是夯实住房保障体系的制度与法理基础。基于深圳、厦门等城市制定保障性住房管理条例的相关经验，建议重启"北京市城镇基本住房保障条例"的立法工作，为保障性住房的土地供应、专项资金支持、法律责任等方面提供法理支撑。二是锚定住房供给新切口，提升保障性租赁住房的供给水平。北京市已计划在"十四五"期间将保障性租赁住房供应数量占新增住房供应总量的比例提升至40%。基于此，应做实保障性租赁住房"高品质、低成本"的保障性特征，积极进行首都功能核心区的老旧小区改造、低效园区改造等工作，结合农村集体土地使用、宅基地改造等新模式，建立差异化、分层次的保障性租赁住房供给及配套服务机制。三是支持多元主体参与住房保障体系建设。针对住房保障市场资金回收周期长、经营周转难度大等问题，应积极呼应新建、改建、购买、装修改租、经营管理等过程的金融需求，依法合规加大信贷支持力度，设置差别化的贷款条件和流程要求。

（六）促进人均消费和新消费水平提升，有效激发消费总量增长

消费是经济增长最主要的拉动力，也是经济发展的"压舱石"和"稳定器"。在长期的人口负增长过程中，要着眼于人均消费量的提升，积极挖掘新的消费需求。一是实施更加积极的收入再分配政策，加大财税制度对收入的调节力度，探索从多个渠道增加中低收入群体的收入，促进人均消费水平提升。二是借鉴纽约、伦敦、东京、上海等城市的经验，从利用标志性商业场所增强消费吸引力、打造城市名片与多元产业、进行人才建设和消费配套设施优化升级等方面，加快推进国际消费中心城市建设。三是加强商旅文体等消费跨界融合，支持进行有关住房改善、购买新能源汽车和养老服务等消费，加快培育数字消费、文化消费、绿色消费、冰雪消费等新型消费模式。

（七）健全人才培养体系，增强创新性人才培养能力

建立和健全多源头、多层面的创新性人才培养体系。一是充分发挥政府的领导机制。各级政府部门应列出专门预算，建立专项资金，重点进行公共职业实训基地和高新技术人才培养基地建设，并通过政府购买培训、政府出资教育等方式，建立进行职工岗位培训、员工就业指导的长效机制，培养各类产业急需的创新性人才。二是引入丰富的社会资本。鼓励和引导社会组织和民间资本参与职业院校、技工学校、培训基地的建立和建设。依托高新技术产业、朝阳产业、新型能源产业和大型企业集团，重点建设一批急需专业及培养相关创新性人才。三是建立人才培养孵化基地助推机制。依托现有的人才培养机构，搭建创新性人才培养平台，建立创新性人才培训、指导和跟踪制度，为创新性人才培养提供持续的管理服务。

增强高等教育机构的创新性人才培养能力。一是赋予高等院校和科研院所更多的专业设置和调整自主权，着力建设一批对高新技术产业和尖端技术具有重要支撑作用的特色重点学科，依托专业设置和学科建设，持续、长效地进行创新性人才和高科技人才的培养和培训。二是继续发展校企合作机制，深化产学研相结合的人才培养模式，加强高校实训基地建设和"双师"队伍建设，着力提升创新性人才的职业能力。探索建立选派创新性人才服务企业的工作机制，通过保留其在原单位的职务、工资福利和岗位的方式，加强创新性人才与企业的合作。三是将资金向创新性人才和关键岗位倾斜。对于将科技成果转化为现实生产力的创新性人才，可在新增利润中拿出一定比例对其进行奖励。

（八）深化供给侧结构性改革，提高全要素生产率

潜在经济增长率下降的主要原因是资本和劳动要素投入的规模下降，这表明未来北京经济高质量发展主要依靠提升全要素生产率（TFP）。这就需要通过创新提升科技水平，通过深化改革提升资源配置效率。一方面，应把科技进步作为积极应对人口老龄化的重大举措，推动产业进行数字

化、智能化转型，开发人工智能等新技术和智能机器人等新设备，缓解劳动年龄人口减少的压力，同时为科技创新和产业技术进步注入新动能。另一方面，在生态涵养区发展"银发经济"、康养经济、露营经济、研学经济、亲子经济等，培育经济发展新动能，助力缩小城乡收入差距，促进乡村振兴，实现共同富裕。

分 报 告

Topic Reports

B.2

北京市学前教育阶段人口研究报告

胡玉萍　陈德云*

摘　要： 本报告基于《北京统计年鉴》和《北京市教育事业统计资料》等相关数据，分析和总结首都学前教育①阶段幼儿人口与资源配置特征及影响因素。数据显示，2010~2020年，学前教育阶段幼儿人口规模明显扩大；城市发展新区学前教育阶段幼儿人口与幼儿园资源均大幅增长。分析发现，户籍出生人口的变动、《北京市学前教育行动计划》的实施、非首都功能疏解及城市副中心建设等是影响学前教育阶段幼儿人口与幼儿园资源配置的重要因素。

关键词： 学前教育　幼儿规模　教育资源配置　北京

---

* 胡玉萍，博士，教授，中共北京市委党校（北京行政学院）社会学教研部（北京市人口研究所）主任，硕士研究生导师，主要研究方向为教育社会学、民生与社会建设；陈德云，中共北京市委党校（北京行政学院）社会学教研部（北京市人口研究所）硕士研究生，主要研究方向为社会政策。

① 学校（机构）办学类型按层次分为学前教育、初等教育、中等教育、高等教育和其他教育，其中学前教育机构指幼儿园。

一 北京市0~6岁幼儿人口特征

（一）幼儿人口总规模扩大，0~3岁幼儿人口所占比重降低

2010~2021 年，北京市 0~6 岁幼儿人口总规模扩大，2020 年，幼儿人口规模达到峰值。其中，2010~2020 年，0~6 岁幼儿人口规模基本呈现持续扩大趋势，由 90.5 万人增加至 141.3 万人，增加了 50.8 万人，占常住人口数量的比重由 4.62% 增加至 6.46%，增加了 1.84 个百分点。2021 年，0~6 岁幼儿人口规模减小，为 130.6 万人，与 2020 年相比减少 10 万余人，占常住人口的比重为 5.97%，下降了约 0.5 个百分点（见表 1）。从"六普"和"七普"数据来看，北京市幼儿人口的年龄结构有所变动，0~3 岁幼儿人口数量持续增加（见图 1），但占 0~6 岁幼儿人口数量的比重有所下降。0~3 岁幼儿人口数量由 2010 年的 56.5 万人增长至 2020 年的 78.8 万人，增加了 22.3 万人，但其占 0~6 岁幼儿人口数量的比重由 62.4% 降至 55.8%，下降了近 7 个百分点。

表 1 2010~2021 年北京市 0~6 岁幼儿人口数量与比重

单位：万人，%

指标	2010 年	2011 年	2012 年	2013 年	2014 年	2015 年
0~6 岁幼儿人口数量	90.5	100.7	108.3	114.9	120.8	120.7
0~6 岁非京籍幼儿人口数量	27.3					
0~6 岁非京籍幼儿人口数量占 0~6 岁幼儿人口数量的比重	30.12					
0~6 岁幼儿人口数量占常住人口数量的比重	4.62	4.97	5.21	5.41	5.56	5.52
指标	2016 年	2017 年	2018 年	2019 年	2020 年	2021 年
0~6 岁幼儿人口数量	124.5	130.3	128.9	127.0	141.3	130.6
0~6 岁非京籍幼儿人口数量					34.4	
0~6 岁非京籍幼儿人口数量占 0~6 岁幼儿人口数量的比重					24.32	

续表

指标	2016 年	2017 年	2018 年	2019 年	2020 年	2021 年
0~6 岁幼儿人口数量占常住人口数量的比重	5.67	5.94	5.88	5.80	6.46	5.97

注：本报告以《北京统计年鉴》中 0~4 岁幼儿人口统计数据为基础，结合"六普""七普"相关数据以及北京市常住人口出生数，利用年龄推算法估算 2010~2021 年 0~6 岁幼儿人口数量。

资料来源：北京市统计局、国家统计局北京调查总队，《北京统计年鉴》（2011~2022 年）。

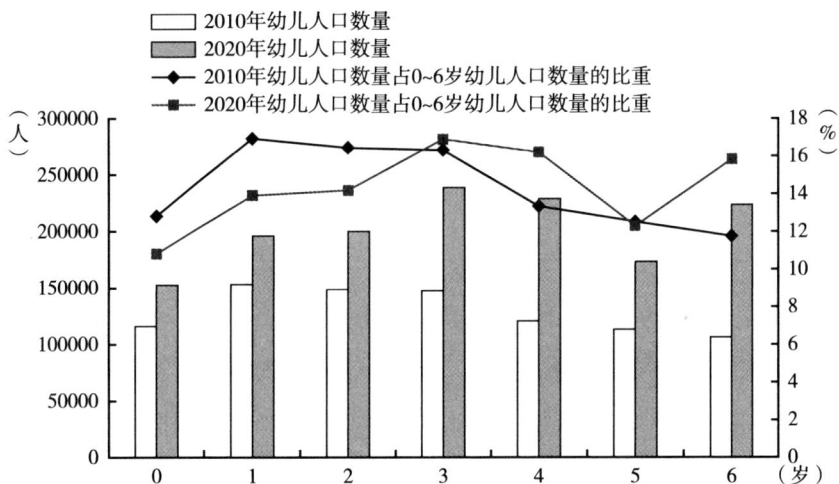

图 1 2010 年和 2020 年北京市幼儿人口数量及占 0~6 岁幼儿人口数量的比重

资料来源：北京市统计局、国家统计局北京调查总队，《北京统计年鉴》（2011 年、2021 年）。

（二）非京籍幼儿人口规模增加，比重降低

从"六普"和"七普"的数据来看，2010~2020 年，北京市 0~6 岁非京籍幼儿人口规模扩大，由 27.3 万人增长至 34.4 万人，增加了 7.1 万人。2010 年和 2020 年的数据均显示，在各年龄中，新生非京籍幼儿人口数量占 0~6 岁幼儿人口数量的比重最低（见图 2），随着年龄增长，其整体上呈扩大趋势。0~6 岁非京籍幼儿人口数量占 0~6 岁幼儿人口数量的比重下降，由 2010 年 30.12%降至 2020 年的 24.32%，减少了近 6 个百分点，其占常住人口数量的比重由 2010 年的 1.39%上升至 2020 年的 1.57%，增加了 0.18 个百分点；其占常住外来人口数量的比重由 2010 年的 3.87%上升至 2020 年的 4.10%，上升

了 0.23 个百分点；0~6 岁京籍幼儿人口数量占户籍人口数量的比重由 2010 年的 5.02% 上升至 2020 年的 7.63%，上升了 2.61 个百分点（见表 2）。

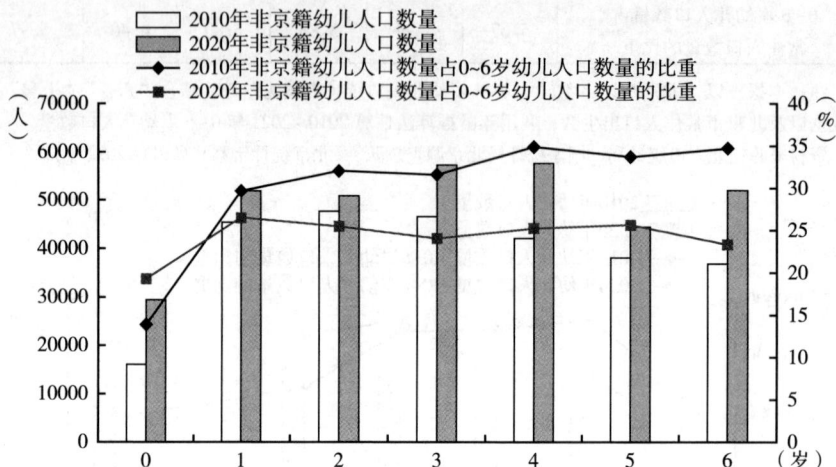

图 2 **2010 年和 2020 年北京市非京籍幼儿人口数量及占 0~6 岁幼儿人口数量的比重**

资料来源：北京市统计局、国家统计局北京调查总队，《北京统计年鉴》（2011 年、2021 年）。

表 2 **2010 年和 2020 年北京市 0~6 岁非京籍幼儿人口数量及幼儿人口数量相关占比**

单位：万人，%

年份	0~6 岁非京籍幼儿人口数量	0~6 岁非京籍幼儿人口数量/常住人口数量	0~6 岁非京籍幼儿人口数量/常住外来人口数量	0~6 岁京籍幼儿人口数量/户籍人口数量
2010	27.3	1.39	3.87	5.02
2020	34.4	1.57	4.10	7.63

资料来源：北京市统计局、国家统计局北京调查总队，《北京统计年鉴》（2011 年、2021 年）。

二 北京市学前教育阶段受教育人口与资源配置特征

（一）在园幼儿人口的规模、结构与分布

1. 在园幼儿人口规模持续扩大，非京籍幼儿人口所占比重趋于平稳

2010~2020 年，北京市在园幼儿人口规模明显扩大，呈现递增的趋势，由

27.7万人增长至57.4万人，增加近30万人。其中，非京籍在园幼儿人口规模增幅相对较小。2010年，非京籍在园幼儿人口数量为6.8万人，2020年为13.0万人，10年间增加了6.2万人（见图3）。非京籍在园幼儿人口数量占在园幼儿人口数量的比重呈现先升后降并逐步趋于平稳的趋势。非京籍在园幼儿人口数量占在园幼儿人口数量的比重由2010年的24.66%增至2014年最高峰时的27.84%，2014年之后快速下降，2017年为24.66%，2017~2020年保持在24%~25%。2020年，非京籍在园幼儿人口数量占在园幼儿人口数量的比重为24.67%，与2014年相比下降了3.17个百分点。

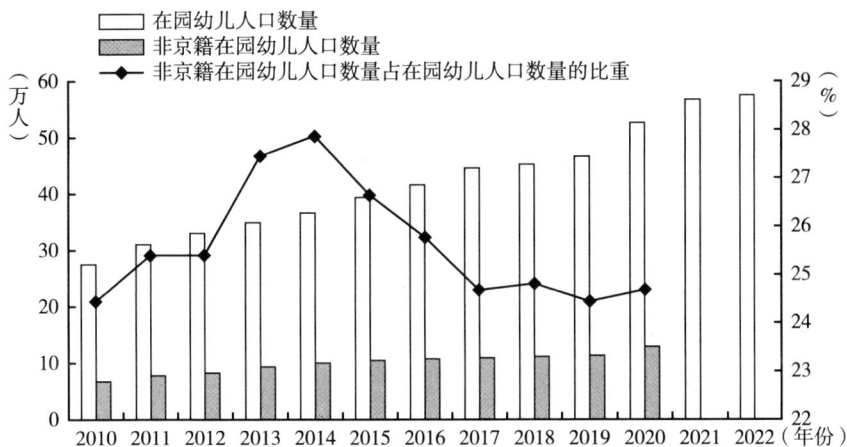

图3　2010~2022年北京市在园幼儿人口数量、非京籍在园幼儿人口数量及占在园幼儿人口数量的比重

注：由于《北京统计年鉴（2022）》取消"非本市户籍学生"的统计指标，本报告对非京籍在园幼儿人口数量的统计年份至2020年。

资料来源：《教育事业发展统计概况》，北京市教育委员会网站，http://jw.beijing.gov.cn/xxgk/shujufab/tongjigaikuang/。

2. 在园幼儿人口规模区域分布差异较大，城市发展新区幼儿人口所占比重上升明显

2022年，北京市在园幼儿人口规模区域分布差异较大，超过八成集中在城市功能拓展区和城市发展新区；各区之间的比重差异较为明显，朝阳区

与海淀区所占比重较高。从各区域来看，在园幼儿人口规模最大的是城市功能拓展区，约为23.91万人，占北京市在园幼儿人口总规模的比重为41.64%；城市发展新区次之，在园幼儿人口规模约为22.65万人，比重达39.44%；生态涵养发展区和首都功能核心区的在园幼儿人口规模分别约为6.41万人和4.46万人，其比重分别为11.16%和7.77%（见表3）。从各区来看，朝阳区和海淀区的在园幼儿人口规模较大，均超过8万人，比重分别为16.73%和14.02%；通州区次之，在园幼儿人口规模约为5.89万人，比重为10.26%；门头沟区和延庆区的在园幼儿人口规模较小，约为1万人，比重不足2%；其他区幼儿人口规模的差异相对较小，比重为2%~9%。

从规模变化来看，与2010年相比，2022年各区在园幼儿人口规模扩张明显。在四大功能区中，增加规模最大的是城市发展新区，增加约14.6万人，增幅达182.58%；接着是城市功能拓展区，增加了约10.2万人，增幅为74.96%；首都功能核心区和生态涵养发展区分别增加约1.8万人和3.1万人，增幅分别为64.96%和93.24%。各区在园幼儿人口规模显著增加，除丰台区外，增幅均在50%以上。其中，增长人数最多的是朝阳区，增加约4.8万人，增幅为98.86%；接着为通州区，增加约4.5万人，增幅达到336.04%，即在园幼儿人口的增加数量超过3倍；之后是大兴区，增加了约3.5万人，增幅为224.35%；此外，昌平区、顺义区、门头沟区、平谷区的增长幅度也均超过1倍。增加人数最少的是延庆区，增加了3724人，增幅为64.04%。

从比重变化来看，与2010年相比，2022年，各区域在园幼儿人口规模占全市在园幼儿人口规模的比重变动较明显。在四大功能区中，城市发展新区是唯一一个比重上升的区域，比重由2010年的28.93%上升至2022年的39.44%，增加了10.51个百分点；首都功能核心区、城市功能拓展区及生态涵养发展区所占比重均出现不同程度的下降，其下降幅度分别为2个百分点、7.69个百分点、0.81个百分点。在各区中，通州区所占比重增加最多，由2010年的4.88%上升至2022年的10.26%，增加了5.38个百分点；顺义区、昌平区、大兴、门头沟区及平谷的增加比重均在6个百分点以内；

丰台区所占比重下降了 3.34 个百分点，是下降幅度最大的区；其他区所占比重均略有下降，下降幅度在 3 个百分点以内。

表 3　2010 年和 2022 年北京市在园幼儿人口规模、比重及变化

	2010 年规模（人）	2010 年比重（%）	2022 年规模（人）	2022 年比重（%）	规模增加幅度（%）	比重变化（个百分点）
总计	276994	100	574235	100	107.31	0.00
首都功能核心区	27051	9.77	44623	7.77	64.96	-2.00
东城区	11877	4.29	19455	3.39	63.80	-0.90
西城区	15174	5.48	25168	4.38	65.86	-1.10
城市功能拓展区	136649	49.33	239086	41.64	74.96	-7.69
朝阳区	48324	17.45	96096	16.73	98.86	-0.72
丰台区	31410	11.34	45939	8.00	46.26	-3.34
石景山区	9879	3.57	16523	2.88	67.25	-0.69
海淀区	47036	16.98	80528	14.02	71.21	-2.96
城市发展新区	80139	28.93	226458	39.44	182.58	10.51
房山区	22466	8.11	35221	6.13	56.77	-1.98
通州区	13514	4.88	58926	10.26	336.04	5.38
顺义区	12545	4.53	34875	6.07	178.00	1.54
昌平区	16069	5.80	47016	8.19	192.59	2.39
大兴区	15545	5.61	50420	8.78	224.35	3.17
生态涵养发展区	33155	11.97	64068	11.16	93.24	-0.81
门头沟区	5229	1.89	10962	1.91	109.64	0.02
怀柔区	6190	2.23	11712	2.04	89.21	-0.19
平谷区	6448	2.33	16323	2.84	153.15	0.51
密云区	9473	3.42	15532	2.70	63.96	-0.72
延庆区	5815	2.10	9539	1.66	64.04	-0.44

注：由于四舍五入的原因，表中可能存在总计与分项合计不等的情况。

资料来源：《教育事业发展统计概况》，北京市教育委员会网站，http://jw.beijing.gov.cn/xxgk/shujufab/tongjigaikuang/。

（二）入园幼儿人口的规模与分布

1. 入园幼儿人口规模总体波动上升，2021～2022年出现下降趋势

2010～2022 年，北京市入园幼儿人口数量总体上波动上升，从约 10.5

万人增至约 17.9 万人（见图 4），增加了约 7.4 万人。其中，2017 年和
2020 年出现两个较明显的入园小高峰，幼儿人口数量分别约为 17.7 万人
和 22.2 万人。2017 年的入园幼儿人口数量与上年相比增加约 2.5 万人，
增幅约为 16.45%；2020 年的入园幼儿人口数量比上年增加 5.4 万人，
增幅约为 32.14%。2021~2022 年，入园幼儿人口数量连续缩减，呈现下
降趋势。2021 年入园幼儿人口数量急速下降，约为 19 万人，比上年减少
约 3.2 万人，降幅约为 14.41%；2022 年入园幼儿人口数量相比上年的减
幅约为 5.79%。

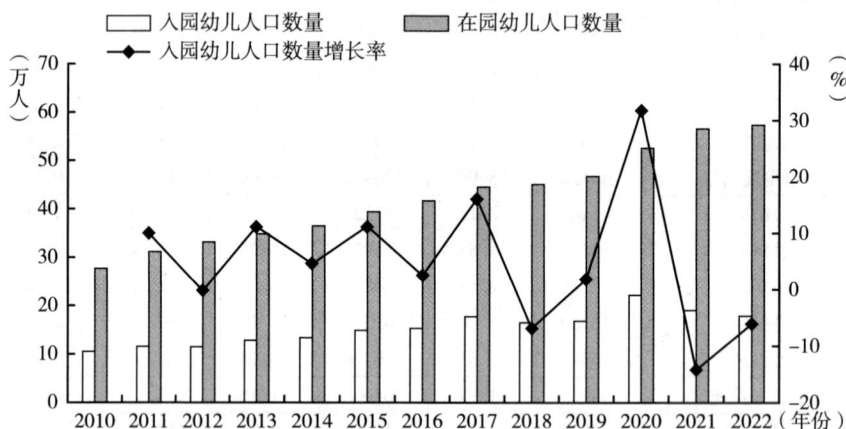

图 4　2010~2022 年北京市入园幼儿人口数量及增长率与在园幼儿人口数量

资料来源：《教育事业发展统计概况》，北京市教育委员会网站，http：//jw.beijing.gov.cn/
xxgk/shujufab/tongjigaikuang/。

2. 入园幼儿人口分布有所变动，各区增幅差异明显

2022 年，北京市入园幼儿人口规模在各区域和区之间的分布差异较大，
超八成幼儿集中在城市功能拓展区和城市发展新区，朝阳区和海淀区是入园
幼儿人口规模较大的区（见表 4）。从各区域来看，入园幼儿人口规模最大
的是城市功能拓展区，约为 7.4 万人，占北京市入园幼儿人口总规模的比重
为 41.37%；城市发展新区次之，约为 7.1 万人，比重为 39.73%；生态涵养
发展区约为 1.9 万人，比重为 10.87%；首都功能核心区的规模最小，约为

1.4 万人，比重为 8.03%。从各区来看，朝阳区和海淀区的入园幼儿人口规模居前，约为 3 万人和 2.5 万人，比重分别为 16.68% 和 13.99%；丰台区、房山区、通州区、顺义区、昌平区、大兴区的规模均为 1 万~2 万人，比重为 5%~10%；其他区的规模均在 1 万人以下，比重在 5% 以下，其中，延庆区入园幼儿人口规模最小，为 3105 人，比重为 1.74%。

从规模的变化来看，与 2010 年相比，2022 年，各区域及区的规模均呈现明显扩张的趋势。在四大功能区中，城市发展新区的增长人数最多，增加了约 3.7 万人，增幅达 107.89%；城市功能拓展区次之，增加了近 2.7 万人，增幅为 57.40%；首都功能核心区和生态涵养发展区分别增加 5325 人和 4468 人，增幅分别为 58.99% 和 29.91%。在各区中，增加人数最多的是朝阳区，增加约 1.3 万人，增幅为 73.67%；接着是通州区，增加约 1.2 万人，增幅达到 218.13%；昌平区、海淀区及大兴区的增加人数均超过 0.85 万人，昌平区和大兴区的增幅分别为 177.94% 和 113.59%；增加人数最少的区是门头沟区，仅增加 43 人，增幅为 1.25%；此外，密云区和延庆区的增加人数也较少，均在 1000 人以下，增幅在 20% 以内。

从比重的变化来看，与 2010 年相比，2022 年各区域及区入园幼儿人口规模占全市入园幼儿人口规模的比重变化不一。在四大功能区中，城市发展新区是唯一出现比重上升的区域，从 2010 年的 32.50% 增长至 2022 年的 39.73%，增加了 7.23 个百分点；生态涵养发展区的比重下降最大，减少了 3.35 个百分点；城市功能拓展区和首都功能核心区的比重分别下降 3.32 个和 0.56 个百分点。在各区中，通州区是比重上升最大的区，从 2010 年的 5.24% 上升至 2022 年的 9.80%，增加了 4.56 个百分点；接着为昌平区和大兴区，分别增加 3.34 个和 1.86 个百分点；朝阳区、石景山区、怀柔区的比重略有增加，均在 1 个百分点以内；其他区的比重均有所下降，均在 3 个百分点及以内，下降百分点最多的是丰台区，减少了 2.68 个百分点。

表4　2010年和2022年北京市入园幼儿人口规模、比重及变化

	2010年规模（人）	2010年比重（%）	2022年规模（人）	2022年比重（%）	规模增长幅度（%）	比重变化（个百分点）
总计	105048	100	178620	100	70.04	0
首都功能核心区	9027	8.59	14352	8.03	58.99	-0.56
东城区	3747	3.57	5846	3.27	56.02	-0.3
西城区	5280	5.03	8506	4.76	61.10	-0.27
城市功能拓展区	46944	44.69	73891	41.37	57.40	-3.32
朝阳区	17157	16.33	29796	16.68	73.67	0.35
丰台区	11102	10.57	14085	7.89	26.87	-2.68
石景山区	2871	2.73	5018	2.81	74.78	0.08
海淀区	15814	15.05	24992	13.99	58.04	-1.06
城市发展新区	34137	32.50	70969	39.73	107.89	7.23
房山区	8934	8.50	11187	6.26	25.22	-2.24
通州区	5505	5.24	17513	9.80	218.13	4.56
顺义区	6558	6.24	10645	5.96	62.32	-0.28
昌平区	5530	5.26	15370	8.60	177.94	3.34
大兴区	7610	7.24	16254	9.10	113.59	1.86
生态涵养发展区	14940	14.22	19408	10.87	29.91	-3.35
门头沟区	3440	3.27	3483	1.95	1.25	-1.32
怀柔区	1981	1.89	3508	1.96	77.08	0.07
平谷区	2857	2.72	4736	2.65	65.77	-0.07
密云区	3817	3.63	4576	2.56	19.88	-1.07
延庆区	2845	2.71	3105	1.74	9.14	-0.97

注：由于四舍五入的原因，表中可能存在总计与分项合计不等的情况。

资料来源：《教育事业发展统计概况》，北京市教育委员会网站，http：//jw. beijing. gov. cn/xxgk/shujufab/tongjigaikuang/。

（三）幼儿园教育资源的规模与分布

1. 幼儿园规模增减不一，通州区成倍增加

2022年，北京市共有幼儿园1989所（见表5）。从各区域来看，城市发展新区的数量最多，为787所，占北京市幼儿园总规模的近四成；接着是城市功能拓展区，为732所，所占比重为36.80%；首都功能核心区和生态涵

养发展区分别为 155 所和 315 所，比重分别为 7.79% 和 15.84%。从各区来看，幼儿园数量最多的为朝阳区，有 310 所，比重为 15.59%；接着是通州区和海淀区，分别为 245 所和 225 所，比重分别为 12.32% 和 11.31%；幼儿园数量最少的为门头沟区，仅有 24 所，比重为 1.21%。

表 5　2010 年和 2022 年北京市幼儿园规模、比重及变化

	2010 年规模（所）	2010 年比重（%）	2022 年规模（所）	2022 年比重（%）	比重变化（个百分点）
首都功能核心区	114	9.16	155	7.79	-1.37
东城区	51	4.1	71	3.57	-0.53
西城区	63	5.06	84	4.22	-0.84
城市功能拓展区	461	37.02	732	36.80	-0.22
朝阳区	165	13.25	310	15.59	2.34
丰台区	109	8.75	147	7.39	-1.36
石景山区	35	2.81	50	2.51	-0.3
海淀区	152	12.21	225	11.31	-0.9
城市发展新区	457	36.71	787	39.57	2.86
房山区	183	14.7	137	6.89	-7.81
通州区	74	5.94	245	12.32	6.38
顺义区	55	4.42	115	5.78	1.36
昌平区	83	6.67	165	8.3	1.63
大兴区	62	4.98	125	6.28	1.3
生态涵养发展区	213	17.11	315	15.84	-1.27
门头沟区	16	1.29	24	1.21	-0.08
怀柔区	42	3.37	84	4.22	0.85
平谷区	52	4.18	97	4.88	0.7
密云区	57	4.58	80	4.02	-0.56
延庆区	46	3.69	30	1.51	-2.18
总计	1245	100	1989	100	0

资料来源：《教育事业发展统计概况》，北京市教育委员会网站，http://jw.beijing.gov.cn/xxgk/shujufab/tongjigaikuang/。

从规模的变化来看，与 2010 年相比，2022 年，北京市幼儿园的总体规模增加，由 1245 所增至 1989 所，12 年间增加了 744 所。在四大功能区

中，城市发展新区增长数量最多，增加了 330 所，增幅为 72.21%；接着是城市功能拓展区，增加了 271 所，增幅为 58.79%；首都功能核心区和生态涵养发展区分别增加了 41 所和 102 所，增幅分别为 35.96% 和 47.89%。各区幼儿园规模的增减幅度不一。其中，增幅最大的为通州区，增加了 171 所，增幅达 231.1%；顺义区、大兴区和怀柔区的幼儿园数量均扩大 1 倍；房山区和延庆区的幼儿园数量均减少，分别减少了 46 所和 16 所，减幅分别为 25.1% 和 34.8%；此外，其他区的幼儿园数量均出现不同幅度的增加。

从比重的变化来看，与 2010 年相比，2022 年各区域及各区幼儿园规模占北京市幼儿园规模的比重的变化相对较小。在四大功能区中，除城市发展新区的比重上升了 2.86 个百分点外，首都功能核心区、城市功能拓展区及生态涵养发展区的比重均略有下降，分别下降了 1.37 个、0.22 个及 1.27 个百分点。在各区中，比重上升最多的是通州区，上升了 6.38 个百分点；朝阳区上升了 2.34 个百分点；比重下降最大的是房山区，下降了 7.81 个百分点；此外，其他区的比重变化较小，变动幅度保持在 3 个百分点以内。

2022 年，各区域之间园均生数的差异相对较小。在四大功能区中，园均生数最多的是城市功能拓展区，为 327 人；首都功能核心区和城市发展新区的园均生数均为 288 人；生态涵养发展区的园均生数为 203 人（见表 6）。在各区中，园均生数最多的是门头沟区，为 457 人；最少的是怀柔区，为 139 人。从规模的变化来看，四大功能区的园均生数均有所增加。其中，增加最多的是城市发展新区，增加 113 人，增幅达 64.57%；增加最少的是城市功能拓展区，增幅为 10.47%；首都功能核心区和生态涵养发展区分别增加 51 人和 48 人，增幅分别为 21.52% 和 30.97%。在各区中，房山区、大兴区、门头沟区、延庆区增加的园均生数均在 100 人以上，房山区和延庆区的增幅均超过 1 倍；怀柔区减少了 8 人，是唯一出现园均生数减少的区；其他区增加的园均生数均在 100 人以内，变化相对较小。

表6　2010年和2022年北京园均生数分布及变化

单位：人，%

	2010年规模	2022年规模	增减数量	增长率
首都功能核心区	237	288	51	21.52
东城区	233	274	41	17.60
西城区	241	300	59	24.48
城市功能拓展区	296	327	31	10.47
朝阳区	293	310	17	5.80
丰台区	288	313	25	8.68
石景山区	282	330	48	17.02
海淀区	309	358	49	15.86
城市发展新区	175	288	113	64.57
房山区	123	257	134	108.94
通州区	183	241	58	31.69
顺义区	228	303	75	32.89
昌平区	194	285	91	46.91
大兴区	251	403	152	60.56
生态涵养发展区	155	203	48	30.97
门头沟区	327	457	130	39.76
怀柔区	147	139	−8	−5.44
平谷区	120	168	48	40
密云区	166	194	28	16.87
延庆区	126	318	192	152.38
总计	222	289	67	30.18

资料来源：《教育事业发展统计概况》，北京市教育委员会网站，http://jw.beijing.gov.cn/xxgk/shujufab/tongjigaikuang/。

2. 幼儿园专任教师规模成倍扩张，区域间比重差距缩小

2022年，北京市共有幼儿园专任教师48774人。从各区域来看，城市功能拓展区人数最多，约为2万人，占北京市幼儿园专任教师总规模的比重超过四成；接着是城市发展新区，约为1.8万人，所占比重为35.89%；首都功能核心区和生态涵养发展区分别为5263人和5813人，比重分别为10.79%和11.92%。从各区来看，专任教师数量最多的是朝阳区，为8441

人，比重为17.31%；接着海淀区和通州区，分别为6608人和4889人，比重分别为13.55%和10.02%；专任教师数量最少的是门头沟区，仅有650人，比重为1.33%（见图5、表7）。

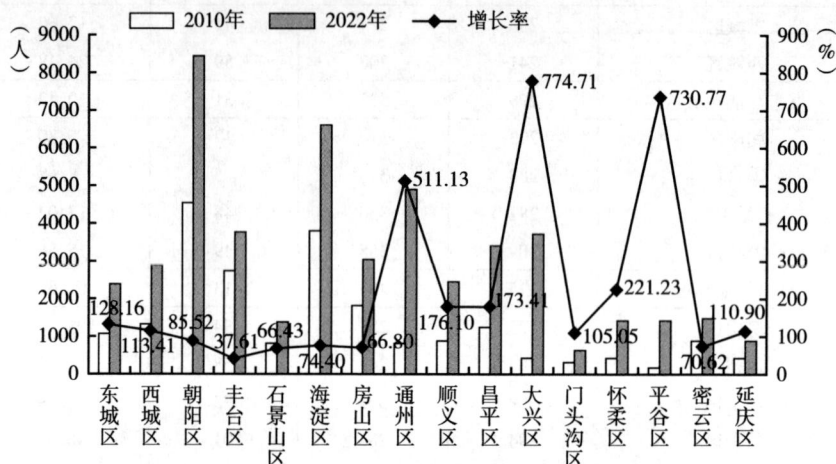

图5　2010年和2022年北京市幼儿园专任教师各区分布情况、增长率

资料来源：《教育事业发展统计概况》，北京市教育委员会网站，http://jw.beijing.gov.cn/xxgk/shujufab/tongjigaikuang/。

表7　2010年和2022年北京市幼儿园专任教师规模、比重及变化

	2010年规模（人）	2010年比重（%）	2022年规模（人）	2022年比重（%）	比重变化（个百分点）
首都功能核心区	2394	11.05	5263	10.79	-0.26
东城区	1044	4.82	2382	4.88	0.06
西城区	1350	6.23	2881	5.91	-0.32
城市功能拓展区	11903	54.91	20192	41.4	-13.51
朝阳区	4550	20.99	8441	17.31	-3.68
丰台区	2736	12.62	3765	7.72	-4.9
石景山区	828	3.82	1378	2.82	-1
海淀区	3789	17.48	6608	13.55	-3.93
城市发展新区	5175	23.87	17506	35.89	12.02
房山区	1816	8.38	3029	6.21	-2.17
通州区	800	3.69	4889	10.02	6.33

	2010 年规模(人)	2010 年比重(%)	2022 年规模(人)	2022 年比重(%)	比重变化(个百分点)
顺义区	887	4.09	2449	5.02	0.93
昌平区	1245	5.74	3404	6.98	1.24
大兴区	427	1.97	3735	7.66	5.69
生态涵养发展区	2205	10.17	5813	11.92	1.75
门头沟区	317	1.46	650	1.33	-0.13
怀柔区	438	2.02	1407	2.88	0.86
平谷区	169	0.78	1404	2.88	2.1
密云区	868	4	1481	3.04	-0.96
延庆区	413	1.91	871	1.79	-0.12
总计	21677	100	48774	100	0

资料来源：《教育事业发展统计概况》，北京市教育委员会网站，http://jw.beijing.gov.cn/xxgk/shujufab/tongjigaikuang/。

从规模的变化来看，与 2010 年相比，2022 年，北京市幼儿园专任教师的总规模增加，由 21677 人增至 48774 人，12 年间增加了约 2.7 万人。在四大功能区中，城市发展新区增长数量最多，增加约 1.2 万人，增幅为 238.28%；接着是城市功能拓展区，增加了 8289 人，增幅为 69.64%；首都功能核心区和生态涵养发展区分别增加了 2869 人和 3608 人，增幅分别为 119.84% 和 163.63%。各区幼儿园专任教师的规模变化幅度不一。其中，大兴区和平谷区分别增加了 3308 人和 1235 人，增幅均超 7 倍；通州区增加了 4089 人，增幅为 511.13%；怀柔区增加了 969 人，增幅达 221.23%；东城区、西城区、顺义区、昌平区、门头沟区及延庆区的增幅均超过 1 倍；丰台区增加了 1029 人，增幅为 37.61%，是增幅最小的区；其他区的增幅均为 60%~90%。

从比重的变化来看，与 2010 年相比，2022 年，各区域及各区幼儿园专任教师规模占北京市幼儿园专任教师规模的比重的变化存在差异。在四大功能区中，城市发展新区和生态涵养发展区的比重分别上升了 12.02 个和 1.75 个百分点；首都功能核心区和城市功能拓展区的比重分别下降了 0.26

个和 13.51 个百分点。在各区中，比重上升最多的是通州区，上升了 6.33 个百分点；大兴区上升了 5.69 个百分点；比重下降最多的是丰台区，下降了 4.9 个百分点；海淀区和朝阳区的比重分别下降了 3.93 个和 3.68 个百分点；此外，其他区的比重变化较小，变动幅度保持在 3 个百分点以内。

2022 年，各区域之间专任教师师生比（每一名专任教师负担的学生数量）的差异相对较小。在四大功能区中，专任教师师生比最大的是城市发展新区，为 12.9 人；接着是城市功能拓展区和生态涵养发展区，分别为 11.8 人和 11 人；首都功能核心区最少，为 8.5 人。在各区中，专任教师师生比最大的是门头沟区，为 16.9 人；最少的是东城区，为 8.2 人（见表 8）。从变化来看，在四大功能区中，除城市功能拓展区增加 2.61% 外，首都功能核心区、城市发展新区和生态涵养发展区分别下降 24.78%、16.77% 和 26.17%。在各区中，增幅最大的是朝阳区，为 7.55%；平谷区和大兴区的降幅都超过 60%；怀柔区的降幅为 41.13%；东城区、西城区、通州区与延庆区的减幅在 20%~30%；此外，其他区的变动较小。

表 8　2010 和 2022 年北京市专任教师师生比分布及变化

单位：人，%

	2010 年专任教师师生比	2022 年专任教师师生比	增减人数	增长率
首都功能核心区	11.3	8.5	-2.8	-24.78
东城区	11.4	8.2	-3.2	-28.07
西城区	11.2	8.7	-2.5	-22.32
城市功能拓展区	11.5	11.8	0.3	2.61
朝阳区	10.6	11.4	0.8	7.55
丰台区	11.5	12.2	0.7	6.09
石景山区	11.9	12	0.1	0.84
海淀区	12.4	12.2	-0.2	-1.61
城市发展新区	15.5	12.9	-2.6	-16.77
房山区	12.4	11.6	-0.8	-6.45
通州区	16.9	12.1	-4.8	-28.40
顺义区	14.1	14.2	0.1	0.71

续表

	2010年专任教师师生比	2022年专任教师师生比	增减人数	增长率
昌平区	12.9	13.8	0.9	6.98
大兴区	36.4	13.5	−22.9	−62.91
生态涵养发展区	14.9	11	−3.9	−26.17
门头沟区	16.5	16.9	0.4	2.42
怀柔区	14.1	8.3	−5.8	−41.13
平谷区	36.9	11.6	−25.3	−68.56
密云区	10.9	10.5	−0.4	−3.67
延庆区	14.1	11	−3.1	−21.99
总计	12.8	11.8	−1	−7.81

资料来源：《教育事业发展统计概况》，北京市教育委员会网站，http://jw.beijing.gov.cn/xxgk/shujufab/tongjigaikuang/。

三 分析与建议

（一）学前教育阶段幼儿人口及幼儿园资源配置的影响因素

1. 户籍出生人口变动是影响入园及在园幼儿人口规模的直接因素

近年来，北京市入园及在园幼儿人口规模的变化趋势与幼儿出生数量的变化趋势密切相关。一方面，北京市常住出生人口尤其是户籍出生人口增长是入园幼儿人口规模扩大的重要原因。2007~2016年，常住出生人口规模基本呈现扩张的趋势，从2007年约13.7万人增长至2016年的约20.2万人（见图6），增加约6.5万人。户籍出生人口规模与之呈现基本一致的变化趋势，由2007年的约9.9万人增长至2016年的约20.5万人，增加约10.6万人，且户籍人口的出生率基本上高于常住人口。以3~4岁为幼儿人口入园年龄推算，这与2010~2022年在园幼儿人口规模持续增加的变化趋势大致吻合。另一方面，受生育政策调整等因素的影响，2014年和2016年出现两次生育小高峰，这成为2017年和2020年出现入园幼儿人口规模峰值的重要推动因素。自 2017 年开始，常住出生人口和户籍出生人口都出现下降趋势，这与 2020~2021 年入园幼儿人口数量减少的趋势基本相符。

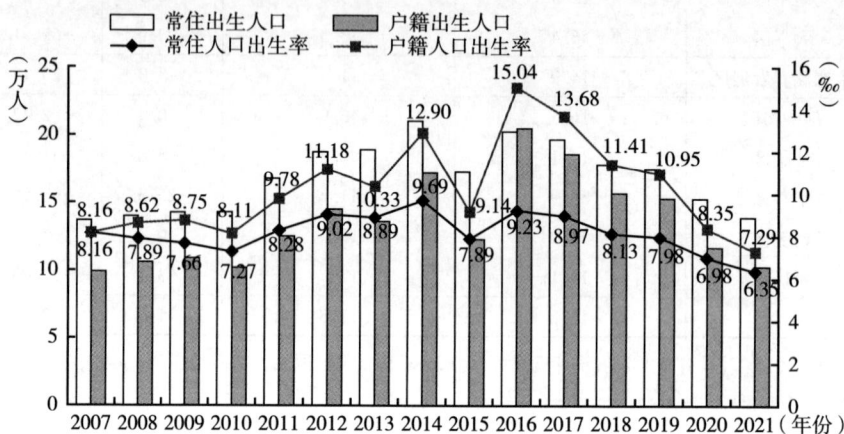

图 6　2007~2021 年北京市常住出生人口及户籍出生人口规模、出生率

资料来源：北京市统计局、国家统计局北京调查总队，《北京统计年鉴》（2007~2022 年）。

2.《北京市学前教育行动计划》极大地推动了北京市学前教育的发展

从 2011 年开始，北京市为解决"入园难"问题，推动学前教育持续健康发展，连续制定并实施了三期《北京市学前教育行动计划》。计划的实施成为近年来北京市学前教育资源供给持续增加并逐步优化的重要推动因素，相关措施与主要成效集中体现在以下几个方面。一是通过改建、扩建，鼓励以多种形式兴办幼儿园等，实现幼儿园数量和幼儿园学位供给快速增长。实施《北京市学前教育行动计划》期间，全市共增加学位近 18 万个。其中，2018~2020 年连续三年北京市通过实施重要民生实事项目，新建、改建、扩建 403 所幼儿园，新增学位 93140 个；各区挖掘、鼓励社会力量采用多种形式办园等，增加学位约 3.5 万个[①]。二是通过加大对幼儿教师的培养力度，实现幼儿园专任教师规模扩大。如实施幼儿教师培养培训工程以提升幼儿教

---

① 《关于学前教育三年行动计划完成情况的报告》，北京市人民代表大会常务委员会网站，http://www.bjrd.gov.cn/zyfb/bg/202101/t20210116_2221236.html。

师的专业素质，支持通过政府购买服务等多种方式补充师资。2018～2020年，全市高等教育机构（含中央高校）开设的学前教育专业为学前教育阶段培养师资近1.5万人。通过第一期和第二期行动计划的开展，全市新增1.6万名专任教师。三是通过优化教育资源的空间布局，有效缩小各区及区域之间的资源差距。如第二期行动计划的重点项目强调探索在入园压力大、土地资源紧张的中心城区及城乡接合部，依托优质幼儿园，通过以租代建等方式，建设一批社区学前教育服务中心，不断增加上述区域的优质学前教育资源。① 通过三期行动计划的开展，全市适龄儿童入园率达到90%，"入园难"这一问题得到基本解决，普惠率达到87%，无证办园现象基本消除。在园幼儿人口数量与幼儿园数量、专任教师数量的分布相对均衡（见图7）。

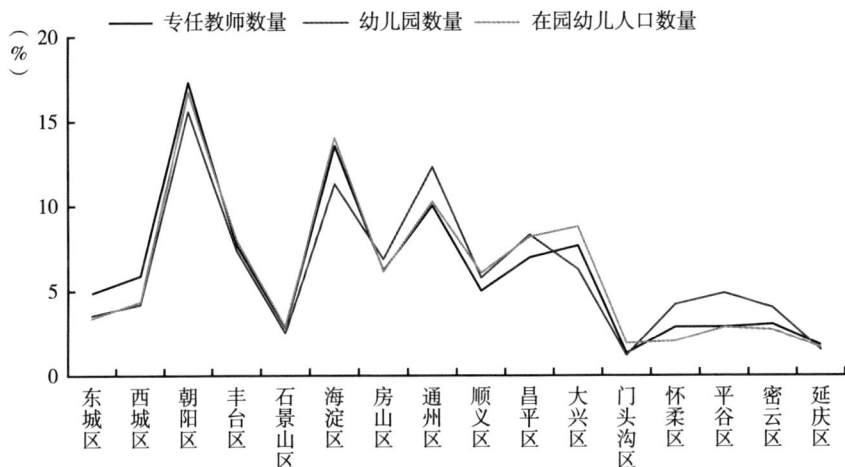

图7　2022年北京市各区专任教师数量、幼儿园数量、在园幼儿人口数量所占比重

资料来源：《教育事业发展统计概况》，北京市教育委员会网站，http：//jw.beijing.gov.cn/xxgk/shujufab/tongjigaikuang/。

3. 首都功能疏解及城市副中心建设成效在学前教育领域的体现明显

《北京城市总体规划（2016年—2035年）》对北京市进行了"一核一

---

① 《（通政发〔2015〕37号）北京市通州区人民政府关于印发通州区第二期学前教育三年行动计划（2015—2017年）的通知》，北京市通州区人民政府网站，http：//www.bjtzh.gov.cn/bjtz/xxfb/201511/1070633.shtml。

主一副、两轴多点一区"空间布局规划,根据这一规划,北京市牢牢把握首都功能定位,积极疏解非首都功能,促进人口结构与空间布局同城市战略定位相协调。受首都功能疏解相关政策的影响,人口的空间分布有所变动。2015~2021年,北京首都功能核心区和城市功能拓展区的人口规模持续下降,下降幅度趋缓。与此相对应的是,2015~2021年,北京城市发展新区和生态涵养发展区的人口规模整体上扩大,且城市发展新区人口规模的增长幅度更大。城市发展新区人口规模的扩大在一定程度上缓解了首都功能核心区和城市功能拓展区的人口压力,促进北京人口分布均衡。① 城市发展新区及生态涵养发展区的人口增长推动学前教育阶段幼儿及资源快速增长,与2010年相比,2022年,城市发展新区及生态涵养发展区在园幼儿数量的增幅分别达182.58%及93.24%,专任教师规模的增幅分别达到238.28%及163.63%。

规划建设北京城市副中心(以下简称城市副中心)与河北雄安新区形成北京新的两翼,是以习近平同志为核心的党中央做出的重大决策部署,是千年大计、国家大事。按照规划,到2025年,北京市级党政机关和市属行政事业单位搬迁基本完成,承接北京非首都功能疏解和人口转移取得显著成效。到2035年,现代化城市副中心基本建成,承接北京非首都功能疏解和人口转移的作用全面显现。② 在政策导向作用下,通州区常住人口持续增长,从2010年的118.4万人(见图8)增至2022年的184.3万人,增幅达56%,其中,2015年以来的增幅基本呈现上升的态势,从2015年的1.6%上升至2020年的9.9%,增长了8.3个百分点。常住人口的快速增加进一步带来幼儿规模的扩大及教育资源的快速聚集,与2010年在园幼儿规模相比,2022年,通州区的在园幼儿规模的增幅超过3倍。为适应人口变化,"十三五"时

---

① 洪小良、董亭月、杨嘉莹、赵政:《北京人口形势分析报告(2022)》,载洪小良、尹德挺、胡玉萍、吴军主编《北京人口发展研究报告(2022)》,社会科学文献出版社,2022,第1~22页。

② 《国务院关于支持北京城市副中心高质量发展的意见》,北京市人民政府网站,https://www.beijing.gov.cn/zhengce/zhengcefagui/202111/t20211126_2545634.html。

期，通州区加快基础教育设施建设，通过新建、改建、扩建、接收小区配套设施、审批转化等方式，新增幼儿园学位 4.8 万余个、中小学学位 2.6 万余个。2010~2022 年，通州区的幼儿园数量与专任教师数量成倍增长。通州区学前教育阶段幼儿与资源的集聚展现了其疏解非首都功能示范作用的显著效果。

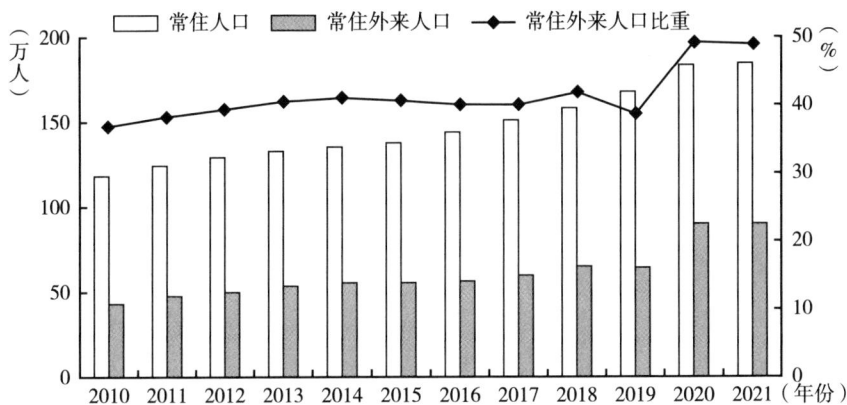

图 8　2010~2021 年北京市通州区常住人口、常住外来人口及比重

资料来源：北京市统计局、国家统计局北京调查总队，《北京统计年鉴》（2008~2022 年）。

4. 相关政策调整影响非京籍在园幼儿人口规模变动

2015 年 2 月 10 日，习近平总书记在中央财经领导小组第九次会议上指出疏解北京非首都功能、推进京津冀协同发展，是一个巨大的系统工程。目标要明确，通过疏解北京非首都功能，调整经济结构和空间结构，走出一条内涵集约发展的新路子，促进区域协调发展，形成新增长极。[①] 近年来，北京市立足首都功能定位，积极疏解非首都功能，有序进行人口疏解。2015年，常住外来人口的增幅不足 0.5%，自 2016 年以来，常住外来人口规模"七连降"，呈现持续的负增长态势。2016~2022 年，常住外来人口规模分别为 858.8 万人、855.5 万人、848.2 万人、843.5 万人、839.6 万人、834.8 万人、825.1 万人（见图 9）。2016~2022 年，常住外来人口规模与上

---

① 《习近平主持召开中央财经领导小组第九次会议》，新华网，http://www.xinhuanet.com/politics/2015-02/10/c_1114322773.html。

年相比的下降幅度分别为 0.43%、0.38%、0.85%、0.55%、0.46%、0.57%、1.16%。常住外来人口规模的变化进一步带来非京籍幼儿人口数量的变动，非京籍在园幼儿人口数量占在园幼儿人口数量的比重在 2014 年达到最高峰，为 27.84%；在 2014 年之后快速下降，2017 年为 24.66%；2017~2020 年，保持在 24%~25%。

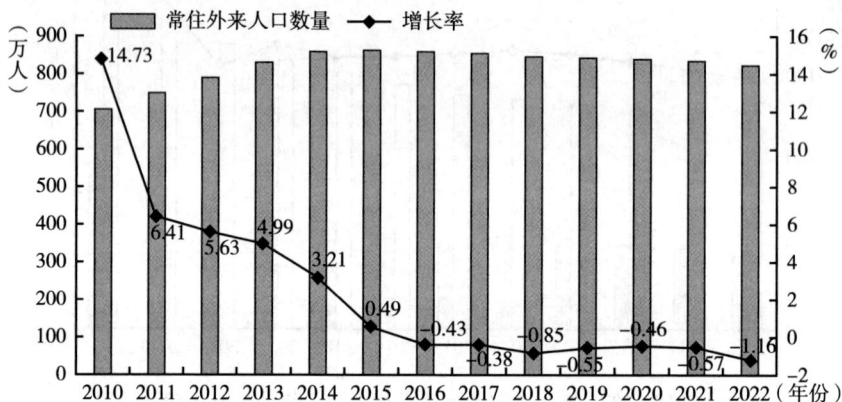

图 9　2010~2022 年北京市常住外来人口数量及增长率

资料来源：北京市统计局、国家统计局北京调查总队，《北京统计年鉴》（2011~2023 年）。

（二）展望与建议

1. 科学研判人口变化形势，优化学前教育资源供给

2017~2022 年，北京市常住人口出生率"六连降"，常住出生人口的规模分别约为 19.7 万人、17.8 万人、17.5 万人、15.3 万人、13.9 万人、12.4 万人。[1] 北京市超低生育水平格局未发生变化，低生育趋势在短期内难以改变。[2] 受出生率持续下降的影响，未来一段时间，幼儿人口规模会出现

---

[1] 《北京市 2022 年国民经济和社会发展统计公报》，北京市人民政府网站，https://www.beijing.gov.cn/zhengce/zhengcefagui/202303/t20230321_ 2941262.html。

[2] 洪小良、董亭月、杨嘉莹、赵政：《北京人口形势分析报告（2022）》，载洪小良、尹德挺、胡玉萍、吴军主编《北京人口发展研究报告（2022）》，社会科学文献出版社，2022，第 1~22 页。

一定程度的缩减，0~3岁幼儿的比重可能会持续走低。此外，部分跨省（区市）及跨区域的流动人口给入园幼儿人口规模的变化带来不确定性。为此，一方面，需要加强对生育形势和人口变化形势的动态监测，充分考虑人口变化形势给学前教育事业发展带来的影响，并在此基础上科学研判需求，结合区域实际情况适时调整幼儿园的布局，稳定供给学位，因地、因时制宜地调整和完善学位供给标准；另一方面，要持续完善外来人口随迁子女的入园政策，充分考虑外来人口的分布和流动趋势，提高普惠性教育资源的可达性，保障非京籍幼儿顺利入园。

2. 拓展普惠性资源布局，推动教育资源统筹分配

2010~2022年，北京市各区域幼儿园数量、教师数量等教育资源在全市的比重的差异减少，以专任教师为例，12年间，城市发展新区的幼儿园专任教师规模占全市的比重上升了约12个百分点，专任教师师生比的减幅达16.77%。目前，从在园幼儿数量与幼儿园数量、专任教师数量的配置来看，北京市学前教育阶段教育资源的空间布局的差异较小。2018~2021年，北京普惠性幼儿园覆盖率不断提升，基本形成以普惠性幼儿园为主体的学前教育发展格局，有效破解了幼儿"入园难""入园贵"的困境。2021年，北京普惠性幼儿园覆盖率为88%，略高于全国87.8%的平均水平，而同为超大城市的上海市则达92%，与之相比，北京市仍处于追赶状态。此外，2021年，浙江、江西等全国12个省区市的普惠性幼儿园覆盖率已超过90%，北京与这一水平仍有一定差距。[①]

《北京市"十四五"学前教育发展提升行动计划》提出2025年普惠性幼儿园覆盖率达到90%的目标。为此，未来需要进一步拓展普惠性教育资源布局，推动优质教育资源统筹分配。一是健全支持学前教育普惠发展的政策，关注普惠性资源薄弱区域，补齐普惠性资源短板。多渠道增加对农村普惠性学前教育资源的供给，加强村级幼儿园建设，完善城乡学前教育布局和

---

① 《砥砺十年路 奋进新征程——党的十八大以来学前教育改革发展成就》，中华人民共和国教育部网站，http://www.moe.gov.cn/fbh/live/2022/54405/sfcl/202204/t20220426_621796.html。

公共服务网络，切实保障适龄幼儿入园；在城市新增人口、流动人口集中地区新建、改建、扩建一批幼儿园，有效满足适龄儿童就近接受学前教育的需求，切实保障非京籍随迁幼儿顺利入园。二是科学预判需求，精准供给普惠性资源。充分考虑出生人口变化情况和城镇化发展趋势，精准布局普惠性幼儿园学位，不断提升公办率，健全学前教育公共服务体系。此外，发挥优质园所的辐射指导作用，区内、区外相结合，加强对薄弱园的关注与扶持，鼓励高校、科研机构参与结对帮扶。

3. 统筹利用学前教育资源，积极推进托幼一体化建设

截至 2022 年 9 月，全市 93 所幼儿园的 182 个托班招生，幼儿园托班学位增加到 3000 个。根据北京市卫生健康委的调查结果，北京市婴幼儿家庭在类型上更偏好幼儿园托班、社区托育点和用人单位办托，且随着月龄的增加，对幼儿园托班的偏好越来越强。[①] 根据出生人口规模推算，入园人数在未来一段时间内可能会持续下降，由此会导致部分幼儿园学位空缺。托育服务作为生育支持政策的重要组成部分，可以有效利用学前教育的存量资源。提高学前教育资源的利用率，积极支持幼儿园在有效满足 3~6 岁幼儿入园的基础上，开设托班以利用空余学位招收 3 岁以下幼儿；进一步加大对学前教育师资的培养力度，尤其是 3 岁以下婴幼儿照护专业人才，支持有条件的职业院校增设婴幼儿照护相关专业，提高幼儿园婴幼照护师资的水平，建设一支专业的人才队伍。此外，在促进普惠性幼儿园入园率不断提升的同时，提高 3 岁以下婴幼儿入托的普惠性。

---

① 《关于本市托育服务体系建设情况的报告》，北京市人民代表大会常务委员会网站，http://www.bjrd.gov.cn/rdzl/rdcwhgb/sswjrdcwhgb202205/202211/t20221116_ 2860105.html。

B.3
北京市青年人口现状与社区参与研究报告

王雪梅　胡明琰　张玉　严彩萧　陈志光*

摘　要： 本报告利用第七次全国人口普查数据和北京市共青团在 2022 年开展的相关研究的抽样调查数据，分析北京市 18~35 岁青年群体的人口学特征、社会经济特征与参与基层治理情况。结果显示，北京市 18~35 岁青年在受教育程度、政治素质、居住状况与基层参与等方面均达到较高水平。但其中的外省区市来京青年在诸多方面呈现差异性特点。另外，社区青年汇在引导北京青年参与社区治理方面发挥重要作用，但也存在薄弱环节。据此，本报告提出构建青年发展型城市，通过建立复合型与智慧型服务阵地、实现服务项目品牌化、整合服务资源等方式，广泛而有效地联系青年，以首善标准推进北京青年人口高质量发展。

关键词： 青年人口　高质量发展　社区青年汇　社区参与　基层治理

青年是国家经济社会发展的生力军和中坚力量。党和国家事业要发展，青年首先要发展。党的十八大以来，习近平总书记多次对青年工作做出指示，指

---

* 王雪梅，博士，中共北京市委党校（北京行政学院）社会学教研部（北京市人口研究所）副教授、社会理论与社会发展教研室主任，主要研究方向为城市社会学、流动人口；胡明琰，中共北京市委党校（北京行政学院）社会学教研部（北京市人口研究所）硕士研究生，主要研究方向为城市社会学；张玉，硕士，北京青少年社会工作服务中心副主任，主要研究方向为青少年研究工作；严彩萧，中共北京市委党校（北京行政学院）社会学教研部（北京市人口研究所）硕士研究生，主要研究方向为城市社会学；陈志光，博士，中共北京市委党校（北京行政学院）社会学教研部（北京市人口研究所）讲师，主要研究方向为人口发展、政策科学。

出"要了解青年，主动深入基层、走进青年，知道青年想什么、要什么，真心诚意为他们办事，使他们实实在在感受到党的关怀、团的关心、社会的关爱"①。青年的发展同地区发展特征与需求紧密相关。作为首都，北京优厚的资源与广阔的发展平台吸引了全国其他省区市的青年，使首都青年呈现一定的特殊性。深入研究与掌握首都青年群体的特征，是以首善标准做好青年工作的基础，也是促进首都高质量发展的必要举措。

基于此，本报告以北京市18~35岁常住青年人口为研究对象，利用第七次全国人口普查数据并参考第六次全国人口普查数据对北京市18~35岁青年的规模与结构以及受教育程度、婚姻状况、生育率等人口学特征进行总体描述与分析②；同时，利用北京市共青团在2022年开展的"共青团依托社区青年汇组织动员青年参与社区基层社会治理的方式方法研究"的抽样调查数据，分析北京青年群体在政治素质、居住状况与职业生活方面的特点，聚焦了解北京市青年群体在社会参与特别是参与社会治理方面的状况。本报告基于对以上整体与抽样数据的分析，有针对性地提出对策建议，以期为首都青年发展工作提供最新参考依据。

一　北京市青年人口基本状况

（一）北京青年规模与结构

1. 北京18~35岁青年人口约占总人口的1/3，其中接近60%是外省区市来京青年

《北京市人口普查年鉴—2020》中的数据显示，2020年，北京市18~35岁青年为6509567人，占北京总人口的比例为29.8%。其中，外省区市来京青年为

---

① 中共中央文献研究室编《习近平关于社会主义政治建设论述摘编》，中央文献出版社，2017，第180页。

② 注：由于全国人口普查数据中职业中类与行业大类两个变量只有年龄段数据，缺乏有关每一个年龄的具体数据，因此本报告在对职业中类、行业大类进行分析时采用16~39岁青年数据。

3805887 人，占北京市 18~35 岁青年总数的 58.47%。

北京市是典型的流动人口聚集的超大型城市，青年是在大城市漂泊的人群的主力，呈现三个特点：聚集、青春、流动。外省区市来京青年已经成为首都人口中不可忽视的庞大群体，受此影响，北京青年在结构、分布等方面呈现更为复杂的特点。

2. 北京青年男女性别比约为107.6，较2010年的状况趋于均衡

根据 2020 年北京市 18~35 岁年龄段的人口普查数据，在北京 18~35 岁总体青年中，男性青年为 3374319 人，占青年总人口的比例为 51.84%。女性青年为 3135248 人，占比低于男性，为 48.16%（见表1）。北京青年男女性别比约为 107.6。而在 2010 年第六次全国人口普查数据中，18~35 岁青年约为 777 万人（7773215 人），其中男性青年约为 404 万人（4040154 人），女性青年约为 373 万人（3733061 人），性别比约为 108.2。因此，相比 2010 年，2020 年，北京市 18~35 岁青年性别比趋于均衡。

在外省区市来京青年中，男性青年为 2072167 人，女性青年为 1733720 人，分别占外省区市来京青年的 54.45% 和 45.55%，男性青年占比高出女性青年占比约 10 个百分点。

表1 2020 年北京青年（18~35 岁）性别结构

单位：人，%

	男性数量	男性占比	女性数量	女性占比
北京青年总体	3374319	51.84	3135248	48.16
外省区市来京青年	2072167	54.45	1733720	45.55

资料来源：笔者根据第七次全国人口普查数据整理得到。

（二）北京青年婚育状况

1. 半数以上的北京青年（18~35岁）未婚，大龄未婚现象突出

统计数据（有效个案为 603476 个）显示，北京 18~35 岁青年中未婚青年

共 315207 人，占比为 52.23%；已婚有配偶的青年为 281678 人，占比为 46.68%；离婚、丧偶的青年为 6591 人，占比为 1.09%（见表 2）。

表 2　北京青年（18~35 岁）婚姻状况

单位：%

	未婚占比	已婚占比	离婚占比	丧偶占比
北京青年总体	52.23	46.68	1.07	0.02
外省区市来京青年	53.31	45.75	0.92	0.02

资料来源：笔者根据第七次全国人口普查数据整理得到。

在北京未婚青年中，30~35 岁的大龄未婚青年的占比为 19.75%，占北京市 18~35 岁全部青年的比例为 10.32%。也就是说，北京市每 10 名 18~35 岁青年中就有 1 名是 30~35 岁的大龄未婚青年。其中，大龄未婚男性青年多于大龄未婚女性青年。

2. 超过一半的外省区市来京青年未婚，其中大龄未婚男性青年占比远高于大龄未婚女性青年

在外省区市来京青年中，类似的特征同样显现。抽样调查数据（有效个案为 333421 人）显示，外省区市来京青年中未婚青年共 177740 人，占比为 53.31%。大龄（30~35 岁）未婚青年占比为 19.64%。其中，大龄未婚男性青年占比（57.32%）比大龄未婚女性青年的占比高出近 15 个百分点。

3. 北京 18~35 岁育龄妇女总和生育率为 0.704，年龄别生育率①在 30 岁时达到顶峰

2020 年，北京 18~35 岁育龄妇女平均每人生育 0.7 个孩子。其中年龄别生育率在 30 岁时达到顶峰，为 81.05‰。从 18 岁到 30 岁，北京育龄妇女的年龄别生育率整体上升高；从 30 岁到 35 岁，北京育龄妇女的年龄别生育率整体上降低（见图 1）。

---

① 本报告中年龄别生育率来源于北京市统计局对第七次全国人口普查数据的汇总，总和生育率通过年龄别生育率计算得到，计算公式为：$1000 \times \sum_{n=18}^{35}$ 年龄别生育率（单岁组）。

对比北京育龄妇女总体与外省区市来京育龄妇女的年龄别生育率发现，18~24 岁各个年龄的外省区市来京育龄妇女生育水平都高于北京育龄妇女总体，而 25~35 岁的情况正好相反。

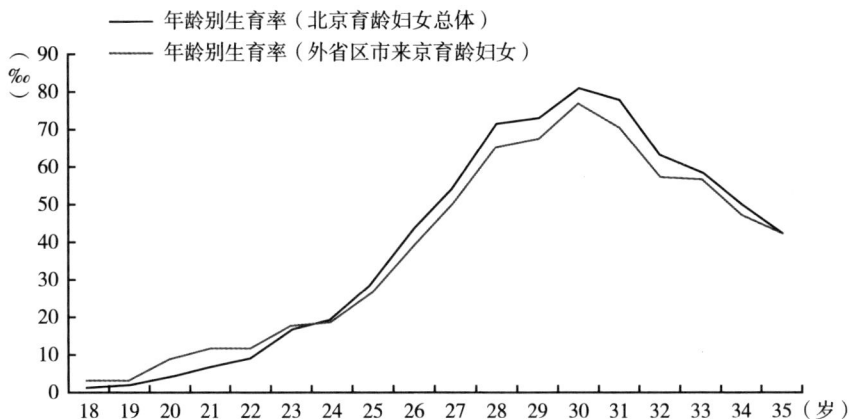

图 1　北京育龄妇女总体与外省区市来京育龄妇女的年龄别生育率

资料来源：《人口普查》，北京市统计局、国家统计局北京调查总队网站，http://tjj. beijing. gov. cn/tjsj_ 31433/pcsj_ 31452/rkpc/index. html。

（三）北京青年受教育状况

1. 北京青年受教育程度较高，大多数受过专科以上教育，本科及以上的高学历青年的比例超过一半

通过对北京总体青年受教育程度的分析可知，在北京 18~35 岁青年中，小学及以下学历的青年共 66989 人，占总数的 1%左右；受教育程度为初中、高中的北京青年共 1782194 人，占总数的 27.38%；受教育程度为专科的共 1335246 人，占总数的 20.51%；受教育程度为本科的共 2494634 人，占总数的 38.32%，占比最大；研究生（硕士和博士）有 830504 人，占比为 12.75%（见图 2）。可见，北京青年受教育程度集中于专科及以上，约占 72%，相较于第六次全国人口普查数据提高了约 22 个百分点。其中具有本科及以上学历的青年的比例超过一半，相较于第六次全国人口普查数据提高了近 20 个百分点。

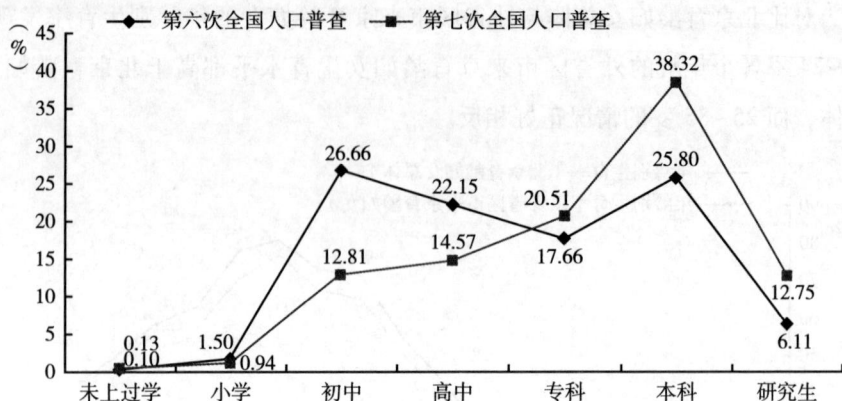

图2　第六次全国人口普查和第七次全国人口普查中
北京青年（18~35岁）受教育程度

资料来源：《人口普查》，北京市统计局、国家统计局北京调查总队网站，http：//
tjj. beijing. gov. cn/tjsj_ 31433/pcsj_ 31452/rkpc/index. html。

2. 外省区市来京青年多数受过专科及以上教育，约1/5青年的受教育程度为初中及以下

在外省区市来京青年中，专科及以上学历的青年（2356124人）占比为61.91%，相较于北京青年的这一比例低了约10个百分点，集中体现为本科、硕士以及博士学历的青年占比低于北京青年。需要关注的是，21.09%的外省区市来京青年学历为初中及以下，受教育水平低（见图3）。

3. 在北京青年中，低学历男性青年占比远高于女性青年，女性青年的受教育程度整体较高，在外省区市来京青年中同样呈现该特点

对北京市男性青年与女性青年的受教育程度分析发现，高中及以下学历的男性青年比例远高于女性青年，未上过学、学前教育、小学、初中与高中学历的男性青年占比分别比该学历女性青年高出17.2个、2.46个、30.46个、34.28个和19.94个百分点。本科、硕士学历的女性青年占比分别为52.49%和56.04%，比同等受教育程度的男性青年占比高出约5个和12个百分点。而在博士学历青年中，男性显现出优势，占比为57%，这一比例高出女性青年14个百分点（见图4）。

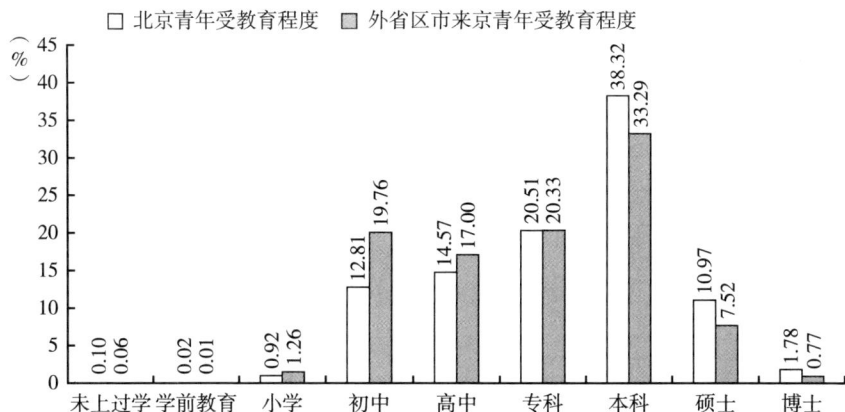

图3 北京青年与外省区市来京青年受教育程度

资料来源：《人口普查》，北京市统计局、国家统计局北京调查总队网站，http：//
tjj. beijing. gov. cn/tjsj_ 31433/pcsj_ 31452/rkpc/index. html。

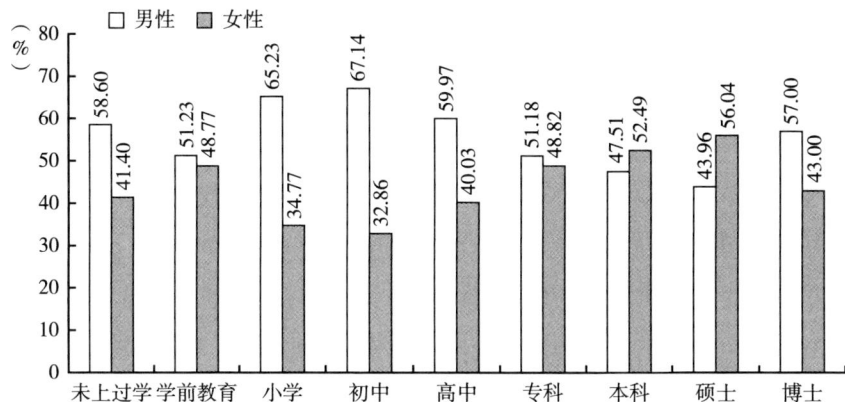

图4 分性别的北京青年（18~35岁）受教育程度

资料来源：《人口普查》，北京市统计局、国家统计局北京调查总队网站，http：//
tjj. beijing. gov. cn/tjsj_ 31433/pcsj_ 31452/rkpc/index. html。

在外省区市来京青年中，低学历的男性青年远多于低学历女性青年，其
中，小学、初中与高中的男性青年比例比女性青年分别高出 34.22 个、
36.18 个和21.54 个百分点。而本科、硕士学历的女性青年比例比男性青年
分别高出约 4 个和15 个百分点（见图5）。

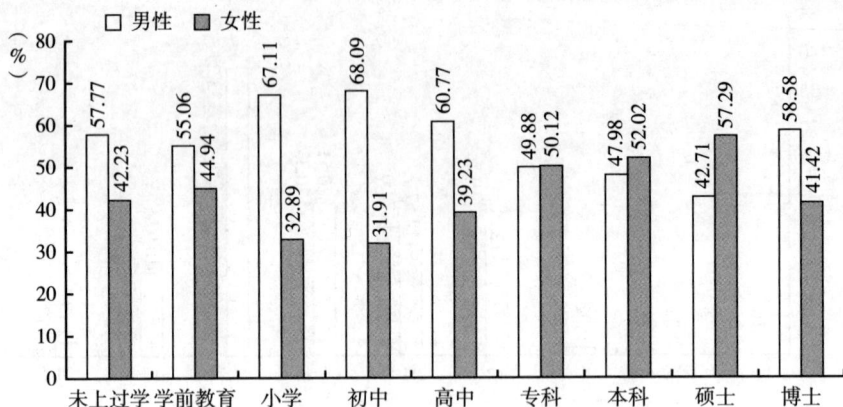

图5　分性别的外省区市来京青年受教育程度

资料来源：《人口普查》，北京市统计局、国家统计局北京调查总队网站，http://tjj. beijing. gov. cn/tjsj_ 31433/pcsj_ 31452/rkpc/index. html。

（四）北京青年职业状况

1. "社会生产服务和生活服务人员"是各年龄段北京青年从事最多的职业，接着是专业技术人员，从事最少的是农林牧渔生产及辅助人员

从图6可以看到，职业4类（社会生产服务和生活服务人员）是北京各个年龄段青年从事最多的职业。16~19岁、20~24岁、25~29岁、30~34岁、35~39岁五个不同年龄段的青年中分别有69.23%、49.86%、45.03%、42.81%和40.37%是社会生产服务和生活服务人员。职业2类（专业技术人员）是北京青年从事次多的职业，而职业5类（农林牧渔生产及辅助人员）是北京青年从事最少的职业，不论哪个年龄段的青年从事该类职业的占比都不超过0.5%。

至于外省区市来京青年，无论在哪个年龄段，相较于北京16~39岁全体青年，从事职业4类（社会生产服务和生活服务人员）的占比更大（见图7），不同年龄段从事该类职业的平均比例为55.13%，比北京青年的这一比例高出约6个百分点。

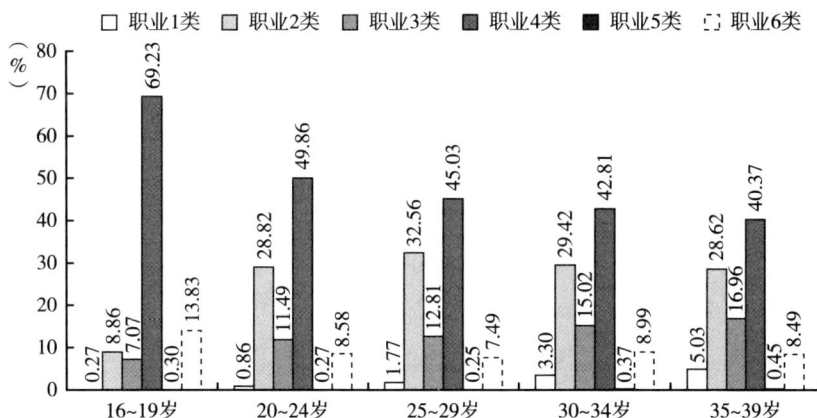

图6　分年龄段的北京青年职业构成情况

注：职业1类为党的机关、国家机关、群众团体和社会组织、企事业单位负责人；职业2类为专业技术人员；职业3类为办事人员和有关人员；职业4类为社会生产服务和生活服务人员；职业5类为农林牧渔生产及辅助人员；职业6类为生产制造及有关人员，后图同。

资料来源：《人口普查》，北京市统计局、国家统计局北京调查总队网站，http：//tjj. beijing. gov. cn/tjsj＿ 31433/pcsj＿ 31452/rkpc/index. html。

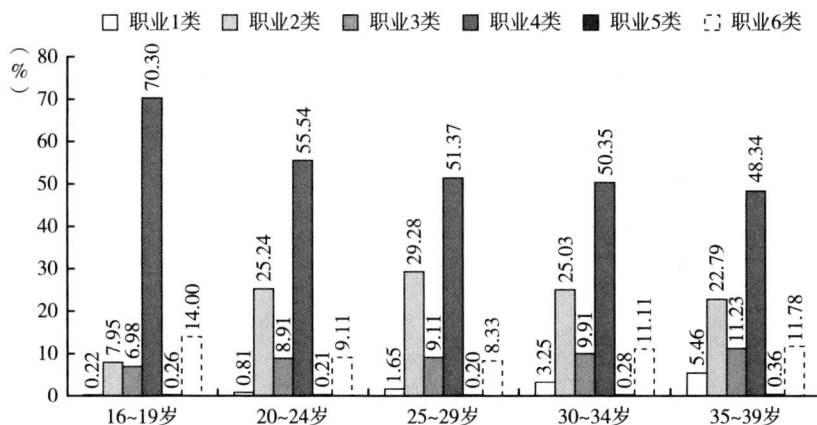

图7　分年龄段的外省区市来京青年职业构成情况

资料来源：《人口普查》，北京市统计局、国家统计局北京调查总队网站，http：//tjj. beijing. gov. cn/tjsj＿ 31433/pcsj＿ 31452/rkpc/index. html。

2. 北京青年就业的行业具有明显的集聚性，批发和零售业，信息传输、软件和信息技术服务业以及租赁和商业服务业集聚了超过1/3的北京青年

从图8可以看到，北京青年就业的行业具有明显的集聚性。在北京青年中，首先，从事最多的行业是批发和零售业，占比为13.72%；其次是信息传输、软件和信息技术服务业，占比为13.03%；最后是租赁和商务服务业，占比为8.66%。而从事国际组织相关工作及采矿业、农林牧渔业等行业工作的青年人数很少，占比仅为0.02%、0.1%与0.4%。

相较于北京青年，从事批发和零售业，信息传输、软件和信息技术服务业的外省区市来京青年更多，占比分别为16.61%和16.42%。外省区市来京青年更少从事文化、体育和娱乐业，公共管理、社会保障和社会组织等行业的工作。

3. 从产业聚集度来看，大多数北京青年从事传统服务业和社会与社区服务业的工作

为方便研究，笔者在查阅资料的基础上进一步将20个行业大类划分为第一产业、第二产业、传统服务业、社会与社区服务业、信息产业5个产业类型。第一产业涉及农林牧渔业（行业1类）这类与自然资源直接相关的经济活动。第二产业涉及包括行业2类、行业3类、行业4类、行业5类、行业11类在内的工业生产、加工制造、能源开采等领域。传统服务业是以行业6类、行业7类、行业8类、行业10类、行业12类、行业13类、行业14类、行业16类为主的传统服务领域的行业。社会与社区服务业涉及行业15类、行业17类、行业18类、行业19类、行业20类等为满足共同需求所开展的经济社会活动。信息产业涉及行业9类的相关活动。

在进行产业划分后，可以明显看到从事服务业（传统服务业、社会与社区服务业）工作的北京青年数量最多，占比约为68%，其中，传统服务业占比为53.03%，社会与社区服务业占比为15.06%。从事第二产业工作的北京青年的数量次之，占比为18.48%；接着是从事信息产业的青年，占比为13.03%。从事第一产业的北京青年数量很少，占比仅为0.4%（见图9）。

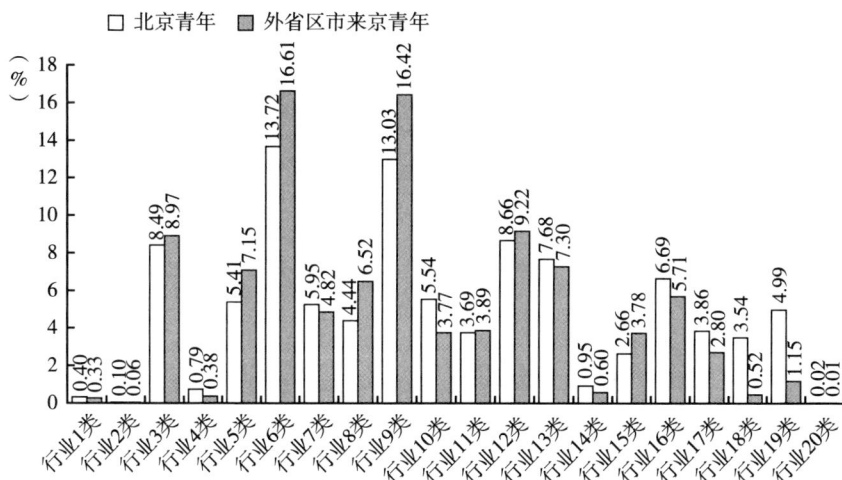

图8　北京青年与外省区市来京青年的行业选择占比

注：为方便作图，将行业大类用数字代替，行业1类代表农林牧渔业，行业2类代表采矿业，行业3类代表制造业，行业4类代表电热燃气及水生产和供应业，行业5类代表建筑业，行业6类代表批发和零售业，行业7类代表交通运输、仓储和邮政业，行业8类代表住宿和餐饮业，行业9类代表信息传输、软件和信息技术服务业，行业10类代表金融业，行业11类代表房地产业，行业12类代表租赁和商务服务业，行业13类代表科学研究和技术服务业，行业14类代表水利、环境和公共设施管理业，行业15类代表居民服务、修理和公共服务业，行业16类代表教育业，行业17类代表卫生和社会工作，行业18类代表文化、体育和娱乐业，行业19类代表公共管理、社会保障和社会组织，行业20类代表国际组织。

资料来源：《人口普查》，北京市统计局、国家统计局北京调查总队网站，http：// tjj. beijing. gov. cn/tjsj_ 31433/pcsj_ 31452/rkpc/index. html。

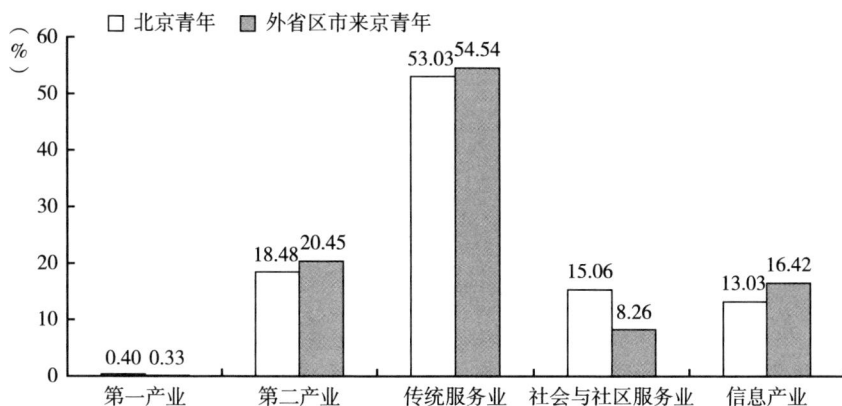

图9　北京青年与外省区市来京青年就业分布情况

资料来源：《人口普查》，北京市统计局、国家统计局北京调查总队网站，http：//tjj. beijing. gov. cn/tjsj_ 31433/pcsj_ 31452/rkpc/index. html。

4. 相较于北京青年，从事社会与社区服务业工作的外省区市来京青年占比较低，而从事第二产业、信息产业工作的外省区市来京青年比例较高

在外省区市来京青年中，从事服务业（传统服务业和社会与社区服务业）工作的青年占比为62.8%，其中，从事社会与社区服务业工作的外省区市来京青年仅占8.26%，比北京青年的这一比例少了近7个百分点。而从事第二产业与信息产业工作的外省区市来京青年的占比分别为20.45%和16.42%。

二　北京青年的政治、居住与职业生活特点

本部分所使用的数据来源于北京市青年团在2022年开展的"共青团依托社区青年汇组织动员青年参与社区基层社会治理的方式方法研究"的抽样调查数据。在调查方式方面，考虑到青年群体参与特点与统计的便捷性，调查以线上电子问卷的形式进行。北京市统计局数据显示，2021年底，全市常住人口为2188.6万人，常住外来人口为834.8万人。在常住人口中，5~34岁人口共779.3万人，其中20~34岁人口共552.9万人。样本数量以全市18~35岁常住青年为基数，约按0.72‰抽取，抽取样本总量为4000人[①]。按照各区社区青年汇数量的比例分配调查青年的数量，样本具有代表性。

在研究过程中，我们特别关注青年社会工作者（样本为672人）和全日制大学生（样本为1618人）。青年社会工作者是社区青年汇的核心成员，占总体受访者的比例为15.3%。他们直接参与并组织社区活动，对社会治理具有重要影响。全日制大学生则是我们希望了解青年参与社区治理情况、对社区青年汇的认知和期望的重要对象，其占全部受访青年的比例为36.9%。

（一）北京青年整体政治素质较高，超六成全日制大学生为共青团员

50.3%的北京青年为团员或党员，整体政治素质较高。其中共青团员的比例为33.3%，预备党员和中共党员的比例合计为17%（见图10）。

---

① 最终实际调查总数为4375人。

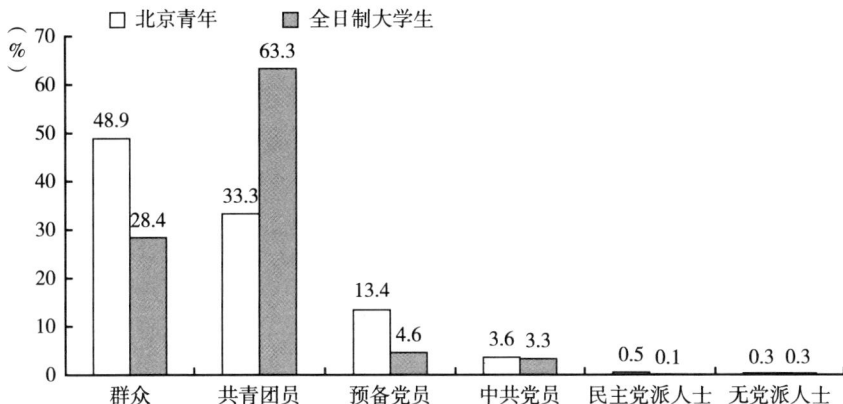

图 10　北京青年及全日制大学生的政治面貌

相比其他青年群体，全日制大学生的整体政治素质更高。其中政治面貌为共青团员的人数最多，占比达到 63.3%，远高于北京青年平均水平。但政治面貌为预备党员和中共党员的占比仅为 7.9%，远低于北京青年平均水平，可见全日制大学生中的党员人数相对较少。

（二）绝大多数北京青年没有宗教信仰；在少数信教青年中，信仰佛教者居多

在全部北京青年中，无宗教信仰的占比为 88.4%。在信教青年中，信仰佛教的人数最多，占全部北京青年的 7.2%（见图 11）。信仰道教、伊斯兰教、基督教及其他宗教的人数占比均在 1% 左右。可见，在宗教信仰方面，佛教相比其他宗教更容易被北京青年接受。

（三）超过六成京籍青年与父母共同居住，这一比例远高于非京籍青年

在全部北京青年中，有 61.5% 的京籍青年选择与父母同住，这一比例在非京籍群体中仅占 46.1%（见图 12）。可见，京籍青年和父母同住的比例远高于非京籍青年。36.1% 的京籍青年选择与父母、子女共同居住，非京籍青年的这一比例为 28.8%，农村非京籍青年的这一比例为 23.1%。

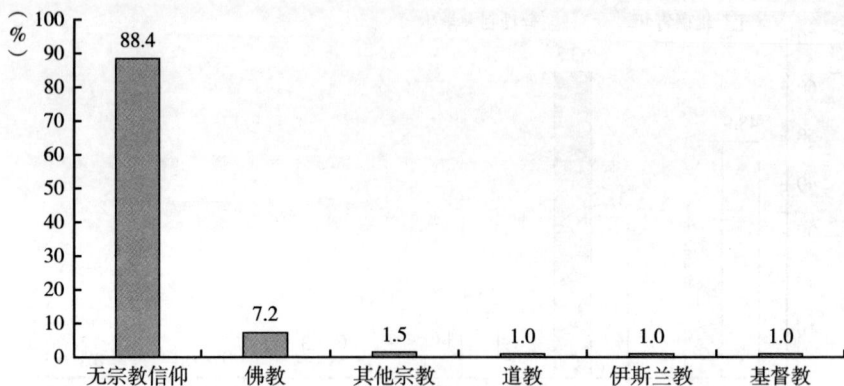

图 11　北京青年的宗教信仰

注：在调查问卷中，该问题为单选题，具体如下：您的宗教信仰是（　　）？a. 佛教 b. 道教 c. 伊斯兰教 d. 基督教 f. 其他宗教 g. 无宗教信仰。

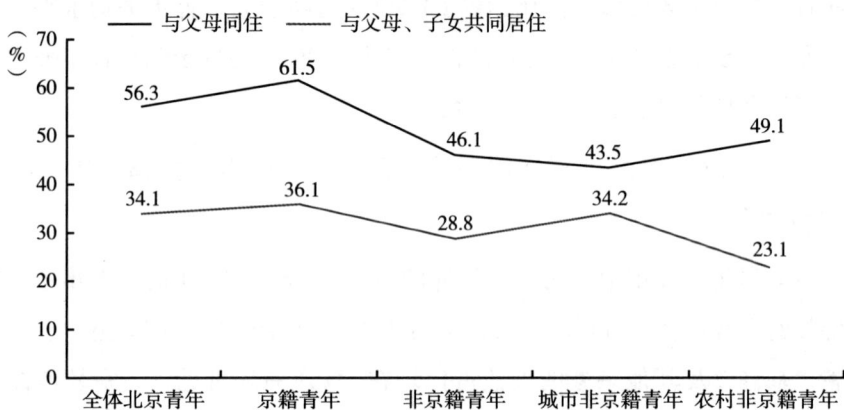

图 12　各类北京青年群体与父母、子女居住情况

（四）在住房方面，京籍青年以住自购房为主，非京籍青年以租房等形式为主

数据显示，74.3%的京籍青年居住在自购房里，仅有 35.9% 的非京籍青年住在自购房里（见图 13），非京籍青年居住在自购房的比例显著低于京籍青

年。具体来看，44.1%的城市非京籍青年选择居住在自购房，农村非京籍青年仅占 26.1%。农村非京籍青年的购房率远低于城市非京籍青年。

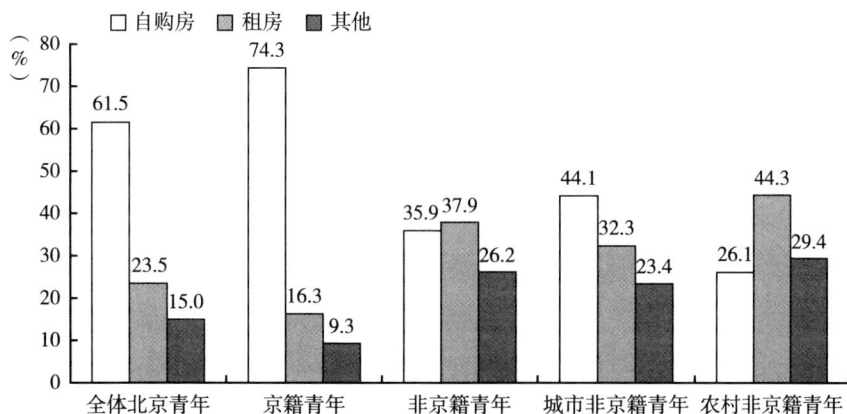

图13　北京青年的居住方式

京籍青年租房的比例为 16.3%，京籍青年以其他形式居住的比例为 9.3%。非京籍青年租房和以其他方式居住的比例为 64.1%，可见，多数非京籍青年选择租房和以其他方式居住。

总的来看，超过六成（61.5%）的北京青年居住在自购房，超过两成（23.5%）的北京青年选择租房。

（五）超过一半的京籍青年居住在商品房小区楼房里，住房质量较好，而超过三成的非京籍青年的居住环境差、住房质量低

北京青年居住房屋类型（占比由高到低）是：商品房小区楼房（占 46.4%）、老旧小区楼房（占 27.5%）、村内平房院（占 10.1%）等。在京籍青年中，一半以上青年选择商品房小区楼房，占比达到 50.2%，非京籍青年的这一比例为 38.8%，显著低于京籍青年（见图14）。

值得关注的是，共有 37.8% 的非京籍青年居住在老旧小区平房（占 3.1%）、村内公寓（占 5.1%）、村内平房院（占 7.0%）、地下室（占

0.7%）及其他（占21.9%）。这些居住区的公共服务及公共设施相对匮乏，居住环境相对恶劣，住房质量较低。

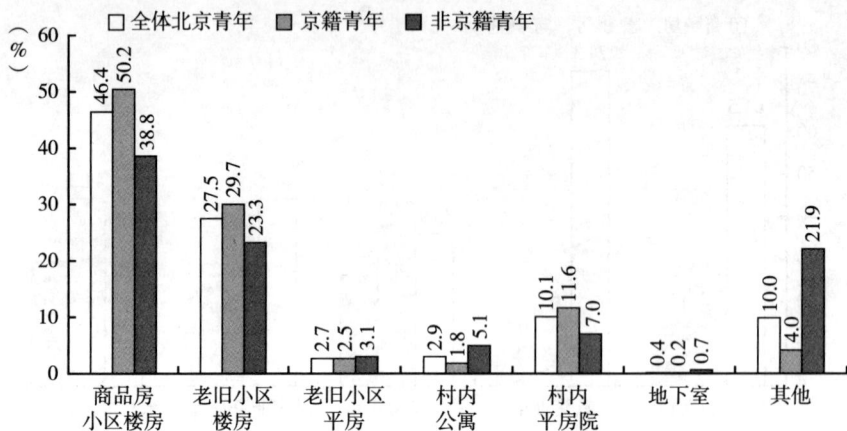

图14　各类北京青年的住房类型

（六）"两新"青年普遍以网络为载体开展工作，主要从事创作与艺术型、媒体与创意产业型以及线上服务型三类职业的工作

在全部受访青年中，有9.71%的青年是新业态、新就业的"两新"青年。进一步分析发现，"两新"青年从事的职业主要分为创作与艺术型职业（占48.17%）、媒体与创意产业型职业（占39.90%）以及线上服务型职业（占11.94%）三大类。创作与艺术型职业包括网络作家、编剧，独立演员，自由美术工作者，自由撰稿人、自媒体写手；媒体与创意产业型职业包括独立音乐人，影视导演、独立制片人，网络主播，文化创意产业工作者和非遗传承人；线上服务型职业包括快递员和网约车司机（见图15）。

总体来看，"两新"职业群体中的大多数人倚重网络的存在和发展，以网络为创作平台或者服务载体来开展工作。从事创作与艺术型职业者，利用网络平台发布和传播自己的作品，不再局限于传统的出版、展览或演出方式。他们可以通过网络直接与受众互动，自主决定作品的形式和内容，并借助网络覆盖面广、传播速度快的特点推广和分享自己的创作内容。从事媒体与创意产业型职业者，也离不开网络的支持。他们可以利用网络平台发布和宣传自己的作品、项目或传承活动，通过社交媒体、视频平台等与受众进行互动，扩大影响力和知名度。网络的全球性使他们可以跨越时空和地域，将自己的创意传播给更广泛的群体。

线上服务型职业者如网约车司机和快递员依托网络平台提供服务。他们通过在线平台与用户进行交流，提供便捷、高效的交通运输和快递服务。网络的普及使信息更加透明，用户可以更方便地选择和使用他们提供的服务。

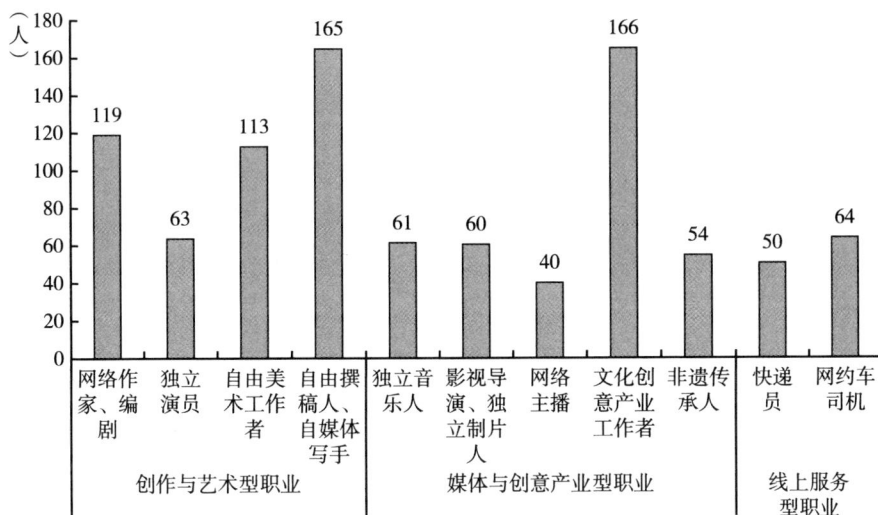

图15　"两新"青年群体的职业构成

综上所述，"两新"青年群体的职业特征突出了他们依托网络、以网络为平台和载体开展工作的特点。他们能够充分利用网络的便捷性、传播力和互动性，实现个人才能展示和经济增长。网络作为连接他们与用户、受众之间的桥梁，为他们提供了更广阔的发展空间和机会，推动创意表达、文化传承和线上服务行业繁荣。

三 北京青年社区参与状况与特点

（一）北京青年社区参与的总体情况与特点

1. 北京青年积极参与社区治理活动

问卷专设问题询问青年参与社区治理活动的情况，如参与居民议事会、社区志愿活动与拨打物业、社区居委会电话反映社区问题等，调查结果显示，有近 2/3 的青年参与过社区治理活动，其中有 39.66% 的青年每个月都会参与社区治理活动，每年参与 5~6 次的青年占比达17.67%（见图 16）。

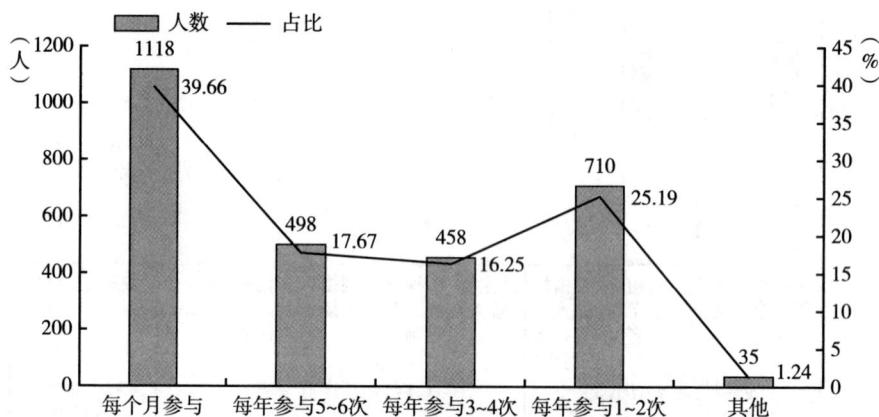

图 16 北京青年参与社区治理活动情况

在访谈中，社工表示，体验式活动、亲子类活动的青年参与率比较高。同时，紧扣青年兴趣爱好的活动深受青年欢迎，如"红色剧本杀"活动，将传统的红色英雄故事以青年喜欢的"剧本杀"形式铺开，"沉浸式体验"让青年对党史、团史的学习更加深入。社区负责人表示，参与社区相关活动能够促进青年与本地居民以及社区工作人员之间建立融洽的关系，也是凝聚与壮大社区基层治理力量的重要途径。

2. 近六成参与社区治理的北京青年的学历为本科及以上，近一半是党员或团员

在参与过社区治理活动的青年中，大专及以上学历占比接近85%（见图17），其中本科及以上学历占比接近六成（56.3%）。中共党员和预备党员的占比为19.62%（见图18），共青团员的占比为29.30%，两者占全部样本的48.92%，此外，群众的占比为50.09%，民主党派和无党派人士共占0.99%，基本符合共青团广泛联系群众的特征，充分体现了共青团凝聚、服务、引领青年的作用。

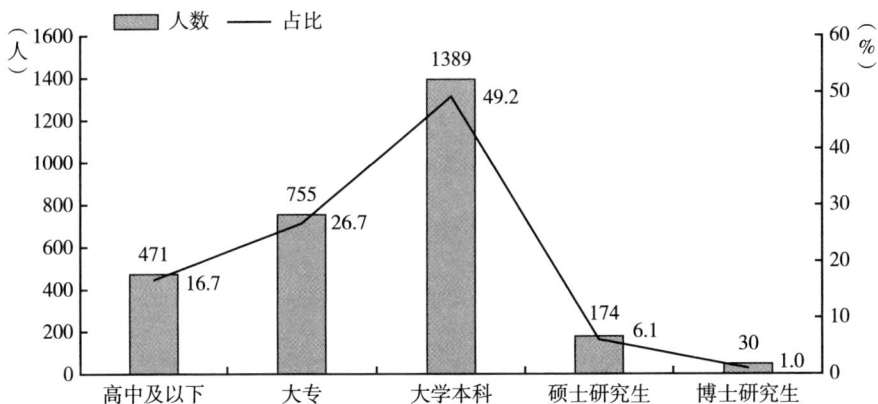

图17 参与社区治理活动的北京青年的受教育程度

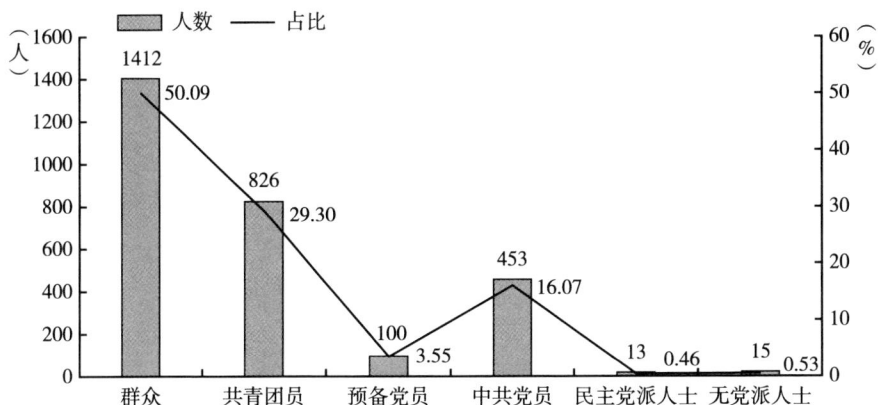

图18 参与社区治理活动的北京青年的政治面貌

3."两新"青年是参与社区治理的活跃群体

通过对数据分析可知，70.1%的"两新"青年参与过社区治理活动，其中有29.6%的"两新"青年每个月都会参与社区治理活动，每年参与5~6次的"两新"青年的占比为14.6%，每年参与3~4次的"两新"青年的占比为9.2%，每年参与1~2次的"两新"青年的占比为15.3%（见表3）。

在访谈中，某区社区青年汇社工表示，该区充分发挥社区青年汇共青团门店作用，打造"小哥加油站"品牌，完善"两新"青年群体常态化走访联系机制。调研"两新"青年群体的诉求，建立良好互信基础，引领"两新"青年群体积极参与社区治理，在疫情防控等工作中主动参与，凸显作为。在调查中，除快递员外，网络作家、自媒体撰稿人、独立音乐人、独立演员、非遗传承人等也是社区青年汇活动和社区活动的主要力量，这充分体现了社区青年汇为这些新兴群体提供了展示参与平台，实现了资源交换，他们通过参与活动不断提升自身在社区中的价值并收集个人需求的素材，具有积极的参与特征。

表3 "两新"青年群体参与社区治理活动的基本情况

单位：%

指标		占比
是否参与社区治理活动	是	70.1
	否	29.9
参与频率	每个月参与	29.6
	每年参与5~6次	14.6
	每年参与3~4次	9.2
	每年参与1~2次	15.3
	其他	1.4

注：N＝425。

4.多数青年积极参与社区的宣传倡导和志愿服务活动

青年参与的社区治理活动类型以宣传倡导、志愿服务为主，占比均超过七成（见图19），这与青年喜欢参与社区青年汇活动基本重合，在一定程度上体现了社区青年汇在丰富、补充社区活动方面的重要作用。调查还发现，近三成青年选择政策建言，在一定程度上反映出青年对社区参与的积极性。

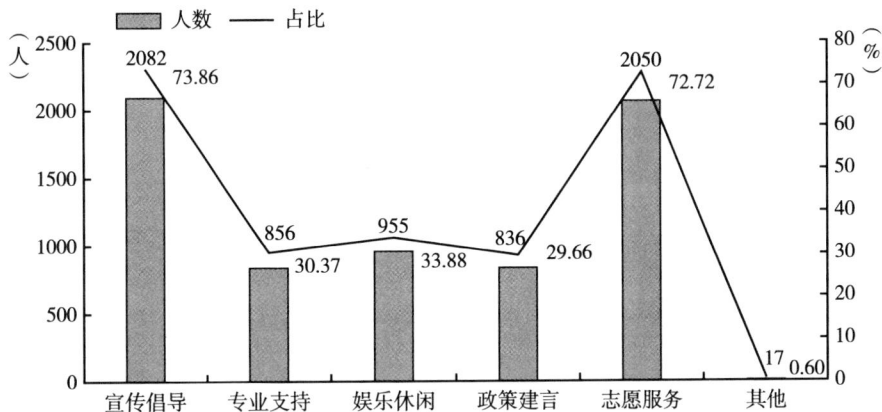

图19　北京青年参与社区治理活动的类型

5. "实现自我价值、帮助他人、学习新知识"是青年参与社区治理活动的三大目的

北京青年参与社区治理活动的目的主要有以下几点：实现自我价值、帮助他人、学习新知识和结交新朋友等。对问卷调查结果分析可以发现，选择"实现自我价值"的人数最多，占比为77.01%（见图20）。这表明参加社区治理活动对于个人的成长、能力提升和影响力的增强具有重要意义。

"帮助他人"是青年参与社区治理活动的第二大目的，占比为69.74%。这说明参与社区治理活动的人普遍具有关心他人、乐于奉献的精神，他们愿意通过参与社区治理活动推动社区发展和改善。同时，学习新知识也被认为是一个重要的目的，占比为66.58%。参与社区治理活动被视为一个学习的机会，青年可以通过参与活动了解并掌握新的知识、技能和经验。

另外，48.95%的青年参与社区治理活动是为了结交新朋友。社区治理活动为青年提供了一个拓展社交圈子、结交志同道合的朋友的机会。还有一部分人选择参与社区治理活动是出于获得实践分数或者参与活动有补贴的考虑，它们的占比分别为 39.30% 和 13.27%。这表明获得个人学业或者物质利益也是一些人参与社区治理活动的目的。

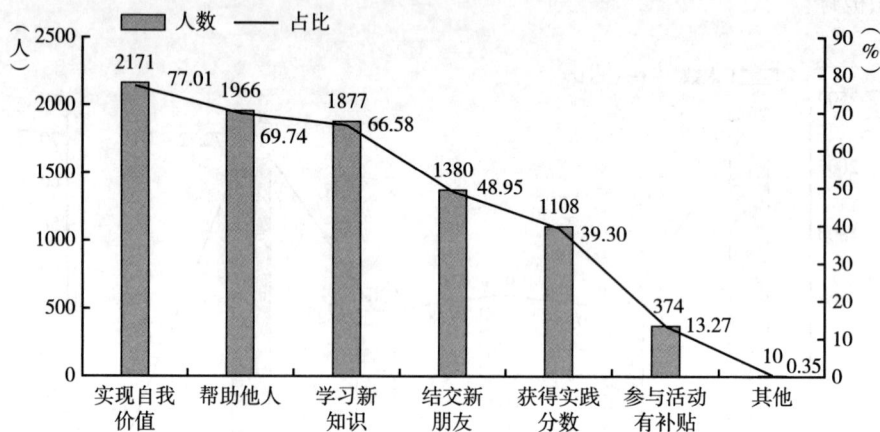

图20 北京青年参与社区治理活动的目的

综上所述，参与社区治理活动的人有多重目的，包括实现自我价值、帮助他人、学习新知识、结交新朋友、获得实践分数、参与活动有补贴等。这些目的反映了他们对于社区治理活动的价值认同。

（二）依托社区青年汇引导组织青年参与基层治理是北京的特色

社区青年汇是北京市共青团自 2010 年开始建立、设在基层的组织阵地、工作抓手、服务窗口，是共青团在基层创新的重要枢纽型组织平台和地域性青年活动平台。社区青年汇建设主要依托街道社区服务中心、社区居委会活动空间、公共文体设施、社区周边广场和学校等场地资源，截至 2022 年，全市共建设社区青年汇 482 家，覆盖城区所有街乡以及郊区青年相对集中的街乡。根据对 2021 年的数据及调查问卷的分析，社区青年汇广泛覆盖青年群体，14 余种职业和 29 余种行业、不同政治面貌、不同宗教信仰的青年参与过社区治理活动，直接联系服务青年 46.9 万余人。

1. 社区青年汇为青年提供丰富多样的服务，广受其欢迎

社区青年汇主要为青年提供八类常态化服务。调查结果表明，尤其是志

愿公益、学习培训、思想引导活动，受到大多数青年的喜爱，参与度普遍较高，分别占 75.13%、63.89% 和 62.56%（见图 21）。这三类活动分别体现了与人交往的需求、个人成长的需求、个人价值实现的需求，对于改善新时代青年的交往渠道、社区参与有良好的促进作用。

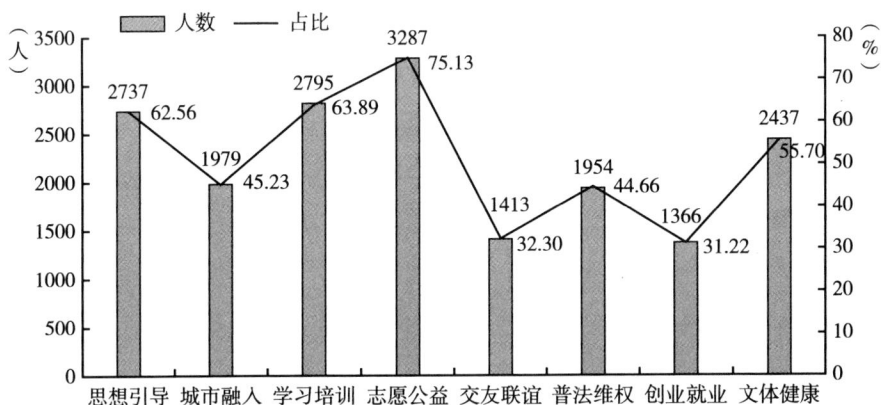

图 21　社区青年汇提供的服务内容与参与偏好

近年来，全市 482 家社区青年汇围绕"建党百年"、"青力冬奥"、"县域改革"、"垃圾分类"、"乡村振兴"、"双减"政策、"礼让斑马线"、"权益保护"、"交友联谊"等主题组织活动，在各大主题背景下，社区青年汇结合热点设计内容，如庆祝建党 100 周年主题活动、冬奥宣讲、青少年冰雪体验、冬奥"云"跑步等特殊时段活动，"双减"政策下青少年托管服务活动、"青春路标——思维导图带你读报告"、"新青年榜样宣讲"等热点活动，"新青年交友联谊""青春读书会""小哥加油站""新青年政策说"等参与性活动，还有为帮助滞销农户销售蔬菜、瓜果，解决商户、社区居民由于疫情原因遇到的卖菜难、买菜难等问题的直播活动。如回天地区 32 家社区青年汇开展"回天有我"社区青年汇共建计划，连续两年开展"分小萌"垃圾分类示范引导站项目，社区青年汇社工带动青年积极参与回天地区基层社会治理。活动维度多、内容广，受到不同层次、不同年龄青年的喜欢。2021 年共计开展各类活动 3.2 万余场，影响覆盖人数超 700 万人次。

在活动形式方面，青年更偏向于参与线上活动和线上线下相结合活动（见图22），这基本符合疫情背景的情况以及青年的生活习惯。在访谈中，社工表示：线上布置任务、线下完成、线上反馈的新方法，在一定程度上弥补了线上活动的不足，间接满足了线下活动的需求。

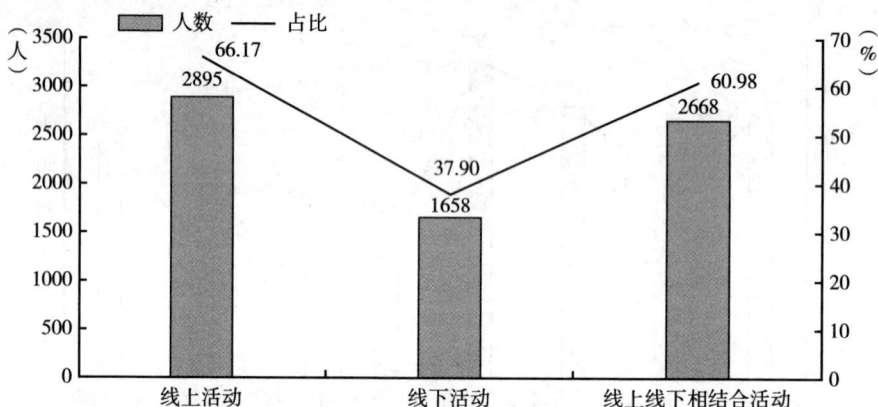

图22　社区青年汇活动形式与北京青年参与偏好

2. 受访青年对社区青年汇的熟悉程度、对参与活动的收获感和满意度均达到较高水平

调查发现，超过98%的被调查青年了解社区青年汇，这与社工在开展活动前对社区青年汇进行介绍有较大的关系，青年能够基本了解社区青年汇的情况。调查发现，至少参加过一次活动的青年占96%，参加相关活动使青年熟悉和了解社区青年汇，他们的收获感和满意度不断提高，99%的被调查青年表示有收获，表示非常有收获的青年占七成。可见，受访青年对社区青年汇的熟悉程度、对参与活动的收获感和满意度均达到较高水平。

各社区青年汇以微信群、QQ群为依托组建网上社群，利用抖音、哔哩哔哩、快手等平台开展线上活动，围绕垃圾分类、重点工作制作短视频，以央视、北京电视台、《北京日报》、《中国青年报》、《北京青年报》等中央和市级媒体为平台，对社区青年汇工作进行宣传报道，依托"北京青年"

微信公众号定期发布活动预告、各类重点活动信息，在新浪微博、抖音等平台发起话题及发布原创稿件，不断提升社区青年汇的影响力和社会知晓度。

3. "两新"青年群体对社区青年汇的了解程度高，参与社区治理活动多

社区青年汇服务的对象既包括户籍青年，也包括流动青年，并注重不同青年群体之间的交流。以为普通青年建设"一个好玩的俱乐部，一个靠谱的朋友圈"为发展目标，社区青年汇旨在实现对理性积极、奋斗进取、和谐包容的城市青年社会关系的重构。针对"两新"青年群体，社区青年汇重点提升"小哥加油站主题活动""新青年城市体验营""新青年职场加油站"等品牌的质量，设立"小哥加油站"主题活动月，为新就业群体提供暖心服务。

调查发现，78.8%的"两新"青年对社区青年汇有所了解，参与过社区青年汇活动的"两新"青年的占比达到总体的 67%，其中，有 43.8%的"两新"青年在一年内参与了 10 次及以上的社区青年汇活动。在一年中参与社区青年汇活动次数在 10 次及以上的"两新"青年中，61.3%的人对社区青年汇很了解，30.1%的人对社区青年汇比较了解（见表4）。在一年中参与过社区青年汇活动且参与次数少于 10 次的"两新"青年中，对社区青年汇比较了解的人数最多，均接近五成。可见对社区青年汇的了解程度越高的"两新"青年，在一年内参与社区青年汇活动的次数越多。

表4 "两新"青年群体对社区青年汇活动的了解程度

单位：%

一年内参与社区青年汇活动的次数	对社区青年汇的了解程度					
	很了解	比较了解	参与过活动,但不太了解	没参与过活动	说不清	总计
10 次及以上	61.3	30.1	8.6	0	0	100
6~9 次	32.1	47.4	19.2	0	1.3	100
3~5 次	23.5	47.1	28.4	1	0	100
1~2 次	15.6	48.9	31.1	4.4	0	100
0	7.10	7.10	7.20	64.30	14.30	100

4. 社区青年汇积极引导青年参与社区治理活动

依托社区青年汇，社工带动青年在社区积极参与首都疫情防控、垃圾分类、礼让斑马线等主题志愿活动，引导青年积极参与基层社会治理活动。通过对数据分析发现，在每个月都参与社区治理活动的北京青年中，76.9%的青年参与社区青年汇的活动次数在10次及以上。在每年参与1~6次社区治理活动的北京青年中，参与社区青年汇活动在10次及以上的青年的占比普遍较高，均在三成左右（见表5）。可见参与社区青年汇活动次数越多，参与社区治理活动的频率越高。因此，在一定程度上对社区青年汇了解程度越高的青年越乐于参与社区治理活动，青年对社区青年汇的了解程度、青年参与社区青年汇活动的次数均对参与社区治理活动意愿具有正向影响。

表5　北京青年一年内参与社区青年汇活动的次数和参与社区治理活动的频率的情况

单位：%

一年内参与社区青年汇活动的次数	参与社区治理活动的频率				
	每个月参与	每年参与5~6次	每年参与3~4次	每年参与1~2次	其他
10次及以上	76.9	43.2	31	32.5	28.6
6~9次	11.4	29.1	20.7	16.6	17.1
3~5次	8.5	22.5	35.6	23.5	31.4
1~2次	2.4	4	10	21.8	11.4
0	0.7	1.2	2.6	5.5	11.4

团区委工作人员表示，社区青年汇成为他们重要的基层工作阵地，在组织青年活动、调查青年需求、了解青年动态、推进市区两级工作过程中，社区青年汇都成为很好的助手，能够促使工作有效落地。社区青年汇的活动在一定程度上补充了社区活动的类型，为社区治理增添了青春力量，也帮助社区把青年组织起来。有时社区与社区青年汇一起搞活动，促进社区居民参与社区治理活动，甚至许多老社工会成为社区新负责人的顾问。

5. 社区青年汇依靠专业社会工作人才服务北京青年

社区青年汇建立了较为成熟的运作体系,培养了一支投身社区、贴近青年、为我所用的专职社工队伍。在受访群体中,社区青年汇的专职社工共有672人。在社区青年汇的专职社工中,女性社工数量较多,占比为69.4%。在年龄方面,31~35岁的社工数量最多,占比达到44.2%。在受教育程度方面,超五成(52.8%)社工具备大学本科及以上学历,其中大学本科的专职社工数量占比最大,达到48.9%(见表6)。此外,大多数社工具有北京户籍,占比达到68.4%。

在工作年限方面,社区青年汇社工中有较高比例人员的工作年限在1年及以下,占37.5%。这意味着社工队伍中存在大量新进入行业的年轻专业人士,他们带着新鲜的思维和热情,致力于为青年提供服务。28.7%的社工的工作年限为1~3年,这部分人已经具备一定的工作经验,能够更好地应对工作挑战,并不断提升自己的专业能力。仅有10.3%的社工拥有3~5年的工作经验,而拥有5年及以上工作经验的社工占23.5%。这说明社工队伍中经验丰富的人员相对较少,需要进一步培养和留住经验丰富的专业人才。

在事务所更换情况方面,25%的社区青年汇社工曾经更换过事务所,这表明一部分社工在职业发展过程中会寻求新的机会,可能是为了提升自身能力、追求更好的工作环境或者促进个人职业发展。75%的社区青年汇社工未更换过事务所,这表明他们对当前所在的事务所和工作环境较为满意,并希望在该组织中持续为北京青年服务。综合而言,社区青年汇社工队伍主要由年轻专业人士组成,他们充满激情和活力,致力于为北京青年提供服务。虽然工作年限相对较短,但他们通过不断学习和成长,积极应对工作挑战,并努力提供专业的社会工作支持。大多数社工在事务所稳定就业,表明他们对当前的工作环境感到满意,并愿意为北京青年持续做出贡献。

表6 北京市社区青年汇专职社工队伍的基本情况

单位：%

指标		占比
性别	女	69.4
	男	30.5
年龄	18~25 岁	42.5
	26~30 岁	13.3
	31~35 岁	44.2
受教育程度	高中及以下	13.9
	大专	33.0
	大学本科	48.9
	硕士	3.5
	博士	0.4
户籍	北京户籍	68.4
	京外户籍	31.6
工作年限	1 年及以下	37.5
	1~3 年	28.7
	3~5 年	10.3
	5 年及以上	23.5
是否更换过事务所	是	25
	否	75

注：N=672，对于"受教育程度"，由于数据保留小数点后一位，部分数据可能存在误差。
资料来源：笔者根据共青团北京市委员会提供的数据整理得到。

四 完善社区青年汇工作模式，有力推进 青年人口高质量发展

（一）总结与展望

进入 2012 年以来，党中央、团中央对青年工作做出一系列重要部署，中共中央、国务院印发《中长期青年发展规划（2016—2025 年）》；为进行纵深推进，共青团中央先后印发《社区青春行动方案》、《关于开展青年发展型城市建设试点的意见》（共青团中央等 17 个部门发布）等。这些顶

层设计重在践行青年优先发展理念，优化青年成长环境，服务于青年紧迫需求，引导青年参与社区治理和服务体系建设，促进青年成长与发展。

对此，北京全面加以贯彻落实，按照全市统一部署，制定《北京市"十四五"时期青少年事业发展规划》，率先试点、探索青年发展型城市政策体系和工作机制，创建具有首都特色的社区青年汇工作模式。经过多年努力，北京青年人口工作已取得显著的成绩，聚焦首都青年人口特点，深入研究问题、迎接挑战，改革、完善社区青年汇工作模式，充分发挥社区青年汇的凝聚、引领、服务功能，以首善标准进一步推进青年人口高质量发展。

1. 社区青年汇对不同青年群体的覆盖面和联系度不足，服务范围有待拓展

在本次问卷调查中，女性占 74.59%，男性占 25.41%，在一定程度上反映了社区青年汇覆盖的青年存在性别差异。18~25 岁及 31~35 岁的青年共占 89.31%，26~30 岁的青年仅占 10.69%，存在年龄断层现象。就社区青年汇服务覆盖情况来看，社工与不同青年的联系还有拓展空间。在访谈中，街道团委及社区负责人都表示，现在青年需求的个性化特征比较明显，对活动组织的要求不断提高，而目前社区青年汇活动和社区活动虽然在一定范围内能够满足青年的需求，但还需要进一步创新形式，抓住时代特色，根据青年需求及时调整。社工表示，现有的活动类型已经不能完全满足青年的新需求。总之，适应首都青年新特点、新需求，改革社区青年汇，持续提高社区青年汇联系各类青年群体的有效性和服务质量，迫切而适时。

2. 各类青年深度参与基层治理不足，对于首都治理的贡献度尚待提升

调查显示，虽然很多青年表示参与过社区治理，但仍有相当一部分青年受到工作时间、参与渠道、参与方式的局限，尚未积极参与社区治理活动，亦未能在参与社区活动中增强融入感、归属感和获得感。比如，参与"政策建言"的青年比例很低（不足 1/3），坚持"每个月都参与活动"的青年的比例不高，另外，对于有关基层治理的难事及急事、关键小事及彰显青年主体地位的活动，青年未深度参与，广大青年对首都治理的贡献度尚有较大

提升空间。

3. 社区青年汇中专职社工"新手"多，专业水平和队伍稳定性亟待提升

受访的社区青年汇社工表示社区青年汇的活动看似简单，但其实很复杂，有些工作方法要在实践中逐渐摸索才能成熟。然而，问卷调查显示，超过 1/3 的社区青年汇的社工的工作年限在 1 年及以下，大量"新手"缺乏专业工作经验，职业胜任力堪忧。其中重要的影响因素是社工收入和福利待遇。中国家庭收入项目调查的结果显示，2019 年，在北京工作的大专学历就业人员入职初期的平均工资能达到 4703 元，是社区青年汇社工平均工资的 1.25 倍。另一项调查显示，近年来，尽管专职社工的工资有所提高，但是依旧明显低于北京市社区工作者的平均收入。社区青年汇社工平均每月税后收入仅为 2500 元左右，超过半数的专职社工处于入不敷出或结余很少的生活状态①。不高的收入客观上会挫伤乃至降低社区青年汇专职社工通过发挥自己的专长取得成绩并以取得的成绩得到承认的积极性和主动性。收入确实会引发社工队伍不稳定、流动率高等问题，这值得关注。

（二）对策与建议

1. 更好地发挥政策牵引作用，积极构建青年发展型城市，以普惠均等的服务不断增强北京青年的获得感、幸福感、安全感

青年发展型城市是指扎实推进以人为核心的新型城镇化战略，积极践行青年优先发展理念，更好地满足青年多样化、多层次发展需求的政策环境和社会环境不断优化，青年创新创造活力与城市创新创造活力相互激荡、青年高质量发展和城市高质量发展相互促进的城市。

作为全国青年发展型城市建设试点单位，北京市应充分发挥《北京市"十四五"时期青少年事业发展规划》等政策的牵引作用，推进社区

---

① 杨伦、文思君、董政屼：《北京市社区青年汇专职社工队伍人员流失及其应对》，《中国青年社会科学》2021 年第 5 期，第 43~51 页。

青年汇建设，促进社区青年汇改革发展。只有建立在良好的发展基础上，才能发挥社区青年汇服务、引领、凝聚青年的作用，助力社区治理。为此，要进一步规范和加强社区青年汇建设，不断扩大规模、优化运行模式、持续提升效果，实现社区青年汇全面布局、扎根社区、整体活跃的良好局面。

同时，注重普惠均等导向。从青年视角补齐基本公共服务均等化短板，帮助青年解决好毕业求职、创新创业、社会融入、婚恋交友、老人赡养、子女教育等方面的操心事、烦心事，努力为青年创造良好的发展条件，让他们感受到关爱就在身边、关怀就在眼前，不断增强他们的获得感、幸福感、安全感。

2. 广泛而有效地联系青年，创新而专业化地服务青年

第一，以有效覆盖、组织化联系为目标，建设复合型与智慧型服务阵地。不断扩大社区青年汇对青年的有效覆盖面，继续扩大阵地服务辐射范围，达到社区青年汇活动阵地覆盖全市 100% 的乡镇（街道）的目标；进一步创新组织形态，形成"扁平化联系个体青年+矩阵式联系青年组织"的复合型阵地，建立线上线下相结合的联系渠道。在全国率先推动社区青年汇全部入驻"青年之家云平台"，依托云平台、自媒体、网络社群等，以互联网思维为引领，探索建立网上社区青年汇。优化服务手段，持续为社区青年汇赋能，建立"国际社区青年汇""港澳社区青年汇"以提升社区青年汇服务青年的社会功能。

第二，以青年需求为导向，实现服务项目品牌化。随着社会的发展，青年的需求具有明显的个人特征或文化圈层特色，既有的活动内容已经无法完全覆盖或满足青年日益增长的精神文化需求，应进一步丰富服务选择、细化服务设计，把更加符合青年话术、贴近青年生活的内容融入活动中，持续增强其对青年的吸引力。以青年需求为导向，努力打造一批适应青年需求、符合时代流行特色的品牌项目。

第三，发挥优势做实事，促进服务方式专业化。密切关注青年关心的"急难愁盼"问题，主动回应青年的操心事、烦心事、揪心事。发挥社会工作专业优势，在学习成长、创新创业、社会融入等方面向青年提供专业化服务，以专业促引领。比如，运用社会工作小组方法开展"青春读书会"，引导青年阅读；运用时下青年流行的学习方法开展"青春路标——思维导图带你读报告"，对青年关注的积分落户、就业情况等党和国家的政策方针进行宣传解读等。

第四，适应青年发展新特点，推动服务对象精细化。适应全市青年发展的新情况、新特点，增强社区青年汇覆盖青年的多元性，既覆盖传统领域，又拓展至新兴领域。深入开展调研，了解不同青年的需求，针对不同性别、不同年龄层次、不同信仰的青年开展具有一定特色的活动，吸引更多青年参与社区青年汇活动。主动联系在京新兴青年群体、新的社会阶层青年群体以加强对这两类青年群体的引导。如开展"小哥加油站"活动，统筹社区青年汇及社会化资源，打造"小哥加油站"线下服务阵地。

第五，实现资源整合、服务下沉社区化。将社区青年汇纳入党的基层青年群众工作格局，依托市、区两级青年工作联席会议机制，整合教育、文化、体育、卫生、人力社保等职能部门资源；在社区层面及时发现青年需求，并采取有针对性的举措予以回应。如多措并举服务青年婚恋交友，充分发挥工会、共青团、妇联等群团组织和社会组织在全市青年婚恋服务中的作用。举办各行业、各领域的线上线下婚恋交友活动，为有需要的青年提供安全、可靠、便捷的婚恋交友平台，发挥大数据的作用，建立婚恋交友数据库，扩大、丰富青年的社会交往面和交友圈。

3.找准工作着力点，创新工作理念，构建引领青年参与基层治理的长效机制

首先，围绕首都基层社会治理工作部署，聚焦首都城市社区建设发展规律和青年聚集发展要求，依托社区青年汇，构建共青团参与社区治理人员、项目、阵地、资源四位一体工作模式，使青年成为协助党和政府加强和创新社会治理的重要力量。引领青年有序参与政治生活和首都基层治理。畅通青年社会组织、新兴青年群体参与首都基层治理、公共事务的路径，搭建符合新兴青年群体、新的社会阶层青年群体特征的社会治理参与平台，增强其社

会认同感和社会参与度。

其次，深入实施社区青春行动，切实发挥社区青年汇的作用，构建以社区青年需求为导向、各类主体共同支持的"生态圈"。打造覆盖广泛、服务精准、有青年味的活动项目，努力通过吸引青年参与、丰富青年行动、深耕青年服务、汇聚青年力量，为社区基层治理注入青春动能。完善社区青年工作项目，为青年提供公共服务，建设温暖社区；创新青年公共参与方式，建设活力社区；让青年参与公共环境营造，建设美丽社区；关注弱势青年群体，建设和谐社区。

最后，突出首都流动青年聚集的特点，推动青年有效融入、深度参与城乡接合部（如城中村）治理，显著提升首都青年对城市治理的贡献度。社区青年汇在空间区位上实现双覆盖，即覆盖全市 16 个区以及 85 个流动大学毕业生聚集区域（建立重点地区社区青年汇）。调研发现，朝阳、海淀、昌平三个区容纳了北京近一半的流动青年，他们主要聚集于四环至六环间。社区青年汇在促进流动青年融入社区方面进行了有益的探索创新。通过为辖区青年提供服务，社区青年汇影响和带动该群体积极参与社会建设和基层社区治理活动，深化流动青年的服务管理工作，有效满足辖区内青年学习、成长、参与、娱乐等需求。社区青年汇在流动青年聚集区进行了有益的探索，形成了基层社会协同共治模式。如海淀区建立了 75 家社区青年汇，基本覆盖"蚁族青年"聚居地、商务楼宇、科技园区、公租房、普通社区等重点区域，实现了与科技园区青年、城乡接合部周边青年、"城中村"自建公寓租住青年、老旧小区租住青年、产业基地务农青年、廉租房和保障性租赁住房居住青年、高校周边青年七类群体的有效联系。

4. 发展壮大青年工作的两支人才队伍，青年社工专业力量与青年志愿者社会协同力量相向同行、相得益彰，形成助推首都青年高质量发展的合力

一方面，配备更多的专业社工力量，发挥专业力量的基础性作用。强化政治引领，做好思想建设、政策宣传，提高社工及事务所的敏感性、大局意识，提升社工扎根基层的干劲与能力。进一步丰富培训形式和内容，把理论学习与实践操作相结合，把方式方法使用与实际问题处理相结合，把经验分

享与交流学习相结合，不断提升社工用理论指导实践、用实践完善理论的能力，提高社工的专业化水平。鼓励社工报考社会工作者职业水平考试，提高社区青年汇专职社工的持证率。多渠道深化人才管理，努力建设一支听党指挥、能力全面、立足基层、服务青年的社区青年汇社工队伍。

提高社区青年汇社工的待遇，将其纳入全市社工管理范围。适度提高社区青年汇社工的基础工资，有针对性地提高绩效工资，加强对社区青年汇社工的工作待遇保障，在入党、评优、交流、培训、推荐等方面向其倾斜，提升他们的归属感、荣誉感，强化奉献精神，把业务能力强、有创造力、有活力、有志于进行社区工作的社工留在社区青年汇。建议将社区青年汇专职社工纳入北京市社区工作者，依照《北京市社区工作者管理办法》管理。

另一方面，结合落实《北京市志愿服务促进条例》，进一步激发青年投身志愿服务的内生动力，发挥社会力量的协同作用。稳步壮大青年志愿服务骨干队伍，重点建设环境保护、文化宣传、法治教育、科技卫生等专业领域的志愿服务队伍，扩大基层志愿服务组织覆盖面。完善"志愿北京"信息平台，丰富和畅通青年参与志愿服务的渠道。完善团员注册成为志愿者、向社区团组织报到等制度。机制化开展社区与所在地高校志愿服务组织结对共建，以团支部为单位组织大学生定期参与社区服务。建设社区线上网络文明志愿力量。

尊重青年的主体地位，以社区为主阵地，发挥社区青年汇等基层平台的作用，开展志愿公益类活动。强化志愿服务的实践育人作用，引导全市青年积极参与城市基层治理、公益活动和重大国事、赛会活动保障等各领域志愿服务活动。比如，社区青年汇以青年带动家庭，以家庭带动社区，从 2020 年 5 月至今率先在全市社会化动员 10 余万人次开展"分小萌"青年垃圾分类桶前值守志愿服务。2019 年以来，社区青年汇组织 2375 名快递员、外卖员、房产经纪人等新兴领域青年及青年组织骨干等，注册成为"小巷管家"青年志愿者。他们利用工作的便利，反馈和直接解决社区、街乡环境卫生、生产生活安全等问题，动员青年深度参与推动"接诉即办"工作。

总之，作为全国试点的青年发展型城市，北京应注重将青年优先发展理念融入城市发展战略，注重发挥政策牵引作用，注重普惠均等导向，努力为青年创造良好的发展条件。到 2035 年，着力优化青年优先发展的城市规划环境，公平且有质量的城市教育环境，激励青年施展才华的城市就业环境，保障青年基本住房需求的城市居住环境，缓解青年婚恋、生育、养育难题的城市生活环境，促进青年身心成长发展、有效保护青年权益的城市健康安全环境。

参考文献

杨伦、文思君、董政屼：《北京市社区青年汇专职社工队伍人员流失及其应对》，《中国青年社会科学》2021 年第 5 期。

常宇：《基于社会关系重构的城市青年服务管理模式创新——北京市社区青年汇的实践与探索》，《中国青年研究》2013 年第 11 期。

漆光鸿：《青少年社区服务机构在嵌入过程中的承认困境研究——以北京社区青年汇为例》，《青年探索》2015 年第 4 期。

田田：《区域性基层青年组织研究——以北京市社区青年汇为例》，《中国青年政治学院学报》2014 年第 1 期。

张翼：《中国青年人口的基本特征及其面临的主要问题——基于"第六次人口普查"数据的分析》，《江苏社会科学》2012 年第 5 期。

肖昕茹：《大城市青年流动人口购房意愿及其影响因素分析——以上海为例》，《上海经济研究》2014 年第 8 期。

B.4
北京市育龄人群生育意愿
及生育支持需求研究

马小红　彭舒婉　郭雅宁*

摘　要： 北京低生育水平已持续多年，育龄人群的生育意愿是形成低生育现
象的主要原因。本报告对北京市育龄妇女的规模、年龄结构、受教
育程度和区域分布进行描述性分析，并结合对 13 位育龄妇女的深度
访谈，对其生育意愿、成因和希望获得的生育支持进行实证分析。
本报告在对国际、国内政策进行比较研究的基础上，从促进育龄女
性平等就业、解决适龄青年婚育面临的问题、提高生育服务质量、
引导社会力量兴办托育机构以加强对生育支持等方面提出政策建议。

关键词： 育龄人群　生育意愿　低生育水平　生育友好政策

一　引言

（一）现实背景

第三次至第七次全国人口普查显示，北京市处于总和生育率低于 1.3 的

---

* 马小红，博士，中共北京市委党校（北京行政学院）北京市情研究中心主任，北京人口与社
会发展研究中心教授，主要研究方向为人口与社会发展、北京人口问题；彭舒婉，中共北京
市委党校（北京行政学院）社会学教研部（北京市人口研究所）人口学专业硕士研究生，主
要研究方向为我国育龄妇女及生育研究；郭雅宁，中共北京市委党校（北京行政学院）社会
学教研部（北京市人口研究所）人口学专业硕士研究生，主要研究方向为低生育率理论及我
国低生育率问题、流动人口等。

超低生育水平已近40年。2022年，和全国一样，北京市出现了出生人口少于死亡人口的人口负增长现象。北京市统计局数据显示，2022年末，北京市全市常住人口为2184.3万人，比上年末减少4.3万人。常住人口出生率为5.67‰，死亡率为5.72‰，自然增长率为-0.05‰。2023年5月5日，习近平总书记在二十届中央财经委员会第一次会议指出要着眼强国建设、民族复兴的战略安排，完善新时代人口发展战略，努力保持适度生育水平和人口规模，加快塑造素质优良、总量充裕、结构优化、分布合理的现代化人力资源，以人口高质量发展支撑中国式现代化。面对北京市极低生育率，努力保持适度生育水平和人口规模，亟须推动建设生育友好型社会，以促进人口长期均衡发展。

（二）研究意义

生育意愿与生育率密切相关。生育意愿代表人们对于生育行为的态度和意愿程度，包括期望生育的子女数量、性别、生育时间和间隔等方面。生育意愿受到个人、家庭、社会和文化等多种因素的影响。一般来讲，高生育意愿意味着高生育率，低生育意愿意味着低生育率。提高生育率需要消除生育意愿落实到具体生育行为时存在的现实阻碍因素。

（三）研究内容

本报告通过分析北京市分区域育龄妇女特征以及生育状况以更加清晰地了解北京市低生育率现状和未来趋势，并通过对已婚育龄人群的深度访谈，了解其愿意或不愿意生育的深层原因，从国际、国内政策比较的角度，分析生育支持政策的有效性，并侧重从政府对生育支持政策进行完善的角度提出提振生育意愿的思考与建议。

（四）研究方法

文献研究法。通过对北京、上海和广东生育意愿的文献研究，对超大城市育龄人群的生育意愿进行描述，通过对欧洲和日本生育支持政策的文献研究，提供生育友好政策的比较分析视角。

统计分析法。利用全国人口普查和《北京统计年鉴》数据对北京市分区域育龄妇女状况进行统计描述，并对未来生育状况进行预测分析。

深度访谈法。本报告通过深度访谈法分析已婚育龄妇女群体在生育、养育和教育过程中面临的困难，思考如何更好地构建完整的生育支持政策体系。

二　北京市育龄妇女现状与发展趋势

（一）北京市育龄妇女整体情况

1. 常住人口中育龄妇女规模下降迅速，近十年来平均每年减少4万人

全国人口普查数据显示，在 2010 年之前，北京市 15~49 岁常住育龄妇女的规模随着时间的推移逐渐扩大，且在 1982 年之后增长速度越来越快，在 2010 年达到峰值 613.9 万人，占全部常住人口的 31.3%（见表 1）；2010~2020 年，常住育龄妇女的人数减少了 53.9 万人，只占全部常住人口的 25.6%，平均每年约少 4 万人。从常住育龄妇女占全市常住人口的比例来看，其比重于 1982~1990 年下降了 1.9 个百分点，在 2010 年达到顶峰，随后于 2020 年下降至近 40 年来最低点 25.6%。

表 1　1953~2020 年北京市常住人口中育龄妇女规模及占比

单位：万人，%

指标	1953 年	1964 年	1982 年	1990 年	2000 年	2010 年	2020 年
规模	60.9	177.9	277.4	305.3	411.9	613.9	560.0
占比	22.0	23.5	30.1	28.2	30.4	31.3	25.6

资料来源：1953~2020 年历次全国人口普查短表数据。

2. 育龄妇女年龄重心不断向高年龄组转移

第七次全国人口普查（简称"七普"）数据显示，2020 年北京市常住育龄妇女中，30~34 岁所占比例最高，达 21.3%（见图 1）；15~24 岁的常住育龄妇女占比相较于 40~49 岁育龄妇女少 11.1 个百分点，其中 15~19 岁育龄妇女仅占 5.1%，不及 30~34 岁年龄组的 1/4，这显示出未来育龄妇女大幅减少的趋势。

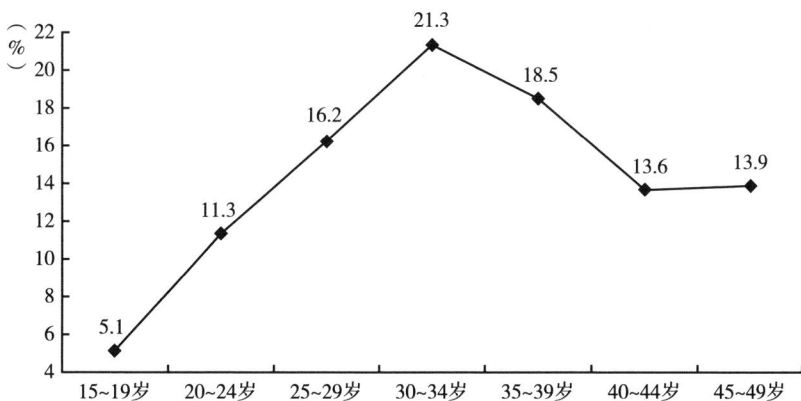

图 1　2020 年北京市常住人口中育龄妇女年龄结构

资料来源：第七次全国人口普查短表数据。

在北京市 0~49 岁的女性年龄结构中，5~19 岁三个年龄组在 0~49 岁女性中占比极低，合计为 15.2%（见图 2），甚至不及 30~34 岁一个年龄组的占比（17.4%）。预计未来 15 年常住育龄妇女规模将逐步大幅减少，佐证了上述观点。

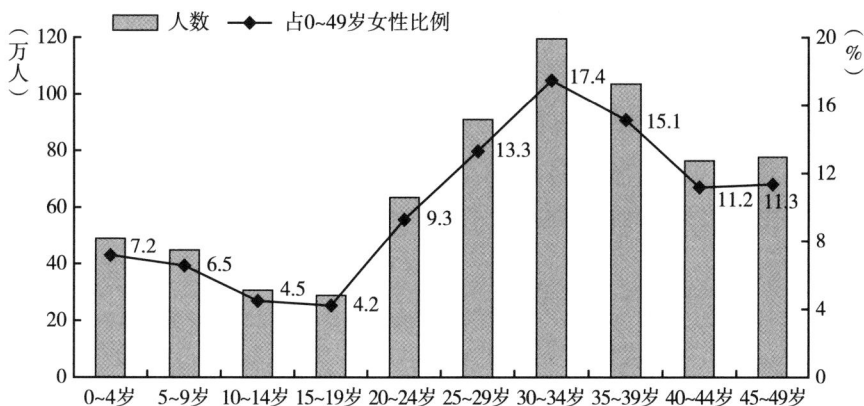

图 2　2020 年北京市 0~49 岁女性分年龄组规模及占比

资料来源：第七次全国人口普查短表数据。

通过对1953~2020年七次全国人口普查中北京市常住人口中育龄妇女年龄结构进行趋势分析可以看到，其年龄重心不断向高年龄组转移，由1953年的15~24岁年龄组转移至2020年的30~39岁年龄组，其占比分别为38.7%和39.8%（见图3）。

2000~2020年，15~29岁三个年龄组所占的比重不断下降。其中，15~19岁常住育龄妇女的比重下降最快，由2000年占比14.2%降至2020年的5.1%。15~19岁年龄组常住育龄妇女的比重自进入21世纪以来以每年0.05个百分点的速率下降。

此外，2010~2020年，其余年龄组的占比均呈增加趋势，且速率不一。30~34岁和35~39岁年龄组增长速度较快；而40~44岁和45~49岁年龄组的增长速度较为平缓。由分析可知，未来育龄妇女年龄结构将进一步老化。

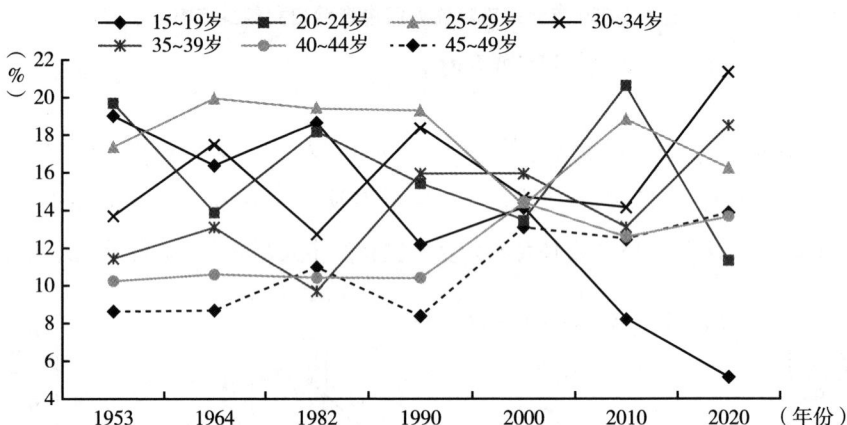

图3 1953~2020年北京市常住人口中育龄妇女年龄结构变化趋势

资料来源：1953~2020年历次全国人口普查短表数据。

3. 北京市育龄妇女受教育程度显著提升

北京市育龄妇女受教育程度明显提高。"七普"数据显示，育龄妇女中受教育程度为高中及以上的达到467.3万人，占比为83.4%（见表2），较全国平均水平高出32.2个百分点，比第六次全国人口普查数据（简称"六普"）的67.1%高了16.3个百分点；拥有大学专科及以上学历的比例为

67.9%，较全国平均水平高出 38.4 个百分点，较"六普"的 43% 上升了 24.9 个百分点；与之相对应，初中及以下的育龄妇女占比为 16.6%，比全国平均水平低 32.2 个百分点，较"六普"的 33.1% 下降了 16.5 个百分点，未上过学的比例较"六普"时下降了 0.2 个百分点。育龄妇女的受教育年限达到 14.1 年，较全国平均水平高出 2.7 年，较 10 年前提升了 1.5 年。育龄妇女受教育程度的提高一方面会使该人群的婚育观发生变化，生育意愿发生变化；另一方面由于在校时间延长，育龄妇女婚育年龄后移，最佳生育时间缩短，这会影响生育进度。

表 2 北京市"六普"和"七普"育龄妇女受教育程度对比

	"六普"		"七普"	
	人数（万人）	占比（%）	人数（万人）	占比（%）
未上过学	2.2	0.4	1.1	0.2
小学	20.7	3.4	10.4	1.9
初中	179.6	29.3	81.2	14.5
高中	147.8	24.1	86.7	15.5
大学专科	100.4	16.4	107.1	19.1
大学本科	133.4	21.7	204.6	36.5
研究生	29.8	4.9	68.9	12.3
合计	613.9	100.0	560.0	100.0
平均受教育年限（年）	12.6		14.1	

注："七普"资料有"学前教育"相关信息（为 1277 人），为方便统计，本报告将"七普"中"学前教育"部分数据合并至"未上过学"；"七普"资料中将"研究生"细分为"硕士研究生"和"博士研究生"，此处进行合并；平均受教育年限的计算依据国家统计局的计算方法，即［未上过学人数×0+小学人数×6+初中人数×9+高中人数×12+（大学专科+大学本科+研究生）×16］/育龄妇女人口数；由于受教育程度的各分项比值均保留至小数点后一位小数，合计后可能与 100% 稍有出入（如为 100.1% 等）。

资料来源：第六次和第七次全国人口普查短表资料。

分城乡来看，北京市育龄妇女受教育程度梯度与全国保持一致：城市最高，镇次之，农村最低（见表 3）。无论是在城市、镇还是农村，未上过学的比例都极低，最高的为农村，占比为 0.5%；在农村中，超四成的育龄妇女学历为初中及以下，在镇层面，近三成的育龄妇女的学历为初中及以下，在教育资源相对集中和丰富的城市地区,初中学历者占比仅为11.3%。相比之下,城市大学专科及以上学历者的占比达到72.9%,镇为52%,农村为35.4%(见表3)。

表3 北京市"七普"分城乡育龄妇女受教育程度

	城市		镇		农村	
	人数(万人)	占比(%)	人数(万人)	占比(%)	人数(万人)	占比(%)
未上过学	0.7	0.1	0.1	0.3	0.3	0.5
学前教育	0.1	0.02	0.01	0.03	0.01	0.02
小学	7.2	1.5	1	3	2.2	4
初中	53.3	11.3	8.5	24.4	19.4	35.7
高中	66.3	14.1	7.1	20.3	13.3	24.5
大学专科	88.7	18.8	7.5	21.6	10.8	19.9
大学本科	188.6	40.1	8.5	24.4	7.5	13.8
硕士研究生	58	12.3	1.9	5.4	0.8	1.5
博士研究生	7.9	1.7	0.2	0.6	0.1	0.2
合计	470.8	100	34.81	100	54.41	100
平均受教育年限(年)	14.5		13.1		12.0	

注:由于各项"人数"数据四舍五入,城市、镇、农村三者"合计"项的数据与北京市"七普"中育龄妇女的合计数据存在微小差别。

资料来源:第七次全国人口普查短表资料。

从平均受教育年限来看,北京市城市育龄妇女平均受教育年限为14.5年,镇为13.1年,农村为12年。对应全国育龄妇女分别高出1.9、2和2.5年。北京市育龄妇女受教育年限的城市与农村的差异为2.5年,比全国(3.1年)的差距低0.6年。

4. 出生人口数量显著下滑

2010年以来,随着生育政策的调整,北京市出生人口发生波动。"单独二孩"政策放开后的第二年,即2014年,北京市常住人口出生率达到2010年以来的最高值,为9.69‰,出生人口为20.8万人(见图4),达到最高;在"全面二孩"政策实施的当年(2016年),政策释放的出生率为9.23‰,出生人口为20.2万人,之后,政策的作用式微,生育水平一路下滑，2022 年，常住人口出生率只有 5.67‰，出生人口仅为 12.4 万人，只有 2016 年的六成左右。

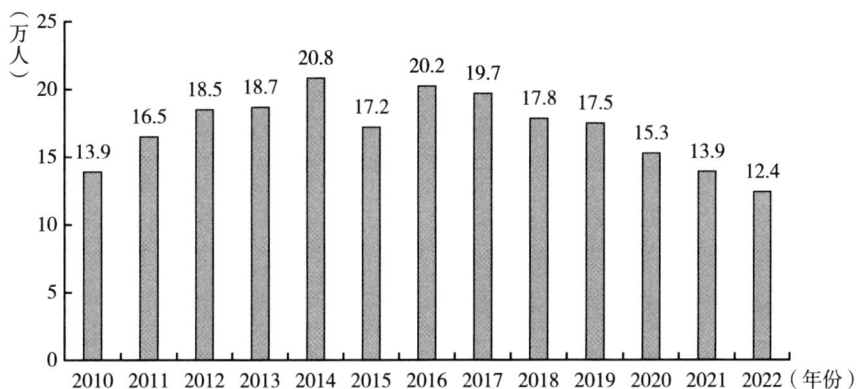

图 4　2010~2022 年北京市常住出生人口

资料来源：根据《北京统计年鉴》相关数据推算得出。

（二）分区域育龄妇女状况

1. 各区域育龄妇女规模和占比存在显著差异

"七普"数据显示，北京市育龄妇女规模为 560 万人，较"六普"时期减少 53.9 万人（见表 4）。分区域看，中心城区育龄妇女规模达到 287.5 万人，占北京市全部育龄妇女的比例为 51.4%（中心城区－除核心区占43.8%），接着是副中心和城市发展新区，占比为 40.3%。而核心区和生态涵养区占比较小，分别为 7.6% 和 8.4%。

"七普"数据显示，北京市育龄妇女占总人口的比重为 25.6%，较"六普"时下降了 5.7 个百分点。副中心和城市发展新区的占比为 25.8%，比重下降最少，为 5.3 个百分点；生态涵养区的比重下降最多，为 6.5 个百分点。

2. 除生态涵养区外，各区域育龄妇女年龄重心均向高年龄组转移

"七普"数据显示，北京市最大占比育龄妇女年龄组由"六普"的 20~24 岁上升到 30~34 岁，占比为 21.3%。分区域来看，核心区育龄妇女年长化程度较高，"七普"时最大占比年龄组为 35~39 岁，占比为 23.5%，其他区域之间的差距不大。

表4　"六普"和"七普"北京市分区域育龄妇女年龄结构

单位：%，万人

	"六普"					
	核心区	中心城区	中心城区-除核心区	副中心和城市发展新区	生态涵养区	北京市
15~19 岁	7.9	7.9	7.9	8.7	9.3	8.2
20~24 岁	18.0	21.0	21.6	21.2	15.8	20.6
25~29 岁	19.1	19.7	19.9	18.2	14.5	18.8
30~34 岁	13.4	14.4	14.6	14.4	11.6	14.2
35~39 岁	12.8	12.9	12.9	13.2	14.2	13.1
40~44 岁	13.1	12.0	11.8	12.4	17.1	12.6
45~49 岁	15.8	12.0	11.3	11.9	17.5	12.5
合计	100	100	100	100	100	100
育龄妇女占总人口的比重	29.2	31.9	32.5	31.1	28.2	31.3
育龄人口规模	63.1	373.5	310.4	187.8	52.5	613.9
	"七普"					
	核心区	中心城区	中心城区-除核心区	副中心和城市发展新区	生态涵养区	北京市
15~19 岁	4.7	5.2	5.3	5.0	5.3	5.1
20~24 岁	7.3	11.6	12.3	11.4	9.5	11.3
25~29 岁	12.4	15.8	16.4	17.3	13.7	16.2
30~34 岁	18.1	19.8	20.0	23.2	21.8	21.3
35~39 岁	23.5	19.2	18.5	17.7	17.8	18.5
40~44 岁	18.4	14.6	14.0	12.3	14.0	13.6
45~49 岁	15.6	13.8	13.5	13.1	17.8	13.9
合计	100	100	100	100	100	100
育龄妇女占总人口的比重	23.4	26.2	26.7	25.8	21.7	25.6
育龄人口规模	42.4	287.5	245.1	225.5	46.9	560.0

资料来源：第六次和第七次全国人口普查短表数据。

3. 总和生育率呈现显著区域差异

北京市 2020 年总和生育率为 0.868（见表 5），较 2010 年时提高了 0.161。各区域总和生育率较"六普"有一定上升，但都处于极低的生育水平。核心区总和生育率最低，最低的东城区的总和生育率仅为 0.606，显著低于北京市总体水平；而副中心和城市发展新区、生态涵养区的总和生育率较高，最高的为延庆区，达到 1.31，显著高于北京市总体水平，与全国总和生育率 1.3 接近。

表 5　2010~2020 年北京市分区域总和生育率

地区		"六普"	"七普"
核心区	东城区	0.533	0.606
	西城区	0.603	0.666
中心城区-除核心区	朝阳区	0.684	0.777
	丰台区	0.762	0.849
	石景山区	0.712	0.933
	海淀区	0.649	0.742
副中心和城市发展新区	房山区	0.75	1.137
	通州区	0.764	0.907
	顺义区	0.7	0.965
	昌平区	0.779	0.871
	大兴区	0.801	1.03
生态涵养区	门头沟区	0.634	1.107
	怀柔区	1.01	1.226
	平谷区	0.88	1.119
	密云区	0.846	1.172
	延庆区	0.69	1.31
北京市		0.707	0.868

资料来源：第六次和第七次全国人口普查长表数据。

（三）育龄妇女发展趋势

1. 北京市未来10年育龄妇女数量断崖式下降

从北京市育龄妇女整体结构看，2020 年，北京市育龄妇女规模为 560 万人，较"六普"时期减少了 53.9 万人，占总人口的比重为 25.6%，较"六普"时下降了 5.7 个百分点。北京市"六普"和"七普"常住人口性别年龄分布情况见图5。低生育陷阱理论中的人口学机制强调人口负增长具有惯性特点，未来育龄女性数量减少将导致未来出生人口数减少。因此，在不考虑人口迁移的背景下，可以预见至2030年，北京市育龄妇女人数会断崖式下降，未来10年生育水平将持续走低。

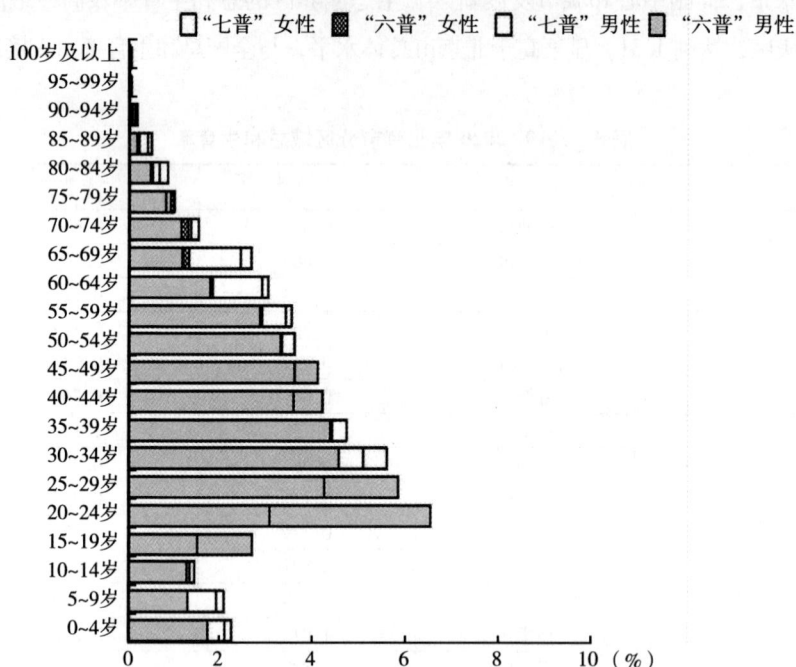

图5 北京市"六普"和"七普"常住人口性别年龄分布情况

资料来源：第六次和第七次全国人口普查短表资料。

2.35岁以上育龄妇女的数量将占七成

分性别年龄来看，2020年，北京市15~19岁组女性为287842人，占育龄女性人口的5.1%，20~24岁组女性为634503人（占比为11.3%），25~29岁组女性为908792人（占比为16.2%），30~34岁组女性为1193840人（占比为21.3%），35~39岁组女性为1035049人（占比为18.5%），40~44岁组女性为763689人（占比为13.6%），45~49岁组女性为776237人（占比为13.9%），育龄妇女年龄结构重心向高年龄组转移，由"六普"的20~24岁上升到"七普"的 30~34 岁。10 年后，原 15~19 岁组变为 25~29 岁育龄高峰期组，由于 2020 年 15~19 岁组占比极低，仅为 5.1%，因此大致推测可知，2030 年，北京市育龄高峰期（25~29 岁）女性人数会再次跌入谷底，仅为 28 万人左右；20~24 岁组变为 30~34 岁组，育龄女性人数大约为 63 万人；25~29 岁组变为 35~39 岁组，育龄女性人数大约为 93 万人；30~34 岁组变为 40~44 岁组，该年龄区间女性占比最多，预计为 119 万人左右。总体而言，不考虑迁移因素，未来 10 年北京市育龄高峰期女性规模将大幅降低，育龄女性年龄持续上升，35 岁以上育龄妇女将占七成左右。

三 育龄人群生育意愿及生育支持需求

育龄妇女数量减少和高龄化是生育水平下降的重要原因。同时，育龄人群的生育意愿是影响生育水平的重要因素。随着"三孩及配套生育政策"的实施，约束生育的政策因素逐渐消失，人们的生育意愿如何变化以及哪些政策可以有效提升生育意愿成为当下关注的焦点。通过对北京、上海及广东生育意愿的文献分析，我们可以把握超大城市的生育意愿以及影响因素的整体概况，通过深度访谈，可以深入研究影响育龄妇女生育意愿的现实因素以及对生育支持政策的鲜活需求。

（一）对生育意愿文献研究的主要发现

1. 北京的研究

对北京生育意愿的文献研究发现，在全面放开生育政策之前，学者主要对单独二孩、全面二孩政策的实施效果及预期进行测量。王广州将户口性质纳入总和递进生育率进行预测分析，提出户籍人口放开对北京新增出生人口的影响非常小[1]，并且在 2006 年北京独生子女生育意愿调查数据的基础上

---

① 王广州：《北京市生育政策调整对出生人口规模的影响》，《北京社会科学》2011 年第 3 期，第 48~52 页。

进行了加权修正，推算出独生子女平均愿意生育子女数在 1.3 人以内①。事实确实如此，"二孩政策"实施后人们的二胎生育意愿并不强烈，为此有研究者对北京市生育意愿展开追踪调查，发现收入因素对其有抑制作用②。除了对生育意愿影响因素的探讨外，也有学者从理论高度进行讨论。马小红和顾宝昌利用北京市东城区追踪的三次生育意愿调查数据，对"单独二孩"政策实施后的生育行为进行讨论，指出第二次人口转变特质在大城市尤其是特大城市都有所显现，"单独二孩"政策遇冷符合"东亚现象"③。

生育意愿落实到生育行为不仅受经济因素的影响，也受到家庭的影响，我国代际照料的作用不容忽视。北京市城乡空巢家庭调查显示，空巢老年人对子女生育二孩是否支持以及能提供何种程度的支持，对于子女生育二孩有着更加重要的影响，这不仅影响子女的二孩生育意愿，还影响子女二孩生育行为的落实情况④。

随着研究的深入以及政策进一步放开，学者对育龄女性的研究更加具象化。洪秀敏和朱文婷关注到在全面放开"二孩"政策实施后北京市高学历女性的生育意愿，指出高学历女青年在理想状态下有着较高的生育期望，但在理想和现实之间存在巨大的鸿沟——受到生育成本（无人照料孩子、没有时间照料孩子）以及现代生育观念（给孩子找个伴、希望儿女双全、喜欢孩子、少生优生）的影响。对于育龄妇女来说，母婴健康是基本需求，是解决"不想生、不敢生"的先决条件，因此广大育龄女性的孕产保健服务需求不容忽视⑤。祁静等的研究认为满足妇女孕产服务需求是最重要的一

---

① 侯亚非、马小红：《北京城市独生子女生育意愿研究》，《北京社会科学》2008 年第 1 期，第 27~31 页。

② 孙超：《北京市东城区居民生育意愿比较与追踪研究》，中共北京市委党校硕士学位论文，2013。

③ 马小红、顾宝昌：《单独二孩申请遇冷分析》，《华中师范大学学报》（人文社会科学版）2015 年第 2 期，第 20~26 页。

④ 陶涛、杨凡、张现苓：《"全面二孩"政策下空巢老年人对子女生育二孩态度及影响因素——以北京市为例》，《人口研究》2016 年第 3 期，第 80~100 页。

⑤ 洪秀敏、朱文婷：《高学历女青年生育二孩的理想与现实——基于北京市的调查分析》，《中国青年社会科学》2017 年第 6 期，第 37~44 页。

步，只有做好妇女孕产保健服务，才能做好托幼、教育、妇女就业等一系列后续工作①。

2. 上海、广东的研究

上海是我国的特大城市，其社会经济发展及人口转变对全国有着先导作用。上海地区有关生育意愿的研究主要关注家庭支持政策。有学者通过梳理1983~2013年上海的生育意愿调查，认为目前对家庭养育的支持力度不够，亲属网络（特别是代际照料）不能够提供强有力的支撑，因此，建立发展型的家庭支持政策补充家庭功能是重中之重②。何姗姗从家庭环境（婆媳关系）、社区环境出发，指出在一胎生育后婆媳关系变差的女性的再生育意愿显著低于其他初次生育女性；社区环境儿童养育友好程度对女性的再生育意愿没有显著的预测作用③。因此建议社区提供适宜的育儿支持服务，改善家庭微生态生育文化。

广东省出生人口连续4年位居全国第一④，其生育水平引起人们的广泛关注，了解广东省生育意愿相关研究有助于把握当前生育形势。侯佳伟等的研究发现，广东常住育龄女性愿意生育子女数为1.62人，已生育人群的生育意愿基本实现，生育意愿和生育行为的差距在于未生育人群，强烈的男孩偏好已转向女孩偏好，意愿生育年龄为25~40岁。普惠托育落实有助于促使未生育的女性愿意生育子女数量从1.11个增加到1.51个，已有1个子女的女性愿意生育子女数从1.28个提高到1.58个；带薪育儿假期是深受群众欢迎的激励政策；三成女性对人工辅助生殖技术存在需求或潜在需求⑤。洪

---

① 祁静、茅倬彦、申小菊：《生育二孩妇女的孕产保健需求及其影响因素——以北京市为例》，《人口与发展》2018年第1期，第88~92页。

② 陈蓉：《从生育意愿与生育行为的转变看我国大城市全面两孩政策的实施效应——以上海为例》，《兰州学刊》2018年第4期，第155~165页。

③ 何姗姗：《超大城市"新任妈妈"的再生育意愿及其影响因素研究》，《社会建设》2021年第6期，第25~39页。

④ 《广东统计年鉴2022年》，广东统计信息网，http://stats.gd.gov.cn/gdtjnj/content/post_4035145.html。

⑤ 侯佳伟、周博、梁宏：《三孩政策实施初期广东女性的生育意愿与托育服务、育儿假》，《南方人口》2022年第3期，第39~52页。

秀敏等在调查广东省已育二孩的青年女性时发现，80.6%的已育二孩母亲反映"不想再生三孩"，经济压力大是最重要原因；对生育三孩持观望态度的占比为14.2%；而愿意生育三孩的女性比例为5.2%，主要原因包括自身渴望（57.0%）、父母期望（11.0%）和受多子多福（10.4%）观念的影响[①]。为此，本报告从家庭减负、探索多元主体成本共担机制、创建生育友好环境角度提出相关政策建议。

（二）深度访谈：育龄人群低生育意愿原因分析

深度访谈法作为社会研究中已被广泛接受的研究方法，可以很好地用来理解已婚育龄妇女的生育困境，探索生育意愿较低的原因。笔者分别在某国有企业和某社区选取13名具有代表性的已婚育龄妇女[②]，开展2组焦点式访谈，将其分别命名为国企组和社区组。访谈时间为2023年6月7日，所有访谈时长均在1小时以上（见表6）。

表6 深度访谈个案信息

	受访者编码*	年龄（岁）	目前职业	原工作	生育情况
1	1BG	32	国企员工	—	1女（接近1岁）
2	1HF	35	国企子公司办公室主任	—	2男（分别接近6岁和1岁半）
3	1KJ	29	国企党群干事	—	已婚未育
4	1LM	28	国企员工	—	1女（1岁3个月）
5	1TA	28	国企员工	—	1孩（1岁半）
6	1WY	33	国企员工	—	1孩（1岁7个月）
7	3NZ	48	社区干事	—	1孩（3岁）
8	3SM	40	全职妈妈	销售人员	1男1女（分别上初中和接近3岁）
9	3XA	40	派出所审管员	—	1男（3岁3个月）
10	3HP	30	暂未就业	外企员工	1孩（半岁）
11	3XJ	33	全职妈妈	—	1孩（接近3岁）

[①] 洪秀敏、赵思婕：《家庭经济条件、养育成本对青年女性三孩生育意愿的影响研究——基于广东省的调查分析》，《中国青年社会科学》2022年第6期，第71~77页。

[②] 本报告的研究对象为已婚育龄妇女，即法定年龄为20~49岁的已婚女性，无论生育与否，均称其为已婚育龄妇女。

	受访者编码*	年龄(岁)	目前职业	原工作	生育情况
12	3ZZ	33	全职妈妈	互联网行业员工	3孩(其中2个孩子分别为6岁和3岁)
13	3DN	34	服务区员工	—	1孩(9个月)

注：＊受访者编码的第1个数字表示第1组焦点式访谈和第3组焦点式访谈；第1组中第1个字母是按照发言顺序依据英文字母顺序排列的，第2个字母随机；由于知道第3组被访者的具体姓名故用其姓名前两个字的首字母分别确定第2个和第3个字母。

在本报告访谈的13名女性中，1名女性已婚未生育（1KJ），在已生育的12名女性中，拥有全职工作的妈妈有8名，全职妈妈（暂未就业）有4名。在13名被访者里，每位育龄妇女均对自己暂时不打算生育或不愿意再生育的原因进行阐述，内容涵盖生育间隔、经济压力、照料负担、精神压力等内容，具体来讲，包括以下六个方面。

1. 生育事件中的痛苦经历

一孩的生育体验对于母亲的再生育意愿起到了关键作用。"在产房从7：30一直到下午两三点，然后侧切，把他生出来我就觉得不行了，这苦我不想再受了。"（3DN）生育事件中的痛苦经历可能会使当事人产生心理创伤，为避免再次经历痛苦，她们会选择不再生育。

2. 照护子女需要承担巨大的责任

家庭照护中所产生的压力是多方面的，它对个体的影响表现在精力压力、经济压力以及精神压力等方面。"老人年龄大了，我的精力有限，想等大宝有自主能力了再生二胎。"（1BG）照顾孩子需要投入大量的精力，在家中没有人有足够的精力来辅助带孩子的话，个体就会在其中找到平衡后再选择生育；对于四世同堂家庭来说，老人和自身均处于上有老下有小的状态（1HF、3XJ），老人无法做到全身心投入式地为自己带孩子。

"现在还好的是我婆婆又来帮我带孩子了，所以我有时候能出来，但是你要完全说让我就业的话，没可能，不现实，孩子不可能说不会生病，而且有的东西老人是搞不定的。"（3ZZ）生育会对母亲的职业道路产生负面影响，考虑到经济效益，个体通常会通过减少工作时间或放弃求职机会以在工作和家庭中找到平衡。生育多个子女对母亲来说意味着承担更多的责任，生育并不仅仅是"生"这样简单，还需要考虑"养"，"如果我多生一个孩子，我心里总是需要想着她的"（1LM）。

生了没人带是很多家庭共同面临的难题，对北京而言，双职工家庭居多，若没有家里老一辈人的照顾，则意味着至少有一方需要做出牺牲。有多名妈妈"被迫"成为全职妈妈（3SM、3XJ、3ZZ）。

个人经济能力是影响生育意愿的重要因素。个体需要为生育打下较为坚实的经济基础，然后再考虑生育，孩子的教育、医疗和生活都需要投入巨大的经济资源。"托育机构本来也没花多少钱，主要是辅导班太贵了，课外班也贵。"（3XA）

3. 生育保障不足，求职过程中的隐性歧视

生育保障不足是许多女性在考虑生育时最为担心的问题之一。国企员工对产假、育儿假和生育津贴等均表示满意，但曾经在外企或私企工作的女性则表示女性会因生育问题在职场中受到歧视，使职业发展受限。外企或私企对女职工的保护不到位，无论生育与否，都会受到歧视（1KJ、3HP）。另外，在求职过程被问及婚育状况和生育意愿等时，为自身职业发展考虑，部分女性可能会选择不生育或不再生育。

4. 女性自我价值的追求

女性在追求个人价值时会将自身职业发展放在首位，职业上升期与适宜生育的时间实际上相冲突，这可能会使她们推迟生育时间或减少生育数量（1HF）。由于我国社会观念更倾向于要求母亲履行母职，在生育事件发生时，需要牺牲更多的往往是女性。"感觉生了孩子之后，要把我的一部分个人价值和权利让渡给这个孩子，让渡给这个家庭。"（1KJ）1LM同样表示"现在孩子小不用我管，但是以后上小学了稍微有点什么事，对自己的个人生活多少会有影响"。

5. 母职惩罚

母职惩罚是指由于角色身份的转变，在成为母亲之后，女性承担更多的

子女照料责任，这对她们在劳动力市场的表现造成影响，这种影响通常是负面的。"我原本有一个儿子的时候是可以上班的，但是有了小女儿之后就不行了。"（3SM）多数被访者表示对目前家庭分工不满意，"我感觉当爸爸的有了孩子好像对他有点影响，但也没那么大"（3HP）。"我生了娃之后，在产假期间，我带的工作的项目组被边缘化了，优化后就离职了。"（3ZZ）

多名被访者表达了职场对作为母亲的求职者的不友好。一是被访者所面临的现实状况是无论学历还是年龄，与应届毕业生相比都没有竞争力；二是部分被访者由于生育或养育孩子职业中断，其返回职场困难重重。"我还想找工作，但是现在的感觉就是生孩子这件事卡在这里，你去面试的话，人问你结婚了吗？结了。生了吗？生了。那还得有老二，就没下文了。"（3XJ）"生三孩哪个工作单位敢要我，就算不会再生了，你的小孩不会生病吗？你的家庭负担太重了。"（3ZZ）

6.晚婚晚育趋势愈加明显

晚婚晚育可能会降低个体的生育或再生育意愿。3SM 说："如果年轻十岁，我可能会考虑生三孩。"这是出于职业发展、经济能力和生育能力等多个方面综合考虑的结果。生理上，女性年龄的增长会使女性的生育能力下降，使其在妊娠过程中面临的风险增加。3NZ、3XA 表示"自己年龄大了，几乎不会考虑或已经没有机会再生育了"。

（三）怎么解决：在什么情况下意愿会提高？

解决女性生育的后顾之忧是破解低生育率的关键。在对 13 名育龄妇女的深度访谈中，在谈及不愿意生育或再生育的原因时，大多数表达了对生育后或目前已生育的子女养育和教育以及自身职业发展的担忧，并从以下几个方面建议政府、社会和家庭着手为女性缓解生育焦虑和解决后顾之忧。

1.营造生育友好型社会

一是建立健全生育支持政策体系，其中很重要的一个方面是关注生育一孩的体验。另外，需要加强青少年性教育，以减少非意愿生育或流产。二是企业、政府和家庭共同合力营造生育友好的社会氛围，"我的工作对于育龄妈妈来说身心还是比较愉悦的，领导也比较支持，就自己而言，我是比较愿意生二孩的妈妈"（1BG）。可见，好的生育和育儿体验对生育意愿有着积极的影响。三是完善生育保险制度，降低自筹生育医疗费用比例。四是进行儿童活动中心的建设，在社区内设置儿童游乐场所，建立健全社区儿童友好环境。

2. 家庭生育支持

家庭支持是育儿强有力的支撑。一方面，隔代抚育为育儿提供的代际支持能较好地缓解育儿压力，但同时存在育儿观念的差异。"我觉得目前我6个月生养孩子最大的顾虑和负担就是跟老人育儿观念不一样。"（3HP）另一方面，更重要的是，政府应积极宣扬夫妻双方共同承担育儿责任，在家庭内部分工中实现男女平等。女性是生育主体而非育儿责任主体，传统的性别分工模式强化了女性作为母亲的角色而弱化了其他社会角色。

3. 公办普惠托育服务

增加高质量的公共服务供给，多种托育方式并存。一是社区托育与养老合办，将"一老一小"保障到位。二是建立灵活的托育模式，采取多样化的服务供给形式。服务类型包含全日托、半日托、临时托、计时托和延时托等多种形式。三是减轻家庭缴费负担，规范市场收费准则。"我希望政府对早教机构有一定的管理机制，即使跑路了，我也不会担心我的钱突然间没了。"（1TA）"有些托育所要求一次性缴费一个季度或一年……类似，经济压力较大。"（3ZZ）四是托育机构采取公办或公办私营的形式，有被访者提到公办的会让人更放心（1HF）。五是托育场所最好办在社区，若办在企业不仅会加重企业负担，还会使带孩子上班的个体承担更多的育儿责任。六是加大对托育机构的宣传力度，包括可托育的儿童年龄范围、价格和形式等。

4. 女性友好职场环境

女性友好职场环境包括拥有与男性平等的就业机会、培训机会、薪酬和公平的晋升机制。从生育上来讲，为女职工提供充足的育儿支持，包括提供育儿假、普惠托儿所或育儿津贴等支持措施，帮助女性平衡工作和家庭，减轻女性在生育和抚养孩子方面的经济和时间压力，出台与弹性工作制相关的政策和劳动制度以支持女性能够更为灵活地参与经济活动。

四　国际研究

在全球人口结构转型背景下，世界上大多数国家或地区的生育水平正经历由高到低的下降过程。面对生育率下降的全球化趋势，世界各国政府制定和实施了一系列家庭生育支持政策，力图提高民众的生育积极性。本报告对部分欧洲国家和日本的生育支持政策实践及其有效性进行介绍，以期对北京构建生育友好型社会、提高育龄人群的生育意愿有所借鉴。

（一）欧洲生育支持政策

1.生育支持政策实践

瑞典实行普惠性质的家庭支持政策，强调性别平等。在经济支持方面，有普惠性质的津贴，如儿童津贴、保险型父母津贴和临时性父母津贴、救助型的住房津贴等。在育儿公共服务方面，有儿童托育服务，主要是1岁内父母产假照顾、1~6岁公共儿童托育服务、6~12岁儿童公共课后服务。在照料时间支持方面，长期产假为18个月，鼓励男性休产假参与育儿；育儿假为在产假之后至儿童8岁之间为员工提供弹性工作时间。

德国家庭支持政策立足传统的性别分工，针对不同就业情况的父母提供差异化的支持方式。在经济支持方面，主要有儿童补贴、税收减免以及父母特殊津贴。在育儿公共服务方面，由非营利性机构提供服务，东部地区的0~3岁婴幼儿主要由托育机构照管，西部地区仍以女性照顾为主。在照料时间支持方面，德国鼓励女性以"半就业"的方式休产假及育儿假。除欧洲高福利国家外，日本、美国等后工业化国家也采取类似的家庭补贴和税收优惠政策，但总的来看，这些政策仍以男性养家为主导，更加固化了女性的生育和家庭照料的母职行为思想。在生育率持续低迷、老龄化日益加剧以及女性自我意识崛起等多重因素的影响下，传统家庭政策模式难以为继。

在英国家庭生育支持政策中，市场发挥的作用较强，在经济支持上，实行普惠型儿童津贴，主要面向 16 岁以下儿童和 16~19 岁孩子接受全日制非高等教育的家庭。此外还有"补缺型"儿童津贴、单亲父母特殊津贴。在托育服务上，主要有托儿所、儿童托育员服务以及游戏团体，绝大部分托育服务由私立机构提供，费用较高且时间受限，给收入中等及以下家庭的女性就业带来了较大压力。在时间支持上，英国的 52 周产假中有 39 周带薪产假；男性陪产假在婴儿第 20 周至 1 周岁之间，育儿假为父母每人每年每孩 4 周无薪假期。

南欧国家的西班牙的相关家庭生育支持政策与职业关联度高。在经济支持上，从 2003 年起，家庭照顾儿童的成本可以在缴税时部分报销；在生育津贴上，从 2007 年起，政府向有 3 岁以下子女的家庭提供 2200 欧元生育补贴。西班牙对生育的经济支持以及对女性的就业支持都较弱。因此，西班牙女性生育率一直处于极低水平，1999 年跌至 1.13，尽管之后在波动中出现回升势头，但是 2021 年也仅为 1.28。

2. 生育支持政策效果及启示

从生育支持政策效果看，促进男女平等的时间支持政策更能有效提升生育意愿。[1] 2021 年，欧洲平均生育率为 1.61，瑞典、丹麦、冰岛、挪威的生育率分别为 1.84、1.77、1.72、1.68，均高于欧洲平均水平。北欧国家性别平等观念在生育和养育环节均得到较好的体现，这是其保持较高生育水平的重要原因。

从经济支持政策看，瑞典、英国、德国用于家庭福利公共支出的水平均较高，但其支出结构不同。瑞典政府为家庭提供完善的公共服务，主要发展公共幼托服务，并由私营机构加以补充，以促进妇女重返就业市场。英国和德国的经济支持比较相似，英国倾向于运用现金福利提高有子女家庭的经济能力，但高昂的托幼成本阻碍了中低收入家庭的妇女重返劳动力市场；虽然

---

[1] Brinton M. C., Lee D. J., "Gender-role Ideology, Labor Market Institutions, and Post-Industrial Fertility," *Population and Development Review*, Vol. 42, No. 3, 2016, pp. 405-433.

德国也给予托育机构大量补贴，但没有充分的托儿服务来支持全职工作的女性。

从时间支持政策看，德国过长的育儿假不利于妇女重返就业市场。瑞典虽然也有较长的育儿假，但其立法保护了妇女重返劳动力市场的权利，同时规定了一系列灵活的工作安排和父亲的强制休假，这样就可以促进就业和生育之间的平衡。

从实践结果看，一系列相互关联的领域（经济政策、就业政策、住房政策、性别政策、核心家庭政策等）协调使用公共政策可以将生育率维持在一个合理的水平。然而，这些政策的效果是短期的，想长期提高生育率，需要发展一种家庭友好的文化。

（二）日本生育支持政策

1. 生育支持政策实践

日本是第一个实现工业化的亚洲国家，最早经历了生育率转变。与西方国家相比，中日两国同属东亚国家，在人口结构、社会性别文化等方面更加相似，两国同属儒家文化体系，强调女性在家庭中的功能主导、社会从属的角色，因此日本的生育意愿研究及相关生育政策对我国有一定的借鉴意义。

为了应对出生率下降，日本制定并实施了各种生育支持政策，包括税收优惠和财政支持、延长育儿假、发展儿童保育设施以及进行母亲和儿童的健康护理，具体措施覆盖从结婚、怀孕、分娩、婴幼儿保育、学龄前儿童教育到大学等各个阶段。1992 年，日本开始实施育儿假制度；1994 年实施"天使计划"——增加托儿所和幼儿园的托管时间，完善孕产保健服务；随后推出"新天使计划"，进一步为家庭的生育养育提供支持。2002 年，"待机儿童零作战计划"出台，强力发展育儿机构以补充家庭育儿功能。然而，日本低生育率情况并未得到有效改善，2003 年，《少子化社会对策基本法》颁布，将育儿制度上升到法律层面来解决少子化问题。2016 年，《日本一亿总活跃计划》首次提出生育率达到 1.8 的基本目标，但是从 2020 年总和生育率再度下降到 1.3 来看①，各种政策措施效果有限，未能摆脱"低生育率陷阱"。值得注意的是，日本生育政策的目的一直是鼓励妇女承担家庭的主要责任，维系"男主外、女主内"的传统社会性别分工，具有明显的通用型家庭政策特征②。

2. 生育支持政策效果及启示

首先，日本通过提供津贴和补助以维系"男主外、女主内"的传统社会性别分工的政策，并没有使生育意愿大幅提高。Esping 和 Billari 的一项研究提到，生育率恢复更有可能发生在性别平等规范的国家，如法国、英国和北欧国家，而长期低生育率更有可能出现在家庭劳动分工仍然非常传统的国家，如西班牙、意大利、德国等③。Xu 将经典的性别平等理论延伸到有大家庭传统的东亚国家，认为代际父母的家务帮助可以显著提高女性生育的可能性④。虽然西方性别平等对东方性别平等有着深刻的影响，但儒家传统根据性别分配角色，以及祖父母、父母和孩子之间的关系，在中国是重要的影响因素。

其次，在日本，晚婚和低生育率的另一个社会背景是长期和终身雇佣文化导致出现长时间劳动工作模式，超负荷工作和加班是日本雇员的常态。高强度超时工作模式导致受过高等教育的女性的婚姻和生育成本增加，进一步降低了她们结婚和生育的积极性。日本的一项研究表明，除非日本的就业法和工作场所规范做出改变，否则双职工夫妇在生育二胎方面将继续面临困境。⑤ 我国也要警惕长时间劳动工作模式对结婚和生育率带来的负面影响，

① World Population Prospects 2022, United Nations, Department of Economic and Social Affairs, Population Division, https：//population. un. org/wpp/.
② 龚顺、王森浒、刘川菡：《家庭政策与青年群体的结婚、生育意愿：日本经验及其启示》，《中国青年研究》2023 年第 1 期，第 113~120 页。
③ Esping Andersen G., Billari F. C., "Retheorizing Family Demographics," *Population and Development Review*, Vol. 41, No. 1, 2015, pp. 1-31.
④ Xu Q., "Division of Domestic Labor and Fertility Behaviors in China：The Impact of Extended Family Traditions on Gender Equity Theory," *China Population and Development Studies*, Vol. 5, No. 1, 2021, pp. 41-60.
⑤ Nagase N., Brinton M. C., "The Gender Division of Labor and Second Births：Labor Market Institutions and Fertility in Japan," *Demographic Research*, Vol. 36, No1, 2017, pp. 339-370.

其不利于人口长期均衡发展。

最后，日本在法律层面明确规定了解决少子化问题的施策指南，通过立法形式规定育儿假等各项生育支持措施，以保障母亲以及儿童的权力。从国际范围来看，大多数发达国家在一开始便制定了范围更广泛和内容更全面的育儿假法律，基于我国目前尚未形成全国性的法定育儿假，可以在全国范围内统一育儿假的适用主体、假期天数和待遇标准。此外，我国劳动者在育儿期间的替代薪资大多由用人单位承担，并未建立相应的社会化机制。可以借鉴日本的经验，将因育儿而中断就业的行为视为失业，进而通过社会保险制度将用人单位的用工成本社会化，以减轻企业成本，进而改善女性的就业环境。

五　政策建议

习近平总书记在二十届中央财经委员会第一次会议指出，要建立健全生育支持政策体系，大力发展普惠托育服务体系，显著减轻家庭生育养育教育负担，推动建设生育友好型社会，促进人口长期均衡发展。生育友好型社会的构建是一个系统工程，面对北京市育龄妇女数量减少、结构老化、生育意愿低迷、超低生育水平的现实，必须多管齐下，统筹施策。基于实证调研与比较研究，本报告提出以下政策建议。

基于国际、国内相关地区经验和问题，建议北京市从经济支持、时间支持、服务支持、文化环境支持四个维度完善生育支持政策体系。

1. 在经济支持方面，加大对家庭生育养育支持力度，降低企业雇用育龄女性的成本负担

在对家庭支持方面，一是扩大生育保险覆盖人群范围。将生育保险覆盖无业、失业、灵活就业人员，使政府承担起维护弱势人群的生育权益责任。二是减轻群众产检费用负担。建议提高产前检查费用医保报销额度。根据当前北京市育龄妇女婚育年龄大幅推迟、大龄孕产妇比重增加的状况，加强产前检查与孕前优生项目的结合，明确产前检查的医疗程序和方案,明确产前检查的必要项目,将其纳入医保报销范围。扩大产检报销范围,将无痛分娩纳入医保。三是向0~3岁幼儿家庭提供育儿补贴,尤其关注低收入家庭孩子,如在家庭内照料,由政府发放育儿补贴,孩子进入托育机构的可发放托育补贴。四是建立突发情况下的应急规定,以保障儿童照护。

在对企业支持方面,减轻企业用人负担,支持用人单位营造生育友好环境。可探索向有生育女职工的用人单位发放社保补贴。也可探索发挥税收政策促进女性就业的作用,借鉴对雇用残疾人的企业实施增值税优惠的办法,对雇用一定比例女职工的单位实行税费优惠。鼓励企业对孕期、哺乳期女性实行弹性灵活就业制度。

2. 在时间支持方面,加强部门之间的统筹协调,促进生育休假和假期待遇的有效落实

应加强法规政策之间的有效衔接,加强部门之间的统筹协调,统一政策口径,明确30天延长产假、育儿假、陪产假等假期工资支付来源,将其纳入生育保险支付范围或专项资金。制定生育假期间的待遇实施细则,明确和细化各类生育假工资待遇标准。可以参考国际经验,将延长产假和育儿假调配使用,设置分阶段津贴标准,随着休假期的延长(包括与单位的协商产假),津贴的收入替代率递减。完善男性生育假制度设计,将男性育儿假设置为不可转移的专属假期,这对于缩小性别差距、促进夫妻共同承担生育责任有重要意义。推动完善《劳动保障监察条例》,将延长产假、育儿假、陪产假的执行纳入劳动保障监察范围。

3. 在服务支持方面,分阶段实施普惠托育,允许普惠幼儿园开设托班

在顶层机制建设上,建立婴幼儿照护服务工作联席会议制度。构建以政府为主导、以家庭为主体、以社区为平台的市场扩面和社会补充的普惠托育服务体系格局。应加大政府财政投入力度,加快落实北京市托育服务体系建设三年行动方案,全面实施普惠托育,把托育服务纳入基本公共服务范围。

近期,鼓励社会力量开办托育服务机构以解决市场供给不足的情况,并给予相应的水电费优惠,提供场地租金补贴等。从中长期看,随着出生人数的快速下降，应充分利用幼儿园资源，加强卫健委与教委的合作，幼儿园逐步开设托班招收3岁以下幼儿，构建以幼儿园托班为主体、以普惠性资源为主导的托育服务体系。

4. 在文化环境支持方面，强化性别平等，重视家庭发展

加强促进"性别平等"宣传，并从相关制度上予以完善，鼓励男性参与育儿过程，分担家务，实现父母共同育儿。降低女性就业歧视，以及生育带来的职业负面影响。增加生育政策的包容性。

总体而言，北京生育友好型社会的构建需要政府在政策层面积极作为，推动相关措施落实。同时，也需要社会各界共同参与和支持，共同努力创造一个鼓励生育、关爱家庭的社会环境。

参考文献

洪小良、尹德挺、胡玉萍、吴军主编《北京人口发展研究报告（2022）》，社会科学文献出版社，2022。

王广州：《北京市生育政策调整对出生人口规模的影响》，《北京社会科学》2011年第3期，第48~52页。

侯亚非、马小红：《北京城市独生子女生育意愿研究》，《北京社会科学》2008年第1期，第27~31页。

孙超：《北京市东城区居民生育意愿比较与追踪研究》，中共北京市委党校硕士学位论文，2013。

马小红、顾宝昌：《单独二孩申请遇冷分析》，《华中师范大学学报》（人文社会科学版）2015年第2期，第20~26页。

陶涛、杨凡、张现苓：《"全面两孩"政策下空巢老年人对子女生育二孩态度及影响因素——以北京市为例》，《人口研究》2016年第3期，第90~100页。

洪秀敏、朱文婷：《高学历女青年生育二孩的理想与现实——基于北京市的调查分析》，《中国青年社会科学》2017年第6期，第37~44页。

祁静、茅倬彦、申小菊：《生育二孩妇女的孕产保健需求及其影响因素——以北京市为例》，《人口与发展》2018年第1期，第88~92页。

陈蓉：《从生育意愿与生育行为的转变看我国大城市全面两孩政策的实施效应——以上海为例》，《兰州学刊》2018年第4期，第155~165页。

何姗姗：《超大城市"新任妈妈"的再生育意愿及其影响因素研究》，《社会建设》2021 年第 6 期，第 25~39 页。

侯佳伟、周博、梁宏：《三孩政策实施初期广东女性的生育意愿与托育服务、育儿假》，《南方人口》2022 年第 3 期，第 39~52 页。

洪秀敏、赵思婕：《家庭经济条件、养育成本对青年女性三孩生育意愿的影响研究——基于广东省的调查分析》，《中国青年社会科学》2022 年第 6 期，第 71~77 页。

方慧芬、陈江龙、袁丰、高金龙：《中国城市房价对生育率的影响——基于长三角地区 41 个城市的计量分析》，《地理研究》2021 年第 9 期，第 2426~2441 页。

周慧、刘杨：《城市福利对生育意愿的影响——基于长江经济带 CFPS 数据的检验》，《西北人口》2023 年第 1 期，第 91~103 页。

Word Population Prospects 2022, United Nations, Department of Economic and Social Affairs, Population Division, https：//population. un. org/wpp/.

Brinton M. C. , Lee D. J. , "Gender-role Ideology, Labor Market Institutions, and Post-Industrial Fertility," *Population and Development Review*, Vol. 42, No. 3, 2016, pp. 405-433.

Esping - Andersen G. , Billari F. C. , " Re - theorizing Family Demographics," *Population and Development Review*, Vol. 41, No. 1, 2015, pp. 1-31.

Hoem J. M. , "The Impact of Public Policies on European Fertility," *Demographic Research*, Vol. 19, No. 10, 2008, pp. 249-260.

龚顺、王森浒、刘川菡：《家庭政策与青年群体的结婚、生育意愿：日本经验及其启示》，《中国青年研究》2023 年第 1 期，第 113~120 页。

Esping Andersen G. , Billari F. C. , " Retheorizing Family Demographics," *Population and Development Review*, Vol. 41, No. 1, 2015, pp. 1-31.

Xu Q. , "Division of Domestic Labor and Fertility Behaviors in China：The Impact of Extended Family Traditions on Gender Equity Theory," *China Population and Development Studies*, Vol. 5, No. 1, 2021, pp. 41-60.

姜春云：《性别角色观念与育龄人群的生育意愿——基于性别差异和社会变迁视角的分析》，《兰州学刊》2022 年第 5 期，第 92~104 页。

Nagase N. , Brinton M. C. , "The Gender Division of Labor and Second Births：Labor Market Institutions and Fertility in Japan," *Demographic Research*, Vol. 36, 2017.

王健：《从"性别差异"到"性别中立"再到"性别再造"：育儿假立法的域外经验及其启示》，《环球法律评论》2022 年第 5 期，第 147~162 页。

马小红、李家琳、王晨方：《低生育背景下北京生育友好型社会构建研究》，《新视野》2020 年第 4 期，第 39~45 页。

B.5
北京市高龄老年人口研究报告

闫 萍 王娟芬*

摘 要： 随着北京人口老龄化尤其是高龄化的不断加深，高龄老年人的绝
对规模及其在老年人口中的占比持续增长，养老问题日益突出。
目前学界对高龄老年人相关问题的研究还不够深入，政府与社会
对高龄老年人的关注较为欠缺。事实上，规模越来越庞大的高龄
老年人已成为影响老龄事业发展的关键因素。本报告主要利用北
京历次人口普查数据，对北京市高龄老年人口的特征差异及变动
趋势等进行分析，并结合性别差异、城乡差异等角度全面呈现北
京市高龄老年人口的总体情况和特点。针对数据分析结果提出为
高龄老年人提供符合需求的居家养老产品和设施、完善高龄老年
人口家庭照料者支持政策、探索高龄老年人口智能照护模式、推
进医务社会工作介入高龄老年人口养老服务、推进农村互助养老
模式建设等建议。

关键词： 高龄老年人 老龄化 人口普查 北京市

近年来，在我国人口老龄化不断加深的同时，高龄化现象日益凸显。长
期以来，大规模青壮年流动人口的涌入，改善了北京市的人口年龄结构，但

---

* 闫萍，博士，教授，中共北京市委党校（北京行政学院）社会学教研部人口发展与城市战略
教研室主任，硕士研究生导师，主要研究方向为人口发展与城市战略、人口老龄化、家庭发
展；王娟芬，中共北京市委党校（北京行政学院）社会学教研部（北京市人口研究所）人口
学专业硕士研究生，主要研究方向为人口发展。

近年来，北京市老龄化与高龄化程度日益加深。1990~2021 年北京市高龄老年人口的规模增长 56.7 万人，占总人口比重增长 2.1 个百分点。随着医疗技术与养老服务水平的不断提升，北京市人口的平均预期寿命还将进一步提高，老年人口中高龄老年人的比重将持续增长。因此，聚焦北京市高龄老年人群体，对其基本人口学特征与相关社会经济特征与差异进行分析是十分必要的。高龄老年人养老难、照料难的问题近年来越来越凸显，规模越来越庞大的高龄老年人已成为影响老龄事业发展的关键因素，政府与社会对高龄老年人的关注需要不断加强。基于此，本报告以北京市 80 岁及以上高龄老年人口为研究对象，对其基本人口学特征及变动趋势进行分析，并结合性别差异、城乡差异等角度全面呈现北京市高龄老年人口的总体情况和特点，为学界对高龄老年人的进一步研究及相关部门对高龄老年人养老服务体系的建设等提供一定的参考与借鉴。

一　北京市高龄老年人口的基本
特征现状及变动趋势

（一）规模总况

1. 高龄老年人口规模达到67.3万人，在常住总人口中的占比为3.1%

第七次全国人口普查（以下简称"七普"）数据显示，2020 年，北京市常住人口规模为 2189.3 万人，其中 80 岁及以上高龄老年人的规模为 63.4 万人，占总人口的比重为 2.9%。北京市统计局在 2023 年公布的最新数据显示，2022 年，北京高龄老年人口的规模增长至 67.3 万人，占常住总人口的比重达到 3.1%。由此可见，近年来，北京市在面临少子化、老龄化问题的同时，高龄化现象也十分突出。由于高龄老年人与中低龄老年人相比存在健康状况与生活自理能力更差的特征，面临的养老与生活照料问题更为严重，对养老服务的需求也有所不同，因此，北京市在构建养老服务体系、发展养老产业时，应充分考虑高龄老年人这一群体的差异性。

2.高龄老年人口的规模与比重总体呈上升趋势，且增速在近二十年不断加快

从 1990 年第四次全国人口普查（以下简称"四普"）到 2020 年"七普"，北京市人口老龄化伴随高龄化的现象日益突出。如图 1 所示，1990年"四普"时，北京市高龄老年人口的规模仅为 9.2 万人，占总人口的比重为 0.9%。2000 年第五次全国人口普查（以下简称"五普"）时，出现小幅上升，高龄老年人占总人口的比重上升至 1.0%。进入 21 世纪后的 20年内，高龄老年人的规模与比重迅速攀升。2010 年第六次全国人口普查（以下简称"六普"）时，高龄老年人的规模增长至 30.2 万人，占总人口的比重上升至 1.5%，10 年间，高龄老年人规模的增长率达到 127.1%。"七普"数据显示，2020 年，北京市高龄老年人的规模增长至 63.4 万人，占总人口的比重上升至 2.9%，规模较"六普"时增长了 109.9%。综观近30 年来的增长态势可以看出，北京市高龄老年人口的绝对规模正急剧扩大，其占总人口的比重呈现迅速增长的趋势。尤其从 2000 年"五普"之后的 20 年来，北京市高龄老年人口的规模及其占总人口的比重的增长速度较之前更快。

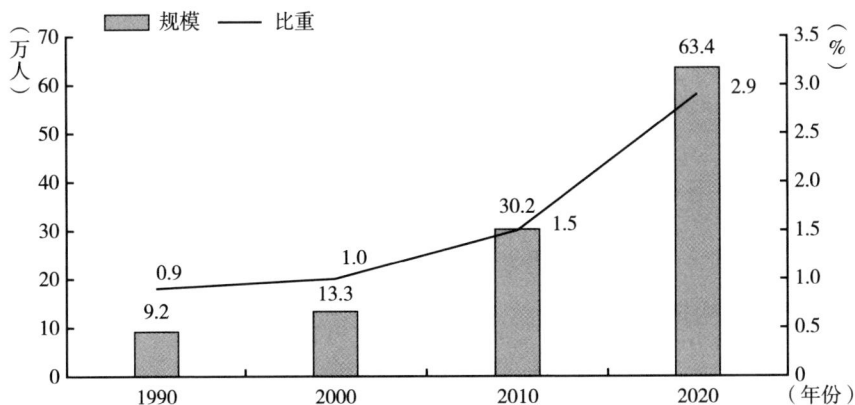

图 1 "四普"到"七普"北京市高龄老年人口规模及比重

资料来源：《北京市 1990 年人口普查资料》《北京市 2000 年人口普查资料》《北京市 2010 年人口普查资料》《北京市人口普查年鉴—2020》中短表相关数据。

（二）年龄状况

高龄老年人口中处于较高年龄组的比重逐渐上升，处于最低年龄组的比重明显下降。分年龄组来看，从"六普"到"七普"的十年间，北京市80~84 岁高龄老年人的比重显著下降，85~89 岁及其他较高年龄组的高龄老年人的比重趋于上升（见表1）。2010 年"六普"时，80~84 岁高龄老年人的比重为66.1%，2020 年"七普"时下降为55.0%。"六普"时，85~89岁、90~94 岁、95~99 岁、100 岁及以上高龄老年人的比重分别为25.6%、6.7%、1.4%、0.2%；"七普"时分别增至31.9%、10.5%、2.2%、0.4%。可以发现，2020 年，超13%的高龄老年人的年龄在 90 岁及以上，45.0%的高龄老年人的年龄在 85 岁及以上。

表1　"六普"和"七普"北京市分年龄组高龄老年人规模及比重

单位：人，%

	"六普"		"七普"	
	规模	比重	规模	比重
80~84 岁	199673	66.1	348786	55.0
85~89 岁	77475	25.6	201947	31.9
90~94 岁	20345	6.7	66260	10.5
95~99 岁	4064	1.4	13889	2.2
100 岁及以上	552	0.2	2793	0.4
合计	302109	100.0	633675	100.0

资料来源：《北京市 2010 年人口普查资料》《北京市人口普查年鉴—2020》中短表相关数据。

（三）性别构成状况

1. 高龄老年人口中女性的规模与比重明显大于男性，但这一差异总体呈缩小态势

1990 年"四普"时，北京市女性高龄老年人规模约为 5.7 万人，占全部高龄老年人口的比重达 62.3%，而男性高龄老年人的规模约为 3.5 万人

（见表2），占比相对低了24.6个百分点。2000年"五普"时，北京市女性高龄老年人规模上升至约7.7万人，占比为57.8%，与男性高龄老年人比重的差异缩小为15.6个百分点。2010年"六普"时，女性高龄老年人规模上升至约16.3万人，男性上升至约13.9万人，二者的比重差异减少到8.0个百分点。2020年"七普"中，北京市女性高龄老年人规模继续增长至约35.7万人，男性增长至约27.7万人，二者之间的比重差异小幅扩大。总体而言，近30年来，北京市高龄老年人的性别比呈现扩大态势，这表明北京高龄老年人口性别比失衡的问题得到了一定的改善。

表2　"四普"到"七普"北京市分性别高龄老年人规模及比重

单位：人，%

	男性		女性		性别比
	规模	比重	规模	比重	（女=100）
"四普"	34676	37.7	57398	62.3	60.4
"五普"	56054	42.2	76874	57.8	72.9
"六普"	139085	46	163024	54	85.3
"七普"	276836	43.7	356839	56.3	77.6

资料来源：《北京市1990年人口普查资料》《北京市2000年人口普查资料》《北京市2010年人口普查资料》《北京市人口普查年鉴—2020》中短表相关数据。

2. 女性高龄老年人在高龄老年人口中的占比随年龄上升基本上呈现逐渐增大的趋势

分年龄组来看，2020年"七普"时，在80~84岁、85~89岁、90~94岁、95~99岁、100岁及以上五个年龄组中，北京市女性高龄老年人占高龄老年人口的比重分别为56.4%、55.7%、56.8%、59.4%、60.5%（见表3），基本上呈现年龄越大、占比越高的现象。相反，男性高龄老年人的比重呈现随年龄增长而降低的态势。这与女性平均预期寿命高于男性的现象有着内在关联。同时也启示我们，高龄女性在晚年丧偶的风险更大、独居的可能性更高，因此如何更好地解决女性高龄老年人的养老及照料问题成为一个社会难题。

表3 "七普"北京市分年龄组、分性别高龄老年人规模及比重

单位：人，%

	男性		女性	
	规模	比重	规模	比重
80~84 岁	152087	43.6	196699	56.4
85~89 岁	89400	44.3	112547	55.7
90~94 岁	28609	43.2	37651	56.8
95~99 岁	5637	40.6	8252	59.4
100 岁及以上	1103	39.5	1690	60.5
合计	276836	43.7	356839	56.3

资料来源：《北京市人口普查年鉴—2020》中短表相关数据。

（四）城乡分布状况

1. 超八成高龄老年人口分布在城镇，且近十年来城乡分布差距呈扩大现象

2010 年"六普"时，北京市城镇高龄老年人口规模为 25.6 万人，占比为 84.7%，乡村高龄老年人规模为 4.6 万人，占比为 15.3%；2020 年"七普"时，城镇高龄老年人规模增至 55.8 万人，占比增长为 88.1%，乡村高龄老年人的占比下降至 11.9%（见表 4），二者比重的差距进一步扩大为 76.2 个百分点。这表明北京市高龄老年人主要生活在城镇，且随着城镇化的不断推进，越来越多农村高龄老年人口逐渐转变为城镇人口。

2. 高龄老年人口分布在城镇的比例远高于全国

2010 年"六普"时，全国城镇高龄老年人的占比为 43.1%，而乡村高龄老年人占比为 56.9%。2020 年"七普"数据显示，全国高龄老年人的城乡分布比重发生逆转，分布在城镇的比重为 53.4%，乡村则降至 46.6%。可以发现，在"六普"和"七普"中，北京市分布在城镇的高龄老年人的比重分别比全国高了 41.6 个百分点和 34.7 个百分点，分布在乡村的比重则呈相反特征。以上数据表明，绝大部分的北京市高龄老年人生活在城镇；从全国来看，仅有半数左右的高龄老年人分布在城镇，近半数高龄老年人仍生活在农村。这一差异主要与北京较高的城镇化率有关。

表4 "六普"和"七普"北京和全国高龄老年人城乡分布状况

单位：万人，%

	北京				全国			
	"六普"		"七普"		"六普"		"七普"	
	规模	比重	规模	比重	规模	比重	规模	比重
城镇	25.6	84.7	55.8	88.1	903.5	43.1	1912.9	53.4
乡村	4.6	15.3	7.6	11.9	1195.4	56.9	1667.2	46.6
总计	30.2	100.0	63.4	100.0	2098.9	100.0	3580.1	100.0

资料来源：《北京市2010年人口普查资料》《北京市人口普查年鉴—2020》《中国2010年人口普查资料》《中国人口普查年鉴—2020》中短表相关数据。

（五）受教育程度状况

1. 高龄男性的受教育水平普遍高于高龄女性，高龄老年人口的受教育水平总体呈不断提升的趋势

总体来看，2010年"六普"时，高龄老年人中未上过学或学前教育的比重达到32.5%；在2020年"七普"时，这一比重下降至12.9%（见表5），下降了约20个百分点，这表明十年来北京市高龄老年人的文盲率大幅降低；而受过中学或高等教育的高龄老年人比重明显提高，在"六普"和"七普"中，受教育程度为初中、高中、大学专科、大学本科、硕士研究生及以上的高龄老年人比重分别提高了5.1个、5.5个、3.0个、5.4个、0.1个百分点；受过小学教育的高龄老年人比重没有明显变化。

2. 两性高龄老年人口受教育水平的差距总体呈缩小态势

"六普"时，男性高龄老年人中13.3%的人未上过学或接受学前教育，而48.8%的女性高龄老年人未上过学或接受学前教育；"七普"时，未上过学或接受学前教育的高龄男性比例下降至4.9%，女性比例下降至19.1%，二者的差距大幅缩小。接受过小学教育的高龄男性和高龄女性的差异在"六普"到"七普"的十年间出现逆转，"六普"时，高龄男性中受过小学教育的比例比女性高9.4个百分点，"七普"时则表现为高龄女性中接受过小学教育的比例比高龄男性高8.5个百分点。初中与高中学历的高龄男性和高龄女性比例在"六普"到"七普"的十年间同样大幅增长,二者之间的比重的差异有所减小。大学专科与大学本科学历的高龄男性与高龄女性的比例在这十年间大幅提高,但二者的差距出现小幅扩大的现象。

表5 "六普"和"七普"北京市高龄老年人受教育程度状况

单位:%

受教育程度	"六普"			"七普"		
	合计	男性	女性	合计	男性	女性
未上过学或学前教育	32.5	13.3	48.8	12.9	4.9	19.1
小学	33.1	38.2	28.8	33.6	28.9	37.4
初中	13.1	19.2	7.9	18.2	20.4	16.4
高中	7.6	9.4	6	13.1	14.9	11.7
大学专科	3.8	5.4	2.6	6.8	8.8	5.2
大学本科	9.4	13.7	5.7	14.8	21.1	9.9
硕士研究生及以上	0.5	0.8	0.2	0.6	1	0.3
总计	100	100	100	100	100	100

资料来源:《北京市2010年人口普查资料》《北京市人口普查年鉴—2020》中短表相关数据。

(六)区域分布状况

1. 约半数的高龄老年人口分布在城市功能拓展区,首都功能核心区的高龄老年人口的比重下降

"六普"时,北京市有46.2%的高龄老年人分布在城市功能拓展区(即朝阳区、海淀区、丰台区、石景山区)(见表6);"七普"时,这一比重增加至51.2%。在从"六普"到"七普"的十年间,分布在城市发展新区的高龄老年人比重显著上升,从2010年的21.4%增长至2020年的25.0%。分布在首都功能核心区的高龄老年人的比重大幅下降,2010年"六普"时的占比为21.8%,2020年"七普"时下降至13.8%。另外,生态涵养发展区的高龄老年人比重呈现小幅下降的态势,"七普"相对"六普"下降了0.6个百分点。

表6　"六普"和"七普"北京市各区域高龄老年人规模与比重状况

单位：人，%

	"六普"			"七普"		
	规模	占高龄老年人比重	占区域总人口比重	规模	占高龄老年人比重	占区域总人口比重
首都功能核心区	65913	21.8	3.0	87322	13.8	4.8
城市功能拓展区	139715	46.2	1.5	324366	51.2	3.5
城市发展新区	64505	21.4	1.1	158747	25	1.8
生态涵养发展区	31976	10.6	1.7	63240	10	2.9
北京市	302109	100	1.5	633675	100	2.9

资料来源：《北京市2010年人口普查资料》《北京市人口普查年鉴—2020》中短表相关数据。

2. 十年间各区域高龄老年人口占区域总人口比重均显著增加，其中城市功能拓展区的增幅最大

2010年"六普"时，首都功能核心区、城市功能拓展区、城市发展新区、生态涵养发展区的高龄人口占区域总人口比重分别为3.0%、1.5%、1.1%、1.7%；"七普"时，各区域高龄人口在总人口中的比重分别增至4.8%、3.5%、1.8%、2.9%，增幅分别为1.8个、2个、0.7个、1.2个百分点。可以发现，随着人口高龄化程度的不断加深，各区域高龄老年人占区域总人口的比重均呈现显著上升的趋势，其中城市功能拓展区的高龄老年人占总人口的比重的增长幅度最大。

（七）死亡状况

1. 近十年来高龄老年人口死亡率有所降低

"六普"数据显示，2010年，北京市高龄老年人的死亡数量约为2.7万人，年平均高龄老年人的死亡数量约为28.8万人，高龄老年人的死亡率达到94.8‰（见表7）；"七普"时，年平均高龄老年人的死亡数量约为62.3万人，高龄老年人的死亡数量约为5.1万人，高龄老年人的死亡率降至81.2‰。这在一定程度上反映了十年来北京市医疗卫生水平有了较大的提升，高龄老年人的存活率大幅提高。

2. 高龄老年人口死亡率表现出随年龄增加而基本成倍增加的特征

2010年，北京市65岁及以上老年人口的死亡率为34.7‰，而高龄老年人死亡率比其高出 60.1 个千分点；2020 年，65 岁及以上老年人口死亡率降至 28.8‰，比高龄老年人死亡率低 52.4 个千分点。分年龄组来看，高龄老年人的年龄越大，死亡率基本呈现成倍增加的趋势。2020 年，80~84 岁、85~89 岁、90~94 岁、95~99 岁、100 岁及以上年龄组的高龄老年人死亡率分别为 53.0‰、96.4‰、158.8‰、211.3‰、216.5‰。

表 7 "六普"和"七普"北京市分年龄组老年人口死亡状况

单位：人，‰

	"六普"			"七普"		
	平均人口	死亡人口	死亡率	平均人口	死亡人口	死亡率
65~69 岁	506108	5740	11.3	1149986	9602	8.4
70~74 岁	508658	10627	20.9	639740	9621	15
75~79 岁	373787	14514	38.8	406382	11409	28.1
80~84 岁	189935	13351	70.3	350446	18557	53
85~89 岁	74150	8756	118.1	194349	18743	96.4
90~94 岁	19372	3854	198.9	62514	9929	158.8
95~99 岁	3976	1077	270.9	13139	2776	211.3
100 岁及以上	563	253	449.4	2693	583	216.5
老年人口（65 岁及以上）	1676549	58172	34.7	2819249	81220	28.8
高龄老年人（80 岁及以上）	287996	27291	94.8	623141	50588	81.2

资料来源：《北京市 2010 年人口普查资料》《北京市人口普查年鉴—2020》中短表相关数据。

二 北京市高龄老年人口的社会经济特征差异及变动趋势

（一）健康状况

1. 近年来高龄老年人口的自评健康状况明显改善，自评健康的比重显著增加

2010 年"六普"中自评"健康"的高龄老年人的比重仅为 16.6%，

"七普"时增加了14.6个百分点；而自评"不健康，但生活能自理"的比重在"六普"时达到24.3%，"七普"时下降至17.0%；自评"不健康，生活不能自理"的高龄老年人比重在"七普"时比"六普"下降了3.8个百分点；自评"基本健康"的高龄老年人的比重在十年间均保持在40%左右（见表8）。这些数据表明十年来北京市高龄老年人中身体"不健康"或"不能自理"的情况得到一定改善，高龄老年人的健康状况与生命质量有所提高。即便如此，高龄老年人的健康问题仍需高度重视，继续提升高龄老年人的健康状况、实现高龄老年人健康长寿还有很长的路要走。

表8　"六普"和"七普"中北京市高龄老年人的自评健康状况对比

单位：人，%

		健康	基本健康	不健康，但生活能自理	不健康，生活不能自理	总计
"六普"	人数	5115	13361	7472	4782	30730
	占比	16.6	43.5	24.3	15.6	100.0
"七普"	人数	18700	23960	10185	7060	59905
	占比	31.2	40.0	17.0	11.8	100.0

资料来源：《北京市2010年人口普查资料》《北京市人口普查年鉴—2020》中长表相关数据。

2. 高龄女性自评不健康的比重显著高于男性，自评"健康"的比重明显低于男性

2020年"七普"数据显示，北京市高龄女性自评"健康"的比重为28.5%，而自评"健康"的高龄男性比重达到34.7%；高龄女性自评"不健康，但生活能自理"的比重达到18.1%，而高龄男性为15.6%；高龄女性自评"不健康，生活不能自理"的比重达到13.4%，而高龄男性仅为9.7%（见表9）。这些数据反映出高龄女性的健康状况比高龄男性差，政府和社会应给予更多关注，尤其是大量自评"不健康，生活不能自理"的高龄失能女性，其生活照料、家庭照料者及社会支持等问题成为困扰家庭与社会的难点。

表9 "七普"北京市分性别高龄老年人自评健康状况

单位：人，%

		健康	基本健康	不健康，但生活能自理	不健康，生活不能自理	总计
男性	人数	9121	10504	4089	2562	26276
	占比	34.7	40.0	15.6	9.7	100.0
女性	人数	9579	13456	6096	4498	33629
	占比	28.5	40.0	18.1	13.4	100.0
合计	人数	18700	23960	10185	7060	59905
	占比	31.2	40.0	17.0	11.8	100.0

资料来源：《北京市人口普查年鉴—2020》中长表相关数据。

3. 乡村自评健康的高龄老年人口的比重显著低于城镇

2020年"七普"时，乡村高龄老年人自评"健康"的比重仅为17.3%，城镇则达到33.0%，乡村相对低了15.7个百分点；城镇高龄老年人自评"基本健康"的比重比乡村高4.3个百分点（见表10）。相反，乡村高龄老年人自评"不健康，但生活能自理"的比重达到30.3%，比城镇高15个百分点；乡村高龄老年人自评"不健康，生活不能自理"的比重相比城镇高5个百分点。这充分体现了北京市高龄老年人的健康状况在城乡之间存在较大差距，反映出乡村高龄老年人在医疗保健服务等问题上处于弱势地位，对于乡村存在的大量健康状况较差的高龄老年人，政府与社会需要予以更多的关注。

表10 "七普"北京市分城乡高龄老年人自评健康状况

单位：人，%

		健康	基本健康	不健康，但生活能自理	不健康，生活不能自理	总计
城镇	人数	17514	21478	8104	5947	53043
	占比	33.0	40.5	15.3	11.2	100.0
乡村	人数	1186	2482	2081	1113	6862
	占比	17.3	36.2	30.3	16.2	100.0
合计	人数	18700	23960	10185	7060	59905
	占比	31.2	40.0	17.0	11.8	100.0

资料来源：《北京市人口普查年鉴—2020》中长表相关数据。

（二）主要生活来源状况

1. 大部分高龄老年人口主要依靠离退休金或养老金生活，其次是依靠家庭其他成员供养

2010年"六普"时，依靠离退休金或养老金生活的高龄老年人的比重为67.0%（见表11）；2020年"七普"时，这个比重增长到87.8%。依靠家庭其他成员供养的高龄老年人的比重在"六普"时达到27.2%，在"七普"时下降至9.0%；主要生活来源为最低生活保障金的高龄老年人比重也明显下降。总体而言，北京市高龄老年人具备较强的经济独立性，且十年来这一特征进一步强化，主要生活来源依靠自身离退休金或养老金的比重大幅上升，而依靠其他家庭成员供养或最低生活保障金的比重显著下降。

2. 女性高龄老年人口的经济独立性明显弱于男性

在对比两性高龄老年人的生活来源时发现，九成以上的男性高龄老年人主要依靠离退休金或养老金生活，极少部分高龄男性依靠最低生活保障金或家庭其他成员供养。高龄女性中依靠离退休金或养老金生活的比重则相对低于男性，为84.3%（见表12）；依靠家庭其他成员供养的比重为11.9%，相对男性高6.7个百分点；依靠最低生活保障金生活的比重也略高于高龄男性。以上数据表明高龄女性在经济上的外部依赖性强，在社会中处于相对弱势地位，这与高龄女性受教育水平及劳动参与率相对低于男性的现象有着直接的关联。

表11 "六普"和"七普"北京市高龄老年人主要生活来源状况

单位：人，%

		劳动收入	离退休金或养老金	最低生活保障金	财产性收入	家庭其他成员供养	其他	总计
"六普"	人数	63	20577	1357	56	8356	321	30730
	占比	0.2	67.0	4.4	0.2	27.2	1.0	100.0
"七普"	人数	97	52584	803	78	5363	980	59905
	占比	0.2	87.8	1.3	0.1	9.0	1.6	100.0

资料来源：《北京市2010年人口普查资料》及《北京市人口普查年鉴—2020》中长表相关数据。

表12　"七普"北京市分性别高龄老年人主要生活来源状况

单位：人，%

		劳动收入	离退休金或养老金	最低生活保障金	财产性收入	家庭其他成员供养	其他	总计
男性	人数	64	24233	279	35	1352	313	26276
	占比	0.2	92.2	1.1	0.1	5.2	1.2	100.0
女性	人数	33	28351	524	43	4011	667	33629
	占比	0.1	84.3	1.6	0.1	11.9	2.0	100.0
合计	人数	97	52584	803	78	5363	980	59905
	占比	0.2	87.8	1.3	0.1	9.0	1.6	100.0

资料来源：《北京市人口普查年鉴—2020》中长表相关数据。

3. 九成以上城镇高龄老年人口主要依靠离退休金或养老金生活，乡村高龄老年人口中依靠家庭其他成员供养的比重较高

2020年"七普"数据显示，高达91.5%的城镇高龄老年人依靠自身的离退休金或养老金生活，极少部分城镇高龄老年人的主要生活来源为家庭其他成员供养或最低生活保障金；而在乡村层面，主要依靠离退休金或养老金生活的高龄老年人比重为58.8%，主要依靠家庭其他成员供养的比重达到28.4%，主要依靠最低生活保障金生活的比重达到6.3%（见表13）。这些数据充分反映了城乡高龄老年人在经济独立性上存在较大的差异，乡村高龄老年人的经济独立性相对较弱，对政府、社会及家庭的依赖性较强。

表13　"七普"北京市分城乡高龄老年人主要生活来源状况

单位：人，%

		劳动收入	离退休金或养老金	最低生活保障金	财产性收入	家庭其他成员供养	其他	总计
城镇	人数	72	48551	368	49	3414	589	53043
	占比	0.1	91.5	0.7	0.1	6.5	1.1	100.0
乡村	人数	25	4033	435	29	1949	391	6862
	占比	0.4	58.8	6.3	0.4	28.4	5.7	100.0

资料来源：《北京市人口普查年鉴—2020》中长表相关数据。

（三）居住安排状况

1.13.7%的高龄老年人口处于独居且无保姆的居住状态

2020年"七普"数据显示，北京市高龄老年人中与子女同住的比重最高，达到32.9%；然后是与配偶同住的，占比达到28.2%；接着是与配偶和子女同住的，占比为15.1%；另外有13.7%的北京市高龄老年人处于独居（无保姆）的状态；仅4.0%的高龄老年人入住养老机构；3.2%的高龄老年人处于独居（有保姆）的状态（见表14）。

表14 "七普"北京市高龄老年人口的居住安排状况

单位：人，%

	与配偶和子女同住	与配偶同住	与子女同住	独居（有保姆）	独居（无保姆）	养老机构	其他	总计
人数	9066	16885	19698	1941	8180	2382	1753	59905
比重	15.1	28.2	32.9	3.2	13.7	4.0	2.9	100.0

资料来源：《北京市人口普查年鉴—2020》中长表相关数据。

2.超四成的高龄男性与配偶同住，而超四成的高龄女性与子女同住

"七普"数据显示，有40.2%的高龄男性与配偶同住，21.2%与配偶和子女同住，19.6%与子女同住，9.8%独居（无保姆），另外分别有3.3%、3.5%的高龄男性独居（有保姆）、入住养老机构。高龄女性的居住安排则呈现不同特征。43.3%的高龄女性与子女同住，仅18.8%与配偶同住，10.4%与配偶和子女同住，高达16.7%的高龄女性处于独居（无保姆）的状态，另外分别有3.2%、4.3%的高龄女性独居（有保姆）、入住养老机构（见表15）。

表 15 "七普"北京市分性别高龄老年人居住安排状况

单位：人，%

	男性		女性	
	数量	占比	数量	占比
与配偶和子女同住	5568	21.2	3498	10.4
与配偶同住	10573	40.2	6312	18.8
与子女同住	5142	19.6	14556	43.3
独居(有保姆)	869	3.3	1072	3.2
独居(无保姆)	2564	9.8	5616	16.7
养老机构	913	3.5	1469	4.3
其他	647	2.4	1106	3.3
总计	26276	100.0	33629	100.0

资料来源：《北京市人口普查年鉴—2020》中长表相关数据。

3. 城镇高龄老年人口与配偶同住、独居（有保姆）的比重显著高于乡村，乡村高龄老年人口与子女同住、独居（无保姆）、入住养老机构的比重显著高于城镇

"七普"数据显示，在城镇高龄老年人中，32.1%与子女同住，28.9%与配偶同住，15.5%与配偶和子女同住；乡村则有38.8%的高龄老年人与子女同住，仅22.3%与配偶同住，12.5%与配偶和子女同住。另外，城镇有13.3%的高龄老年人独居（无保姆），乡村中有16.5%的高龄老年人独居（无保姆）；城镇高龄老年人中3.5%独居（有保姆），乡村仅1.4%的高龄老年人独居（有保姆）。在入住养老机构方面，城镇仅3.7%的高龄老年人居住在养老机构，乡村的这一比重则达到6.2%（见表16）。

表 16 "七普"北京市分城乡高龄老年人居住安排状况

单位：人，%

	城镇		乡村	
	人数	占比	人数	占比
与配偶和子女同住	8210	15.5	856	12.5
与配偶同住	15355	28.9	1530	22.3
与子女同住	17032	32.1	2666	38.8

	城镇		乡村	
	人数	占比	人数	占比
独居(有保姆)	1846	3.5	95	1.4
独居(无保姆)	7051	13.3	1129	16.5
养老机构	1953	3.7	429	6.2
其他	1596	3.0	157	2.3
合计	53043	100.0	6862	100.0

资料来源:《北京市人口普查年鉴—2020》中长表相关数据。

(四)流动状况

1. 近十年来高龄老年人口中流动人口与人户分离人口的规模均迅速攀升，高龄老年人口的人户分离问题尤为突出

2010年"六普"时，北京市高龄流动人口规模仅约为1.1万人；2020年约为4.1万人，十年间增长了272.7%。"六普"时，北京市高龄人户分离人口规模仅约为4.7万人；"七普"时增长至约15.9万人，比十年前增长了238.3%。由此可见，北京高龄流动老人与高龄人户分离老人的数量在十年间大幅增长，尤其高龄人户分离老人的绝对规模出现暴增，越来越多高龄老年人在市辖区范围内流动。

2. 绝大部分高龄流动老年人口与高龄人户分离老年人口分布在城镇

"六普"时，北京城镇高龄流动人口规模约为1.1万人，乡村高龄流动人口规模仅约为0.07万人（见表17），二者比重的差距达到87.8个百分点；"七普"时，城镇高龄流动人口规模增长至约3.7万人，乡村增长至约0.4万人，二者比重的差距出现小幅缩减。"六普"时，城镇与乡村高龄人户分离人口的规模分别约为4.5万人、0.2万人，二者比重的差距达到91.6个百分点；"七普"时，城镇与乡村高龄人户分离人口规模分别增加至约14.7万人、1.2万人，二者之间的比重的差距缩小至85.4个百分点。总体而言，绝大部分北京高龄流动人口与高龄人户分离人口仍分布在城镇，且随着城镇化的推进，这一特征会进一步强化。

表17 "六普"与"七普"北京市高龄老年人流动状况与人户分离状况及城乡对比情况

单位：人，%

		城镇		乡村		合计	
		数量	比重	数量	比重	数量	比重
"六普"	流动人口	10694	93.9	694	6.1	11388	100
	人户分离人口	44883	95.8	1956	4.2	46839	100
"七普"	流动人口	36760	90.4	3898	9.6	40658	100
	人户分离人口	147475	92.7	11671	7.3	159146	100

资料来源：《北京市 2010 年人口普查资料》《北京市人口普查年鉴—2020》中短表相关数据。

3. 十年间高龄人户分离老年人口占全部高龄老年人口的比重大幅上升，女性高龄老年人口的人户分离现象更突出

无论是在"六普"还是"七普"，高龄人户分离人口中女性的比重均显著高于男性。另外，从"六普"到"七普"的十年间，高龄人户分离人口数量占全部高龄人口数量的比重大幅上升。"六普"时，这一比重仅为 15.5%；"七普"时，高龄人户分离人口规模约为 15.9 万人，占全部高龄老年人的比重增加至 25.1%（见表18）。由此可见，北京市高龄老年人在市辖区范围内流动的现象近年来才凸显，成为一个新的社会问题，需引起相关部门的高度关注。政府与社会在提供相关的养老服务与产品时，应充分考虑老年人在市辖区内的流动，合理规划户籍地与居住地之间的养老资源，为高龄老年人提供更加切合需求的养老服务，增进老年人福祉，避免资源浪费。

表18 "六普"与"七普"北京市高龄老年人口人户分离状况及性别对比情况

单位：人，%

	"六普"			"七普"		
	男性	女性	合计	男性	女性	合计
人户分离高龄人口数量	21143	25696	46839	68074	91072	159146
人户分离高龄人口比重	45.1	54.9	100.0	42.8	57.2	100.0
高龄人口数量	139085	163024	302109	276836	356839	633675
人户分离高龄人口数量占高龄人口比重	15.2	15.8	15.5	24.6	25.5	25.1

资料来源：《北京市 2010 年人口普查资料》《北京市人口普查年鉴—2020》中短表相关数据。

三　主要结论及问题

通过上述对北京市高龄老年人基本人口学特征及社会经济状况的分析，本报告得出以下主要结论。

（一）高龄老年人口规模攀升，2022年达到67.3万人

高龄老年人口的规模与及其占总人口的比重总体呈上升趋势，且增速在近20年不断加快。2000年"五普"数据显示，北京市高龄老年人口规模仅为13.3万人；2020年"七普"时增加至63.4万人；北京市统计局公布的最新数据显示，2022年北京市高龄老年人口规模达67.3万人。自2000年以来，北京市高龄老年人口的规模共计增长了54.0万人，占总人口的比重也从1.0%增加至2022年的3.1%。

（二）高龄老年人口的年龄呈现增长趋势，处于较高年龄组的高龄老年人口的比重上升

从"六普"到"七普"的十年间，北京市80~84岁的高龄老年人的比重下降了11.1个百分点，85~89岁、90~94岁高龄老年人口的比重分别上升6.3个百分点、3.8个百分点。2020年，超13%的高龄老年人口的年龄在90岁及以上，45.0%的高龄老年人口的年龄在85岁及以上。北京市在面临高龄老年人口的规模与比重迅速攀升的同时，不能忽视预期寿命不断延长带来的挑战，年龄的增长可能意味着高龄老年人生活自理能力与健康状况的下降，其对生活照料、医疗保健等方面的养老需求更突出。

（三）女性高龄老年人口的规模与比重明显大于男性，高龄老年人口性别比失衡问题突出，但二者比重的差异总体呈缩小态势

"四普"到"七普"的数据显示，北京市高龄老年人中男性与女性的占比差距依次为24.6个、15.6个、8.0个、12.6个百分点。可以发现，30

年来，北京高龄男性与高龄女性的比重差异总体呈缩小态势，但高龄女性占比明显大于高龄男性的问题仍将持续存在。这与女性平均预期寿命高于男性的客观现象有着直接关联，也启示我们女性在晚年丧偶的风险更大、独居的可能性更高，如何更好地解决高龄女性的养老及照料问题成为一个重要社会问题。

（四）高龄老年人口的自评健康状况不断改善，自评健康的比重显著提升，但高龄女性与乡村高龄老年人口的自评健康状况仍不够乐观

"七普"数据显示，高龄女性自评"不健康，但生活能自理"以及"不健康，生活不能自理"的比重达到31.5%，而高龄男性仅为25.3%；自评"健康"的高龄女性比重仅为28.5%，高龄男性则达到34.7%。城乡高龄老年人的自评健康状况也存在较大差距。"七普"时，城镇高龄老年人自评"健康"的比重达到33.0%，乡村仅为17.3%；城镇高龄老年人自评"不健康，但生活能自理"以及"不健康，生活不能自理"的比重仅为26.5%，乡村高龄老年人的这一比重达到了46.5%。以上结果表明，乡村高龄老年人的健康问题仍然十分突出，这些群体在医疗保健服务等方面处于弱势地位，尤其"不健康，生活不能自理"的高龄失能老人急需政府与社会更多关注。

（五）绝大部分北京市高龄老年人口主要依靠离退休金或养老金生活，依靠家庭其他成员供养或最低生活保障金的比重不断降低

"七普"数据显示，87.8%的高龄老年人主要依靠自己的离退休金或养老金生活，这一比重较"六普"时增加20.8个百分点；"七普"时仅有9.0%的高龄老年人依靠家庭其他成员供养，较"六普"时减少了18.2个百分点。可以发现，高龄老年人的经济独立性不断提高，对家庭与社会的依赖程度逐渐降低。但从城乡层面看，仅半数左右的乡村高龄老年人依靠离退休金或养老金生活，近三成农村高龄老年人依靠家庭其他成员供养，农村高龄老年人的经济依赖性仍然较高。

（六）高龄老年人口在居住安排上主要与子女同住、与配偶同住或独居（无保姆），极少部分高龄老年人口独居（有保姆）或入住养老机构

从性别来看，两性高龄老年人的居住安排存在较大差异，超四成的男性高龄老年人与配偶同住，而仅有不到两成的女性高龄老年人与配偶同住，四成以上女性高龄老年人与子女同住，独居（无保姆）以及入住养老机构的高龄女性的比重明显高于男性。从城乡来看，城镇高龄老年人与配偶同住、独居（有保姆）的比重显著高于乡村，乡村高龄老年人与子女同住、独居（无保姆）、入住养老机构的比重显著高于城镇。

（七）近年来北京高龄流动老年人口与高龄人户分离老年人口规模均迅速攀升，在市辖区内，高龄老年人人户分离的现象尤为突出

2020年"七普"时，高龄人户分离人口规模从"六普"时的约4.7万人增长至约15.9万人，占全部高龄老年人口的比重从15.5%增长至25.1%。从城乡层面来看，九成以上高龄流动人口与高龄人户分离人口均分布在城镇地区。从性别层面看，女性高龄老年人的流动现象与人户分离现象更突出。

四　政策建议

中国共产党第十九届中央委员会第五次全体会议通过的《中共中央关于制定国民经济和社会发展第十四个五年规划和二〇三五年远景目标的建议》中提出"实施积极应对人口老龄化国家战略"，这是首次在党的全会文件中把积极应对人口老龄化上升为国家战略。2022年，中共北京市委、北京市人民政府印发的《关于加强新时代首都老龄工作的实施意见》指出，"健全完善老龄政策体系和制度框架，大力弘扬孝亲敬老传统美德，不断满足首都老年人日益增长的多层次、高品质健康养老需求，在实现老有所养、老有所医、老有所为、老有所学、老有所乐方面建首善、创一流，推动首都

老龄工作更好融入和服务首都'四个中心'功能建设"。在北京市老龄化程度不断加深的同时，老年人口高龄化的问题也在日益加剧。近年来，高龄老年人的规模与比重迅速增长是影响新时代首都老龄工作的重要因素，在进行养老服务资源配置与老年产业培育时，应充分考虑规模庞大的高龄老年人口。针对北京市高龄老年人的服务保障等问题，本报告提出以下建议。

（一）发展社区居家养老服务，提供符合高龄老年人需求的居家养老产品和设施

研究表明，高龄老年人对家庭及周围的环境有着强烈的归属感，高龄老年人选择居家养老的意愿大于机构养老。"七普"数据中，高龄老年人入住养老机构的比例仅为4.0%的客观事实进一步佐证了这一结论。因此，北京市作为我国养老事业发展的前沿阵地，应持续推进社区居家养老服务体系建设，针对高龄老年人提供居家上门服务，使高龄老年人足不出户享受到专业化、个性化的养老服务。如继续大力发展针对高龄老年人的家庭病床，提升高龄老年人照料服务及医疗保健服务的便利性、专业性。同时，充分发挥社区养老驿站的作用，为高龄老年人的就地养老提供必要的服务支持。通过驿站与居家高龄老年人签约的方式提供精准服务，做好高龄老年人养老服务供需对接，加大对高龄老年人的服务保障力度，提升高龄老年人的获得感、幸福感、安全感。

（二）完善高龄老年人口家庭照料者支持政策，以支撑居家养老作用的有效发挥

居家养老模式的发展除需要社会力量的支持外，更离不开家庭的保障。"七普"数据显示，高龄老年人中除少部分入住养老机构或独居外，其余八成左右的高龄老年人与配偶、子女等家属同住，而这些家属中的大多数无疑成为高龄老年人的居家照料者。因此，在鼓励高龄老年人进行居家养老的同时，需不断完善家庭照料者的支持政策，给予家庭照料者差异化的支持。如给予子女或孙子女照料者一定的带薪假期、就业支持或个人所得税减免，对

已退休的子女或配偶照料者给予一定的经济补贴等。另外，除关注高龄老年人的精神与心理外，高龄老年人家庭照料者的心理健康也不容忽视，应当针对家庭照料者的心理健康开展相关的心理疏导与咨询等。

（三）探索高龄老年人口智能照护模式

日本是超高龄社会的典型，在养老实践中试点应用智能护理机器人和虚拟现实技术是其在养老领域探索智能照护模式的新做法。智能照护是未来的发展趋势，市场前景广阔，未来的社会与经济效益都很可观。北京市作为我国尖端技术资源最集中的超大城市之一，应该对智能领域给予更多的关注，制定配套的研发政策，鼓励将智能护理机器人应用于高龄老年人照护方面，尤其对高龄老年人中大规模的失能失智群体发挥日常照护作用，有效缓解人工照料的压力与困境。例如，虚拟现实技术的应用范围正日益扩大，目前，相关技术已涉及航天、轨道交通、应急等多个领域，在养老领域中的康复与培训应用方面的空间较大，北京市可逐步尝试在养老实践中将其应用于对高龄老年人的照护方面。

（四）推进医务社会工作介入高龄老年人口养老服务

高龄老年人普遍面临健康状况较差的问题，对医疗卫生服务的需求十分强烈。为缓解医疗保健系统的压力，同时为高龄老年人提供更切合需求的医疗护理服务，可以推进医务社会工作介入高龄老年人的养老服务。具体而言，可以针对高龄老年人的健康问题开展以健康为导向的个案工作，以高龄老年人及其家庭为中心，发挥专业优势协助服务对象进行健康医养，协助服务对象解决由疾病与年龄导致的心理问题。必要时，医务社会工作者可以向社区高龄群体提供医疗救助，对符合条件的患者进行相应的医疗救济，协助符合条件的患者申请救助，减轻患者的经济压力。另外，医务社会工作者可以开展健康教育服务，在院内、社区等场所为高龄老年人、家属等提供健康教育服务，如举办高龄老年人养生护理、疾病防护知识讲座，进行家庭照料者的科学照顾培训等。

（五）持续推进农村互助养老模式建设

从 2018 年起，我国先后出台多个政策文件鼓励开展时间银行养老与志愿服务。2019 年发布的《国务院办公厅关于推进养老服务发展的意见》明确提出了加快建立志愿服务记录制度，积极探索时间银行等做法。近年来，北京的一些农村地区已经进行了较为成熟的农村互助式养老试点，形成了符合农村高龄老年人与空巢老人等群体实际需求的养老模式。如平谷区夏各庄镇为解决留守老人"照料难"的问题，鼓励一些村庄结合本村实际开展互助养老建设，包括组建志愿服务队、成立互助养老服务站、制定互助养老时间积分管理办法等，为辖区内空巢、失能等困难老人提供生活照料、健康医疗等志愿服务。北京的其他农村地区可以从自身实际出发，引入互助养老模式，充分利用辖区内已有人力资源为高龄失能失智老人、空巢老人等群体提供急需的养老服务，缓解农村老年人养老照料难的问题。

参考文献

柳玉芝：《高龄女性老人的现状和我们的责任》，《人口与经济》2000 年第 6 期。

肖云、吕倩、漆敏：《高龄老人入住养老机构意愿的影响因素研究——以重庆市主城九区为例》，《西北人口》2012 年第 2 期。

康越、李丹：《我国高龄老人养老问题及对策研究——以北京市高龄老人养老服务体系为例》，《西南民族大学学报》（人文社会科学版）2018 年第 3 期。

康越：《东京都高龄城市建设模式对我国超大城市借鉴研究》，《北京行政学院学报》2017 年第 5 期。

韦英静：《积极老龄化视角下医务社会工作介入高龄老人养老服务的理论维度及实践路径探析》，《中国医学伦理学》2023 年第 3 期。

闫萍、王娟芬：《中国女性高龄老年人口的特征差异及变动趋势——基于第七次全国人口普查数据的分析》，《山东女子学院学报》2023 年第 2 期。

B.6
首都都市圈人口研究报告*

于　倩　曹鸿宇**

摘　要： 首都都市圈人口发展对于我国实现人口规模巨大的现代化意义重大，本报告基于第六次和第七次全国人口普查、各地区统计年鉴中的数据以及国际数据，分析首都都市圈人口规模、人口空间布局、就业人口产业结构和空间格局等特征，并与上海都市圈、纽约都市圈、东京都市圈等进行比较，结果发现，首都都市圈核心城市与外围地区的城镇化率差异较大，对于常住人口，核心城市的增速快于外围地区，2021年常住人口下降，环京地区人口收缩。金融业，文化、体育和娱乐业，教育行业，卫生和社会工作行业就业人口过度集聚在北京中心城区，而外围地区制造业吸纳就业人口不足。应加快编制都市圈规划，优化人口和产业布局，缩小公共资源区域差距，营造良好人才发展生态，提高人才吸引力和人口承载力。

关键词： 常住人口　就业人口　国际大都市圈　首都都市圈

2014年2月，以习近平同志为核心的党中央从国家发展全局出发，做出了推进京津冀协同发展这一重大决策。2015年，中共中央政治局审议通

---

* 本报告为中共北京市委党校（北京行政学院）校（院）级青年科研项目"中美城市群人口集聚和空间格局演化及形成机制研究"（项目编号：22XQN005）的阶段性研究成果。

** 于倩，博士，中共北京市委党校（北京行政学院）社会学教研部（北京市人口研究所）讲师，主要研究方向为人口与经济、城市与区域发展；曹鸿宇，中共北京市委党校（北京行政学院）社会学教研部（北京市人口研究所）硕士研究生，主要研究方向为人口学。

过的《京津冀协同发展规划纲要》指出，加快打造现代化新型都市圈，建设具有较强竞争力的世界级城市群，京津冀协同发展的核心是有序疏解非首都功能。《北京城市总体规划（2016 年—2035 年）》提出，控制人口规模和优化人口分布。《北京市国民经济和社会发展第十四个五年规划和二〇三五年远景目标纲要》明确提出要加快建设定位清晰、梯次布局、协调联动的现代化都市圈，推动形成京津冀城市群主干架构。严守全市人口总量规模上限，着力优化人口分布与结构，促进人口合理有序流动。习近平总书记在党的二十大报告中提出，"促进区域协调发展……推进京津冀协同发展……高标准、高质量建设雄安新区"。这为首都都市圈建设和人口发展提供了根本遵循。国际大都市的发展已有 200 多年的时间，且具有明显的规律性，现代化首都都市圈是建设京津冀世界级城市群的必经发展阶段，探究首都都市圈人口发展现状并与国际大都市比较分析，对于高标准建设京津冀世界级城市群、实现我国人口规模巨大的现代化具有重要的理论和现实意义。本报告通过分析首都都市圈人口总量特征演变、就业人口产业结构和产业空间分布变迁，并与国内外大都市圈比较，发现在共识性问题基础上的突出问题，并提出推动首都都市圈建设和人口发展的对策建议。

一　研究区域概况

首都都市圈是以首都为核心的都市圈，是首都职能发挥时所波及的空间影响范围和支撑首都职能发挥的区域基础，包括首都和与其社会经济联系密切、有一体化倾向的周边城镇、地区。首都都市圈这一概念在 1982 年《北京城市建设总体规划方案》中被首次提出，学术界关于首都都市圈范围的研究探讨较多，本报告根据《北京市国民经济和社会发展第十四个五年规划和二〇三五年远景目标纲要》《北京市"十四五"时期高精尖产业发展规划》等文件划定研究范围，核心城市是北京，以环京 50 公里为通勤圈，包括廊坊市三河市、大厂回族自治县、香河县、固安县、永清县、广阳区、安次区；保定市涿州市、涞水县；张家口市怀来县、承德市兴隆县；天津武清区、蓟州区。以 50~100 公里为功能圈，主要包括雄安新区和天津市除武清区、蓟州区外各区。以 100~150 公里为产业圈，包括唐山市，沧州市，廊坊市霸州市、大城县、文安县以及张家口市、承德市、保定市的除通勤圈外的区县（见表1）。

表 1 首都都市圈空间范围

圈层		省（直辖市）	市区县（地区）
核心城市		北京	
外围地区	通勤圈 （环京 50 公里）	河北	廊坊市三河市、大厂回族自治县、香河县、固安县、永清县、广阳区、安次区
			保定市涿州市、涞水县
			张家口市怀来县
			承德市兴隆县
		天津	武清区、蓟州区
	功能圈 （环京 50~100 公里）	天津	滨海新区、和平区、河东区、河西区、南开区、河北区、红桥区、东丽区、西青区、津南区、北辰区、宝坻区、静海区、宁河区
		河北	雄安新区
	产业圈 （环京 100~150 公里）	河北	唐山市
			张家口市（除怀来县）
			廊坊市霸州市、大城县、文安县
			沧州市
			承德市（除兴隆县）
			保定市（除涿州市、涞水县）

资料来源：根据《北京市"十四五"时期高精尖产业发展规划》等相关内容得到。

《上海市城市总体规划（2017—2035 年）》提出"1+8 上海大都市圈"，除核心城市上海外，包括江苏的苏州、无锡、常州、南通和浙江的嘉兴、宁波、舟山、湖州。国外都市圈的范围根据各国相关发展规划划分（见表2）。

表2　纽约、芝加哥、伦敦、东京、上海、首都都市圈范围界定

名称	市(县)数量(个)	包含市(县)名称
纽约都市圈	23	纳苏县、萨福克县、埃塞克斯县、亨特顿县、莫里斯县、苏塞克斯县、尤宁县、派克县、米德尔塞克斯县、蒙茅斯县、大洋县、萨默塞特县、卑尔根县、哈德逊县、帕塞克县、布朗克斯县、国王县、纽约县、普特南县、皇后县、里士满县、洛克兰德县、韦斯特切斯特县
芝加哥都市圈	15	库克县、迪卡尔布县、杜佩奇县、格兰迪县、凯恩县、肯德尔县、麦克亨利县、威尔县、贾斯珀县、莱克县(印第安纳州)、牛顿县、波特县、莱克县(伊利诺伊州)、基诺沙县、帕塞克县
伦敦都市圈	若干	内伦敦:卡姆登、伦敦城、哈克尼、哈默史密斯-富勒姆、哈林盖、伊斯灵顿、肯辛顿-切尔西、兰贝斯、刘易舍姆、纽汉、南华克、塔哈姆雷特、旺德沃斯、威斯敏斯特 外伦敦:巴金达格南、巴尼特、贝克斯利、布伦特、布罗姆利、克罗伊登、伊林、恩菲尔德、格林尼治、哈罗、黑弗灵、希灵顿、豪恩斯洛、泰晤士河畔金斯敦、默顿、雷德布里奇、泰晤士河畔里士满、萨顿、沃尔瑟姆福雷斯特 东南部地区全域 东英格兰地区局部(贝德福德郡、赫特福德郡和埃塞克斯郡)
东京都市圈	4	东京都、埼玉县、千叶县、神奈川县
上海都市圈	9	上海、苏州、无锡、常州、南通、嘉兴、宁波、舟山、湖州
首都都市圈	9	北京、天津、唐山、廊坊、保定、张家口、承德、沧州、雄安新区

资料来源:根据《"美国2050"空间战略规划》《英国区域规划导则》《日本首都圈广域地方规划》《北京市国民经济和社会发展第十四个五年规划和二〇三五年远景目标纲要》《上海大都市圈空间协同规划》等相关规划得到。

　　关于都市圈圈层的划分,首都都市圈和上海都市圈的中心城市北京、上海为核心地区,其他地区为外围地区。东京都市圈的核心地区为东京都,埼玉县、千叶县、神奈川县三县为外围地区。纽约都市圈的中心地区为纽约市。芝加哥都市圈和纽约都市圈三个圈层划分参考《中国城市群新论》① 以及维基百科。纽约都市圈中心区为纽约城,包括布朗克斯县、国王县、纽约

① 姚士谋、周春山、王德、修春亮、王成新、陈明星等:《中国城市群新论》,科学出版社,2016,第108页。

县、皇后县、里士满县；近郊圈包括纳苏县、埃塞克斯县、尤宁县、卑尔根县、哈德逊县、帕塞克县、韦斯特切斯特县、米德尔塞克斯县；远郊圈包括萨福克县、亨特顿县、莫里斯县、苏塞克斯县、派克县、蒙茅斯县、大洋县、萨默塞特县、普特南县、洛克兰德县。芝加哥都市圈中心区为库克县；近郊圈包括杜佩奇县、凯恩县、莱克县（伊利诺伊州）、威尔县；远郊圈包括迪卡尔布县、格兰迪县、肯德尔县、麦克亨利县、贾斯珀县、莱克县（印第安纳州）、牛顿县、波特县、基诺沙县、帕塞克县。

如表3所示，北京市域面积为16410平方千米，其中中心城区面积为1378平方千米，和上海市域面积6340.5平方千米、中心城区面积664平方千米相对应。纽约都市圈面积为21482平方千米，纽约面积为789平方千米，分别对应北京的市域和中心城区面积。东京都市圈面积为13455平方千米，东京都面积为1407平方千米，分别对应北京的市域和中心城区面积。芝加哥都市圈面积为24772.9平方千米，对应北京的市域面积。大伦敦地区面积为1569平方千米，对应北京的中心城区面积。

表3　都市圈空间范围国际对照

单位：平方千米

指标	纽约都市圈	芝加哥都市圈	伦敦都市圈	东京都市圈	上海	北京
空间单元面积	纽约市	—	大伦敦地区	东京都	中心城区	中心城区
	789	—	1569	1407	664	1378
空间单元面积	纽约都市圈	芝加哥都市圈	伦敦都市圈	东京都市圈	市域	市域
	21482	24772.9	27189.8	13455	6340.5	16410

资料来源：根据《"美国2050"空间战略规划》《英国区域规划导则》《日本首都圈广域地方规划》《北京市国民经济和社会发展第十四个五年规划和二〇三五年远景目标纲要》《上海大都市圈空间协同规划》等规划计算整理得到。

二　数据来源和研究方法

首都都市圈和上海都市圈的2021年人口数据来自各地区2022年统计年

鉴中的常住人口数据，2010年和2020年人口和就业人口数据来自第六次、第七次全国人口普查数据。纽约都市圈、芝加哥都市圈人口数据来自美国人口普查局历次人口普查数据，产业就业人口数据来自美国经济分析局历次经济普查数据。东京都市圈数据来自日本国势调查，大伦敦地区数据来自英国国家统计局。为了便于比较、保证数据前后的统一性，本报告将产业分类变化的行业以及行政区划调整的县区的数据全部进行整合处理。

本报告主要采用人口总量、增长率、人口比重等指标进行分析，在研究纽约都市圈和芝加哥都市圈就业人口产业空间格局时采用区位熵这一指标分析，区位熵通常用来衡量某个地区要素的专业化程度。本报告用其测算都市圈细分行业的专业化集聚程度，公式如下：

$$LQ = (q_{ij}/q_i)/(q_j/q)$$

其中，q_{ij}表示i县j行业的就业人口，q_i表示i县总就业人口，q_j表示都市圈j行业就业人口，q表示都市圈总就业人口。一个县的某个行业区位熵大于1，说明在该地区该行业的就业人口较为集中，就业比重超过都市圈平均水平，专业化程度较高，相较于其他行业具有一定的比较优势，超出都市圈平均的部分能够满足该地区以外的需求。区位熵大于1的行业被视为该地区的基础行业。区位熵大于1.5的行业视为强优势专业化行业。

三　首都都市圈人口特征演变及与国内外比较

（一）首都都市圈人口特征及与上海都市圈比较

1. 首都都市圈人口总量变化及与上海都市圈比较

相较于2010年，2020年，首都都市圈常住人口总量增加，核心城市的增速快于外围地区。2021年，常住人口开始下降，这主要集中在外围地区。具体地，2021年都市圈人口为7391.7万人，比2020年的7633.6万人减少241.9万人，其中，核心城市北京市减少0.7万人，而外围地区减少241.2万人，占总减少人口的99.7%。2020年，首都都市圈常住人口比2010年增加464万人，增长6.47%。其中核心城市增加227.4万人，增长11.59，高于外围地区的4.54%。上海都市圈的常住人口总量持续增加，且外围地区的增速快于核心城市。2020年，上海都市圈人口为7741.6万人，自2010年以来，十年间，核心城市人口增长8%，而外围地区人口增长17.2%。2021年核心城市的常住人口相较于2020年增加了2.4万人，外围地区增加了49.6万人（见表4）。

表4　首都都市圈、上海都市圈分圈层人口数及增长情况

单位：万人，%

圈层	2021年	2020年	2010年	2021年与2020年相比	2020年与2010年相比	2020~2021年均增长率	2010~2020年增长率
首都都市圈	7391.7	7633.6	7169.6	-241.9	464	-3.17	6.47
核心城市	2188.6	2189.3	1961.9	-0.7	227.4	-0.03	11.59
外围地区	5203.1	5444.3	5207.7	-241.2	236.6	-4.43	4.54
通勤圈	713.6	711.6	610.3	1.9	101.3	0.27	16.60
功能圈	1306	1312.5	1225.8	-6.5	86.7	-0.50	7.07
产业圈	3183.5	3420.2	3371.6	-236.7	48.6	-6.92	1.44
上海都市圈	7793.6	7741.6	6786.3	52	955.3	0.67	14.08
核心城市	2489.4	2487	2302.7	2.4	184.3	0.10	8.00
外围地区	5304.2	5254.6	4483.6	49.6	771	0.94	17.20

资料来源：各地区2022年统计年鉴、第六次和第七次全国人口普查资料。

与上海都市圈相比，2020~2021年，首都都市圈人口总量和核心城市人口占比均略低，2021年，北京人口总量占首都都市圈总人口的29.6%，低于上海占上海都市圈的31.9%。2020年，首都都市圈城镇化率为71.6%，低于上海都市圈的80.8%（见表5）。其中，首都都市圈核心城市、外围地区的城镇化率分别为87.5%和65.2%，均低于上海的89.3%和76.77%，且首都都市圈核心城市和外围地区城镇化率与上海都市圈相比差异较大，外围地区城镇化率仅略高于全国的63.89%，有进一步提升的空间。空间分布方面，2020年，首都都市圈人口密度为466人/平方千米，上海都市圈为1461人/平方千米，约是首都都市圈的3倍，而核心城市的人口占比仅相差3.4个百分点，可见，首都都市圈人口在中心集聚现象较上海都市圈更为突出。

表5 2020 年首都都市圈、上海都市圈基本概况

	人口总量(万人)	面积(平方千米)	人口密度 （人/平方千米）	城镇化率(%)
首都都市圈	7633.3	163630.5	466	71.6
上海都市圈	7741.7	53002	1461	80.8

资料来源：各地区第七次全国人口普查资料。

2. 首都都市圈就业人口产业分布及与上海都市圈比较

首都都市圈就业人口产业分布高级化，核心城市第三产业比重远高于外围地区。2020 年，首都都市圈就业人口在三次产业的比重分别为 14.6%、26.2%、59.2%，与 2010 年相比分别减少 25.1 个百分点、减少 0.6 个百分点、增加 25.7 个百分点。核心城市的第三产业就业人口比重达到 82%，比 2010 年提高了 21 个百分点。

2020 年，上海都市圈三次产业就业人口比重分别为 3.5%、45.1% 和 51.4%，与 2010 年相比，同样经历了就业人口分布服务化的过程，但第二产业占比明显高于首都都市圈。且在外围地区占比最高的产业是第二产业，而首都都市圈是第三产业。首都都市圈外围地区第一产业比重为 20.6%，高于上海都市圈的 4.7%；第三产业比重为 48.8%，高于上海都市圈的 43.6%；第二产业比重为 30.6%，低于上海都市圈的 51.7%（见表6）。

表6 2010 年和 2020 年首都都市圈和上海都市圈就业人口产业结构

单位：%

		2020 年			2010 年		
		第一产业	第二产业	第三产业	第一产业	第二产业	第三产业
首都都市圈	核心城市	1.3	16.7	82	7.6	31.4	61
	外围地区	20.6	30.6	48.8	48.3	25.6	26.2
	都市圈	14.6	26.2	59.2	39.7	26.8	33.5
上海都市圈	核心城市	0.7	29.6	69.6	2.9	42.6	54.5
	外围地区	4.7	51.7	43.6	11.4	56.8	31.8
	都市圈	3.5	45.1	51.4	8.8	52.4	38.8

资料来源：各地区第六次和第七次全国人口普查资料。

从细分行业来看，2020 年，首都都市圈就业人口在农林牧渔业，制造业，建筑业，批发和零售业，信息传输、软件和信息技术服务业的占比分别为 14.6%、16%、8.3%、13.5% 和 3.9%（见表 7）。其中，农林牧渔业和制造业的比重比 2010 年分别减少 25.1 个百分点和 1.8 个百分点，其他行业的占比有所增加。2020 年，北京外围地区的制造业，建筑业，批发和零售业，信息传输、软件和信息技术服务业就业人口比重较 2010 年有所增加，分别增加 2.9 个、2.2 个、5.7 个和 0.9 个百分点，可见，首都都市圈上述产业在 10 年间逐渐向外围地区迁移。

表 7   北京和上海就业人口主要行业分布情况

单位：%

		2020 年					2010 年				
		农林牧渔业	制造业	建筑业	批发和零售业	信息传输、软件和信息技术服务业	农林牧渔业	制造业	建筑业	批发和零售业	信息传输、软件和信息技术服务业
北京	核心城市	1.3	8.2	7.4	13.6	9.4	7.6	21.8	9.4	27.8	0.6
	外围地区	20.6	19.6	8.7	13.4	1.4	48.3	16.7	6.5	7.7	0.5
	都市圈	14.6	16	8.3	13.5	3.9	39.7	17.8	7.1	11.9	0.5
上海	核心城市	0.7	21.2	7.8	15.3	6.1	2.9	35.4	6.3	15.6	2.2
	外围地区	4.7	41.1	9.5	13.9	1.6	11.4	48	7.9	11.9	0.6
	都市圈	3.5	35.1	9.2	14.3	2.9	8.8	44.1	7.4	13.1	1.1

资料来源：各地区第六次和第七次全国人口普查资料。

上海都市圈同样经历产业的转型升级。2020 年，农林牧渔业和制造业的就业人口比重与 2010 年相比均有所减少，分别减少 5.3 个和 9 个百分点。批发和零售业，信息传输、软件和信息技术服务业占比均略有增加，分别增加 1.2 个和 1.8 个百分点。从空间范围看，2020 年，上海都市圈核心城市只有建筑业和信息传输、软件和信息技术服务业就业人口比重较 2010 年有所上升，外围地区的建筑业，批发和零售业，信息传输、软件和信息技术服务业的就业人口比重有所上升,说明在上海都市圈整体实现产业升级的同时,批发和零售业逐渐向外围地区布局。

(二)国际大都市都市圈人口特征变化及比较

1. 人口总量及空间格局特征

从表 8、图 1 可以看出,除 1970~1980 年纽约都市圈人口总量下降外,纽约都市圈、芝加哥都市圈人口总量基本呈增长趋势,但涨幅不大,其中芝加哥都市圈在 1990~2000 年有过一段人口增长高峰期,随后又降至较低涨幅。大伦敦地区人口总量在 1989~2020 年呈现波动增长态势,增长率峰值 1.8% 出现在 2011 年,整体波动幅度不大。

表 8　纽约都市圈、芝加哥都市圈人口变化情况

单位:万人,%

	1970 年	1980 年	1990 年	2000 年	2010 年	2020 年
纽约都市圈	1706.9	1636.4	1686.4	1832.3	1889.7	2014.0
芝加哥都市圈	788.7	805.3	818.2	909.8	946.1	961.9
		1970~ 1980 年 增长率	1980~ 1990 年 增长率	1990~ 2000 年 增长率	2000~ 2010 年 增长率	2010~ 2020 年 增长率
纽约都市圈		-4.2	3.1	8.7	3.13	6.6
芝加哥都市圈		2.1	1.6	11.2	4	1.7

近 50 年来,东京都市圈人口总量保持增长态势,从 1975 年的 2704.2 万人增加到 2021 年的 3686.1 万人,年均增长 21.3 万人。东京都市圈人口占全国人口的比重从 1975 年的 24.2% 增加到 2021 年的 29.4%,增加 5.2 个百分点。从都市圈内部来看,核心城市东京都人口占都市圈人口的比重经历了先下降后升高的过程,从 1975 年的 43.2% 下降到 2000 年的 36.1%,之后开始回升,到 2021 年达到 38%(见图 2),这体现了进入 21 世纪之后,东京都市圈呈现"都心"人口回流现象。通过分析上述国际大都市圈的人口演变过程,不难发现,近 50 年来,其人口总量和空间格局变化均不大,这在一定程度上说明这些都市圈的发展已经进入相对成熟的阶段。

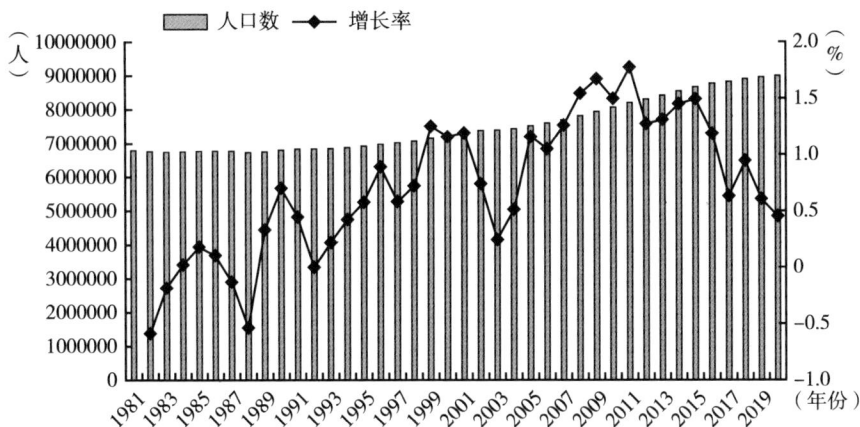

图1　1981~2020年大伦敦地区人口总量变化情况

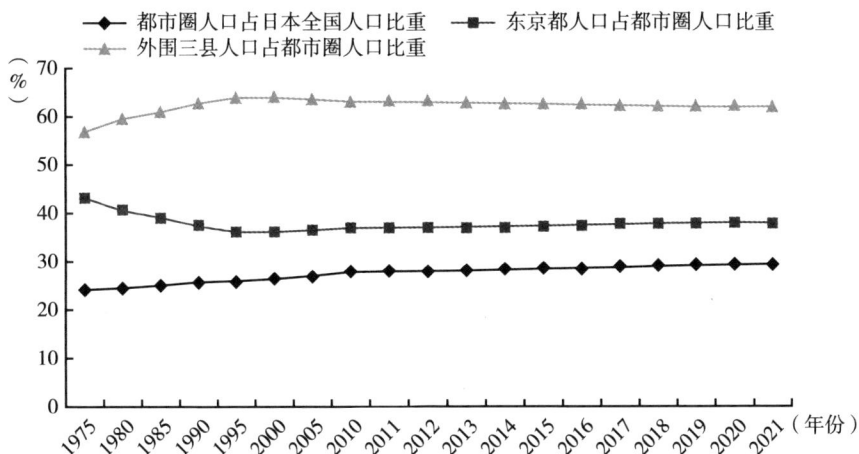

图2　东京都市圈人口占日本全国人口比重与东京都、外围三县人口占都市圈人口比重

2. 就业人口产业结构、空间格局特征及比较

从表9可以看出，1955年，东京都市圈第二产业、第三产业就业人口主要分布在东京都，占比分别为63%和61.7%，随着时间推移，这两个占比逐年下降（到2005年），而后又稍有上升。这与总人口在东京都分布变化趋势类似，说明产业和人口之间存在相关关系。2020年，东京都第二产业、第三

产业就业人口占东京都市圈的比重分别为32.4%和41.9%，而在东京都市圈外围三县的占比分别达到67.6%、58.1%。

表9 东京都市圈就业人口产业结构

单位：%

年份	第一产业		第二产业		第三产业	
	东京都	外围三县	东京都	外围三县	东京都	外围三县
1955	10.3	89.7	63.0	37.0	61.7	38.3
1965	8.3	91.7	54.8	45.2	53.8	46.2
1975	7.3	92.7	42.1	57.9	49.5	50.5
1985	8.6	91.4	36.7	63.3	44.3	55.7
1995	9.8	90.2	32.6	67.4	39.3	60.7
2005	10.1	89.9	29.9	70.1	37.5	62.5
2015	13.3	86.7	32.5	67.5	41.2	58.8
2020	16.2	83.8	32.4	67.6	41.9	58.1

从表10可以看出，纽约都市圈和芝加哥都市圈产业就业人口分布从中心到外围呈价值链梯度递减的特征，这种特征在纽约都市圈更为清晰分明。纽约都市圈的第一产业主要分布在远郊圈，批发业、零售业集中分布在近郊圈和远郊圈，信息业只集中在中心区，其他生产性服务业主要分布在中心区和近郊圈，其他生活性服务业和公共服务业主要分布在中心区，公共管理行业集中在远郊圈。

表10 2019年纽约都市圈、芝加哥都市圈各圈层行业区位熵

行业	纽约都市圈			芝加哥都市圈		
	中心区	近郊圈	远郊圈	中心区	近郊圈	远郊圈
农林牧渔和采矿业	0.5698	0.8037	1.9167	0.5056	1.016	2.7407
建筑业	0.8962	1.0176	1.1467	0.8755	1.0717	1.3
制造业	0.5904	1.2189	1.4076	0.8204	1.1576	1.322
批发业	0.749	1.1974	1.1774	0.8754	1.2398	0.9569
零售业	0.92	1.011	1.116	0.9164	1.073	1.1504
交通运输、仓储和公用事业	1.0612	1.0323	0.8646	1.0734	0.9115	0.9174
信息业	1.1593	0.884	0.8768	1.0724	0.9832	0.7746
金融、房地产和租赁行业	1.0312	1.0494	0.8931	1.0688	1.02	0.7124

行业	纽约都市圈			芝加哥都市圈		
	中心区	近郊圈	远郊圈	中心区	近郊圈	远郊圈
专业科学技术服务、商务管理、行政和废物管理行业	1.0116	1.004	0.9768	1.0978	0.9866	0.6767
教育、医疗和社会援助行业	1.0367	0.9715	0.9736	1.0345	0.9298	1.0199
艺术娱乐和住宿餐饮业	1.1996	0.8563	0.8439	1.0458	0.9347	0.9692
其他服务业（除公共管理外）	1.0959	0.9729	0.8769	1.0478	0.9215	0.9891
公共管理行业	0.9577	0.981	1.0898	1.0935	0.8304	1.0112

2010~2020 年，东京都市圈、纽约都市圈与北京、上海的制造业、批发和零售业就业人口比重均呈现下降趋势，其中，北京和上海下降的幅度较大。东京都市圈和北京的住宿和餐饮业就业人口比重呈下降趋势，纽约都市圈和上海呈上升趋势。东京都市圈和纽约都市圈的金融和保险业就业人口比重有所下降，而北京和上海的金融业就业人口比重均有所提高（见表11）。这也反映出不同的地区处于不同的经济发展阶段。

表11 2010 年和 2020 年东京都市圈、纽约都市圈和北京、上海就业人口行业分布情况

单位：%

东京都市圈			纽约都市圈			北京			上海		
行业	2010 年	2020 年	行业	2010 年	2020 年	行业	2010 年	2020 年	行业	2010 年	2020 年
农业、林业	1.10	0.97	农、林、牧、渔业	0.15	0.16	农、林、牧、渔业	5.45	1.32	农、林、牧、渔业	2.94	0.73
渔业	0.04	0.03	采矿、石油天然气开采业	0.02	0.02	采矿业	0.34	0.14	采矿业	0.03	0.03
采矿业	0.03	0.02	建筑业	5.93	5.72	建筑业	6.73	7.42	建筑业	6.31	7.8
建筑业	6.87	6.52	制造业	6.63	5.42	制造业	15.6	8.19	制造业	35.41	21.21
制造业	13.64	11.98	批发业	3.28	2.65	批发和零售业	19.9	13.63	批发和零售业	15.6	15.32

续表

东京都市圈			纽约都市圈			北京			上海		
行业	2010年	2020年	行业	2010年	2020年	行业	2010年	2020年	行业	2010年	2020年
电、气、供热、水业	0.40	0.39	零售业	10.3	9.69	电力、热力、燃气及水生产和供应业	0.95	0.94	电力、热力、燃气及水生产和供应业	0.79	0.6
信息通信业	6.96	8.13	交通运输、仓储和邮政业	5.27	5.66	交通运输、仓储和邮政业	6.29	5.95	交通运输、仓储和邮政业	7.53	7.52
运输邮政业	6.10	6.21	通用事业	0.56	0.57	居民服务、修理和其他服务业	3.05	3.53	居民服务、修理和其他服务业	3.65	3.91
批发和零售业	16.10	15.62	信息业	3.65	3.24	信息传输、软件和信息技术服务业	4.07	9.42	信息传输、软件和信息技术服务业	2.22	6.07
金融和保险业	3.55	3.34	金融和保险业	7.41	6.68	金融业	2.75	4.5	金融业	2.21	3.83
房地产业、物品租赁业	3.32	3.37	房地产业	2.57	2.52	房地产业	3.55	4.25	房地产业	3.08	3.69
学术研究、专业和技术服务业	5.14	5.7	专业科学技术服务业	8.4	9.8	科学研究和技术服务业	3.12	6.72	科学研究和技术服务业	1.35	3.65

续表

东京都市圈			纽约都市圈			北京			上海		
行业	2010年	2020年	行业	2010年	2020年	行业	2010年	2020年	行业	2010年	2020年
住宿和餐饮业	6.04	5.62	企业管理行业	0.11	0.13	租赁和商务服务业	5.02	8.13	租赁和商务服务业	3.76	7.22
生活服务娱乐业	3.85	3.71	行政和废物管理行业	3.92	4	水利、环境和公共设施管理业	1.26	1.72	水利、环境和公共设施管理业	1.29	1.32
教育学习支援业	4.88	5.05	教育行业	9.77	10.3	教育行业	4.71	6.63	教育行业	2.85	4.27
医疗福祉行业	10.67	11.65	医疗健康和社会援助行业	14.7	16.1	卫生和社会工作行业	2.59	3.57	卫生和社会工作行业	2	2.88
综合服务事业	0.48	0.43	艺术娱乐业	2.22	2.41	文化、体育和娱乐业	2.81	3.08	文化、体育和娱乐业	1.22	1.5
服务业（其他不分类的）	7.51	8.04	住宿和餐饮业	5.85	6.14	住宿和餐饮业	5.92	4.47	住宿和餐饮业	4.87	5.18
公务（其他分类的除外）	3.34	3.22	其他服务业（除公共管理行业外）	5.06	4.68	国际组织行业	0.02	0.02	国际组织行业	0.01	0.01
			公共管理行业	4.24	4.11	公共管理、社会保障和社会组织行业	5.83	6.38	公共管理、社会保障和社会组织行业	2.88	2.85

注：由于日本、美国、中国产业分类各不相同，此处仅就基本一致的行业进行比较分析。

资料来源：日本国势调查、美国经济分析局、第六次全国人口普查、第七次全国人口普查。

2020 年，在四个地区，制造业就业人口占比由高到低依次是上海的 21.21%、东京都市圈的 11.98%、北京的 8.19%、纽约都市圈的 5.42%。批发和零售业就业人口占比最高的是东京都市圈，为 15.62%，接着是上海的 15.32%，北京和纽约都市圈分别为 13.63%、12.34%。住宿和餐饮业就业人口占比最低的是北京，为 4.47%，上海为 5.18%，东京都市圈和纽约都市圈的占比分别是 5.62%、6.14%。金融和保险业（金融业）就业人口占比由高到低依次是纽约都市圈的 6.68%、北京的 4.5%、上海的 3.83%、东京都市圈的 3.34%。对于教育业（教育学习支援业）就业人口比重，北京高于东京都市圈和上海，低于纽约都市圈。

从表 12 可以看出，2020 年北京各行业就业人口中心区占比大多处于较高水平。其中，制造业占比为 30.53%，与东京都市圈的 31.9% 基本相当，比纽约都市圈的 24.52% 高出约 6 个百分点。北京中心区金融业、教育行业、卫生和社会工作行业就业人口的占比分别为 68.67%、53.39%、55.18%，均高于东京都市圈和纽约都市圈的相应比重。这说明北京的上述行业有向外围进一步扩展的空间。2010~2020 年，东京都市圈、纽约都市圈各行业就业人口中心区占比并无大幅度变动，两个都市圈产业布局已进入相对成熟阶段。

与其他地区不同，2020 年，纽约都市圈中心区批发和零售业的就业人口比重为 70.47%，远高于东京都市圈的 38.3% 和北京的 49.96%，这说明批发和零售业主要集中在纽约都市圈中心区。

表 12　2010 年和 2020 年北京产业就业人口中心区占比和纽约都市圈、东京都市圈比较

单位：%

东京都市圈中心区占比			纽约都市圈中心区占比			北京中心区占比		
行业	2010 年	2020 年	行业	2010 年	2020 年	行业	2010 年	2020 年
农业、林业	13.36	14	农、林、牧、渔业	28.26	20.59	农、林、牧、渔业	4.43	5.3
渔业	10.55	13.5	采矿、石油天然气开采业	23.22	27.13	采矿	33.21	57.14
采矿业	43.13	45.4	建筑业	36.8	37.74	建筑业	51.61	35.98
建筑业	32.99	33.3	制造业	27.7	24.52	制造业	37.39	30.53
制造业	32.21	31.9	批发业	34	31.16	批发和零售业	67.75	49.96

续表

东京都市圈中心区占比			纽约都市圈中心区占比			北京中心区占比		
行业	2010 年	2020 年	行业	2010 年	2020 年	行业	2010 年	2020 年
电、气、供热、水业	36.06	38.3	零售业	39.14	39.31	电力、热力、燃气及水生产和供应业	62.91	47.87
信息通信业	51.97	54.7	交通运输、仓储和邮政业	46.1	46.48	交通运输、仓储和邮政业	50.38	35.46
运输邮政业	32.19	31.6	通用事业	27.77	27.81	居民服务、修理和其他服务业	65.21	50.71
批发和零售业	37.98	38.3	信息业	45.71	50.07	信息传输、软件和信息技术服务业	73.99	56.48
金融和保险业	47.31	49.4	金融和保险业	41.54	40.71	金融业	77.44	68.67
房地产业、物品租赁业	48.36	48.4	房地产业	51.03	51.87	房地产业	71.22	57.41
学术研究、专业和技术服务业	49.91	51	专业科学技术服务业	41.92	43.65	科学研究和技术服务业	83.38	62.35
住宿和餐饮业	41.92	41.3	企业管理行业	36.56	35.89	租赁和商务服务业	74.3	60.27
生活服务娱乐业	38.88	39.6	行政和废物管理行业	41	42.36	水利、环境和公共设施管理业	55.15	36.63
教育学习支援业	41.05	41.4	教育行业	38.64	38.99	教育行业	64.5	53.39
医疗福祉行业	37.47	37.5	医疗健康和社会援助行业	47.71	47.79	卫生和社会工作行业	66.52	55.18
综合服务事业	31.64	31.6	艺术娱乐业	50.65	51.34	文化、体育和娱乐业	79.28	66.88
服务业（其他不分类的）	41.14	42.1	住宿和餐饮业	50.63	50.77	住宿和餐饮业	71.8	55.48

续表

东京都市圈中心区占比			纽约都市圈中心区占比			北京中心区占比		
行业	2010 年	2020 年	行业	2010 年	2020 年	行业	2010 年	2020 年
公务（其他分类的除外）	39.00	39.1	其他服务业（除公共管理行业外）	47.13	47.16	国际组织行业	88.74	50
			公共管理行业	41.39	40.61	公共管理、社会保障和社会组织行业	56.57	49.06

资料来源：日本国势调查、美国经济分析局、第六次全国人口普查、第七次全国人口普查。

四　首都都市圈人口发展需关注的问题

（一）环京地区人口收缩，需警惕人才外流风险

2020 年，首都都市圈的外围地区的城镇化率为 65.2%，仅略高于全国（63.89%），与核心城市相差约 22 个百分点，高于上海内外圈层城镇化率差（12.53%）。2021 年，首都都市圈外围地区常住人口比 2020 年减少 241.2 万人，且有数据显示，近 20 年，外围地区仅廊坊市大厂（44.64%）、固安（37.65%）、香河（30.77%）和保定涿州（10.63%）的人口增速明显，超过半数的县市人口增速下降，呈收缩态势①。近 10 年来，张家口（-5.2%）、承德（-3.43%）常住人口均呈现负增长状态，唐山（1.86%）、沧州（2.34%）的人口增长率已低于全国平均水平（5.38%）。同时，外围地区的大量人才都流向都市圈外，并未选择在都市圈范围内创业。例如，倘若人才考虑北京高房价因素，最有可能流向附近的天津或者河北。但数据显示，2017 年 5 月至 2021 年 6 月，北京高新技术企业中有 300 多家迁至南京、苏

---

① 《环京贫困带开始崛起，京沪之争终于到了最激烈的时刻！谁才是第一大城市》，观察者网风闻社区，https：//user.guancha.cn/main/content？id=630680。

州、徐州等地，甚至海口。这说明首都都市圈人才流动很少受到圈内城市地理距离近的影响，营商、创业和人居环境才是吸引人才和高新技术企业的关键因素①。

（二）制造业吸纳就业人口不足，就业结构需提升

制造业是推进首都都市圈协同发展的重要基础。2020 年，首都都市圈外围地区制造业就业人口比重比上海都市圈低约 20 个百分点，一方面，首都都市圈外围地区缺少相对完善的产业链和产业集群，北京的创新资源并没有很好地在周边转化，而是到长三角和珠三角城市群转化。如中关村的技术辐射最多的是江苏，接着是上海。在与小米合作的 12 家企业中，有 7 家在深圳、1 家在东莞、1 家在汕头，珠三角城市群共集聚了 9 家企业，占 75%。另一方面，目前，首都都市圈外围地区环京 50 公里的第一圈层在打造环京产研一体化圈层，促进北京科技创新成果和高端制造产业链就近配套。环京50～100 公里的第二圈层在打造京津雄产业功能互补圈层，环京 100～150 公里第三圈层在打造节点城市产业配套圈层，这些圈层的发展需要相应劳动力，但部分领域劳动力供应不足。

（三）部分产业就业人口过度集中于中心城区，产业布局需进一步优化

早期城市发展的过程中，人口、资源、产业等要素向中心城区集聚，并且凭借文化、公共服务等资源优势对周边地区产生强大吸引力，形成极化效应。随着中心地带土地租金、房价高企，居住环境的恶化以及交通网络设施和仓储技术的进步，人口、产业逐渐向外扩散，形成扩散效应，推动都市圈形成。通过前文的研究，首都都市圈核心城市和外围地区公共服务供给能力差异较大，资源分布极不平衡，教育文化、医疗卫生、生活服务等公共服务

---

① 《仇保兴：北京的企业特别是高新技术企业的迁离没有流向河北或者天津》，凤凰网，https：//finance.ifeng.com/c/8Gv5Xmd1t2Y。

资源向北京、天津集聚，越向外围的圈层，公共服务供给数量越少，水平越低。都市圈核心城市内部也存在资源分布不均衡的情况，北京的金融业，文化、体育和娱乐业，教育行业，卫生和社会工作行业就业人口过度集聚在中心城六区，且北京市统计局的相关数据显示，在北京市的医疗资源中，中心城区每万人拥有执业医师数量是 47 人，明显高于其他十区（16 人）；在教育资源中，全市有中小学高级教师约 2.5 万人，62.1%集中在中心城区。河北省整体的社会公共服务资源基础薄弱，尤其是优质公共服务资源更为稀缺。北京、天津中心城区每万人卫生机构拥有的床位数超过 100 张，其他区每万人床位数约为 50 张，不仅远高于都市圈内河北省各城市，而且一直保持稳定增长，且北京、天津两市每千人拥有的卫生技术人员分别为 12.61 人和 8.22 人，而河北仅为 6.96 人，这说明不仅中心城区的扩散效应未充分发挥，而且极化效应越来越强。

五 对策建议

（一）加快编制都市圈规划，促进人口合理布局

一是成立都市圈协调管理机构，避免依据行政单元规划，充分考虑不同地区间的经济、社会、环境和文化联系。都市圈不是传统的行政区，而是现代经济社会功能区，在交通网络建设、生态环境保护以及社会治理等方面①，需要从区域一体化发展的全局来进行合理规划。经合组织对 36 个成员国的 263 个都市圈的统计显示，都市圈协调管理机构涉猎的具体职能主要有区域发展、交通和空间规划三个政策领域，其他职能包括废物处理、供水供能、文化、旅游等②。首都都市圈的管理可以采用市际联合行政机构的模式，打破行政壁垒，加强政府间合作交流，合理布局城市功能、提高交通通

---

① 陈宪主编《上海都市圈发展报告·第一辑　空间结构》，格致出版社、上海人民出版社，2021。

② 邹伟、杜凤姣、熊健、史钟一、居晓婷：《"十四五"规划背景下上海大都市圈人口研判及若干思考——基于第七次全国人口普查数据》，《科学发展》2021 年第 12 期，第 71~79 页。

达性、促进公共服务资源均等化。二是加快编制北京、天津、河北三地功能互补的现代化都市圈规划，进一步优化区域分工和产业布局，进而带动人口合理布局。应以通勤圈、功能圈、产业圈三圈建设为着力点，充分发挥政策引领作用，构建疏密有致、分工协作、功能完善的首都都市圈空间格局。交通方面，要继续推进市郊铁路建设，通过增加市郊铁路数量、构建更加完善的多点放射状轨道交通网络提高交通通达度，也要注重科学高效地组织运营，因地制宜规划交通节点、合理减轻高峰客流压力，带动都市圈外围地区发展。功能方面，要将优化公共服务布局、促进公共资源均等化与优化都市圈内各区域分工结合，避免中心地区持续承担过多城市功能和聚集过多公共服务资源。产业方面，要围绕创新链布局产业链，沿京津、京保石、京唐秦三条主要轴带，推动科技研发、先进制造业等沿轴向集聚，加速形成世界级现代化产业集群、巩固强化现状优势型产业集群体系、持续培育未来战略型产业集群体系，这将推动就业人口集聚，进一步促进区域间协调互促发展。三是注重结构性嵌套作用的发挥，既包括都市圈不同空间尺度的嵌套，使产业链、创新链、供应链以及各种要素流动和转化，又包括在此基础上的事权和利益的嵌套关系。通过行政、市场、科技手段，组织好不同空间尺度下的相应关系，进一步推动知识链—创新链、利益链—权力链、产业链—供应链协调联动，更好地发挥各种功能的作用[1]。要围绕北京政治中心、文化中心、国际交往中心、科技创新中心这"四个中心"的发展定位，向城市副中心和雄安新区下放更多行政权，促进城市副中心和雄安新区与周边地区一体化发展，优化首都功能。同时，通过多主体参与的深度同城化发展，充分发挥北京的辐射效应，提高新城的综合承载力，形成"都市圈—中心城市—中小城市（镇）"的多层级区域空间发展模式[2]，引导人口在都市圈范围内合理分布，促进首都都市圈高质量发展。

---

① 石晓冬、和朝东、王蓓、陈科比、张东昇、杨明、徐勤政、伍毅敏：《现代化首都都市圈规划的互动与协同》，《城市发展研究》2023年第5期，第8页。

② 刘洁、苏杨：《从人口普查数据对比看首都都市圈人口合理分布的壁垒》，《中国经济报告》2022年第4期，第65~77页。

（二）营造良好创新生态，强化人才服务保障

一是推动营商环境协同发展。首先要充分发挥政策支撑作用。既要以市场需求为导向，以转变政府职能为核心，创新体制机制，强化政策联动，筑牢营商环境优化提升的制度基础，也要优化支持科技成果转化的政策环境，定期开展经验交流，在开办企业、审批、监管等方面，提高政策环境的一致性。其次要进一步强化改革创新，善于利用数字治理创新为营商环境优化赋能，用更加高效精准的政府服务和协同监管，提升人民群众获得感和满意度。如提升政务服务共享数据平台服务质量，构建"线下+线上"双向服务模式，提高服务办理便利度。推动监管执法同标准、同规则，提高监管执法协同水平，构建首都都市圈各地政府监管合作的法律法规体系，形成监管合力。实行营商环境评价奖励机制，对都市圈各城市的营商环境进行经常性评价，奖优惩劣，从而提升各政府优化营商环境的主观能动性，充分调动基层干部"放管服"的积极性。

二是健全人才支撑管理体系，进行都市圈内人才信息互通、资格互认、服务互补，深化户籍管理、社保转移接续等制度改革。习近平总书记指出要"千方百计为人才的调动提供方便"①，雄安新区在人才引进方面展示巨大的潜力，应继续发挥这方面的优势，促进人口分布合理化。2021年相继发布的《河北雄安新区居住证实施办法（试行）》、《河北雄安新区积分落户办法（试行）》和《关于加快聚集支撑疏解创新创业新人才的实施方案》不断深化人口管理服务制度改革，通过实施"雄才计划"，多渠道引进院士及其他高端领军人才、规划建设重点领域人才、"双一流"高校人才、各类创新创业人才，为新区建设发展提供坚实的智力支撑。一方面，首都都市圈中心城市要继续深化与雄安新区的对接支持，开展人才长期交流与公共服务资源的共建共享，如支持建设人才公寓、子女教育、医疗保健等配套基础设

---

① 本书编写组编《让群众过上好日子——习近平正定足迹》，人民出版社、河北人民出版社，2022，第111页。

施，促进各地人才服务保障均等化。另一方面，要同时注重人才的外部引进和内部培养。以西安交通大学为主体的中国西部科技创新港已共建 50 余家校企联合研发平台，推动教育链、人才链与产业链、创新链的融合发展，为现代大学与经济社会统筹融合和新兴人才培养提供新模式。要借鉴已有成功经验，通过高校、科研机构以及培训机构等多元主体的力量，构建基于内部培育与外部引进双驱动的人才体系，建设雄安新区人才科技创新培养基地。此外，还要继续完善以居住证为载体的公共服务提供机制，实行积分落户制度，通过举办线下宣讲和线上流媒体宣传推广人才政策，增强人才对当地的归属感和认同感。

（三）优化公共资源区域配置，提高外围圈层人口吸纳能力

结合不同区域人口分布的现状特征进行差异化的公共服务资源配置，缩小公共服务区域差距。一是在人口密度较大、老龄化程度较深的中心城区，有效利用疏解腾退用地空间，对现有公共设施进行精细化管理，进行适老化、便民化改造，推动公共服务提质升级，根据人口分布特征精准匹配公共服务设施资源、依据人口行为特征完善设施布局模式，与城市"生活圈"建设相结合，能够更好地实现圈层内部公共服务配置优化。东京都市圈基于社会深度老龄化现状，通过建设职住平衡和适应老龄化的"宜居生活圈"、构筑便捷舒适的"休闲生活圈"、打造高效流通的"新鲜生活圈"、塑造生态美丽的"绿色生活圈"来进一步完善城市公共服务配置。具体举措有，与医疗护理机构结合就近设置养老设施、布局高度可达的城市公园与开放空间等。我国已出台《全面推进城市一刻钟便民生活圈建设三年行动计划（2023-2025）》，依照具体情况因地制宜规划配置，切实发挥公共服务的便利作用。此外，要继续推动医疗、教育等核心资源向外围圈层转移，引导中心城区人口向外迁移居住，促进首都都市圈公共服务均衡发展。

二是在人口密度小的外围地区，加快完善满足基本民生需求的公共设施，通过建立学校分校、医院分院的方式，拓展优质教育、医疗资源的覆盖

面，增强区域对人才和产业的吸引力，进一步提高外围地区的人口吸纳能力。目前，为系统支持雄安新区提升公共服务能力，北京与雄安新区共同实施"基础教育提升、医疗卫生发展、职业培训创新"三大工程。根据《未来之城 雄姿初显——雄安新区2022年大数据研究报告》，雄安新区城市功能配套设施进一步完善，交通设施类、医疗类、教育类、公园广场类城市功能兴趣点（POI）数量较2021年均大幅增长。其中，交通设施类增长20%；诊所、药店分别增长25%和14%；中学、小学、幼儿园分别增长32%、18%和15%；公园类POI总量增长42%。要继续推进北京以"交钥匙"即全额投资并提供办学办医支持的方式在雄安新区投入教育和医疗资源，破解公共服务资源圈层分割的问题，推动优质服务资源下沉。在城市副中心，坚持补短板与提质量同步推进，要完善综合交通枢纽，提高通勤运输效率，推动优质资源要素集聚，带动周边地区发展。在加快推进名校分校和三甲医院新院区建设的基础上，注重优质教师和医务人员的培养，依托人才服务保障体系，实行中心城区与外围地区学校分校、医院分院的轮岗制度，让优质公共服务资源在都市圈内合理有序流动。此外，要落实政务服务共建共享，提升跨区、跨城办理事务的便捷性，也要继续推进副中心绿地公园、购物商场、剧院影院等高品质公共服务设施建设，打造职住平衡、交通便利、产城融合、生态宜居的首都都市圈。

参考文献

孙久文、邢晓旭：《现代化首都都市圈发展的基本特征与高质量发展路径》，《北京社会科学》2023年第6期。

石晓冬、和朝东、王蓓、陈科比、张东昇、杨明、徐勤政、伍毅敏：《现代化首都都市圈规划的互动与协同》，《城市发展研究》2023年第5期。

刘洁、苏杨：《从人口普查数据对比看首都都市圈人口合理分布的壁垒》，《中国经济报告》2022年第4期。

陈宪主编《上海都市圈发展报告·第一辑 空间结构》，格致出版社、上海人民出版社，2021。

邹伟、杜凤姣、熊健、史钟一、居晓婷：《"十四五"规划背景下上海大都市圈人口研判及若干思考——基于第七次全国人口普查数据》，《科学发展》2021年第12期。

牛毅：《建设现代化首都都市圈背景下构建更精准人口调控目标探索》，《北京规划建设》2023年第2期。

金田林、吴自强：《建设现代化北京都市圈的空间范围与策略研究》，《现代城市研究》2022年第5期。

专题报告
Special Reports

B.7
国外超大城市的智慧养老及对北京的启示

陈　昀*

摘　要： 智慧养老已成为国外超大城市养老服务治理的核心内容之一。
"老年友好"为超大城市智慧养老体系建设提供理念引导，以提
供个性化、预防性、参与性服务为目标，解决老年歧视问题、
"非人性化"问题、"规训"问题，基于"3P3D"发展原则，智
慧养老服务深度融入数字友好型环境的建设过程。超大城市智慧
养老以数字健康的发展为核心，以推进数字健康转型为动力，着
力建设全生命周期的养老服务。本报告通过梳理澳大利亚堪培
拉、芬兰奥卢、英国利兹等地在发展智慧养老方面的典型经验，
对"可持续发展的智慧城市"等典型特征做了总结归纳，可以
考虑在健康老龄化理念的指引下，以数字康养做实智慧养老建设

＊ 陈昀，博士，武汉大学社会学院讲师，武汉大学全球健康研究中心特聘副研究员，武汉大学
老龄科研基地科研综合办公室主任，主要研究方向为老年社会学、国外老年社会政策、残疾
人社会服务等。

的服务路径，以数字伦理阐释智慧养老建设的发展方向，推动建立完善的城市老年人健康管理、健康生活服务与康养服务体系。

关键词： 智慧养老 数字社会 健康老龄化 养老获得感

全球人口老龄化与数字社会建设相互交织，为智慧养老体系的发展创造了前所未有的历史机遇。在积极应对人口老龄化战略的指引下，以贯彻实施健康老龄化理念为核心，"数字时代的智慧养老"逐渐成为涉老学术研究与实践探索的一个重要热点，而对相关理论创新、实践路径和启示价值的反思有助于回答"智慧养老何以可能？何以可为？"这一全球老龄治理的焦点问题。

一 超大城市智慧养老的理论框架

智慧养老是城市服务治理的重要组成部分，是"老年友好"在数字城市建设层面的载体，其理论内涵由发展目标、服务体系与环境建设三个方面构成。

（一）数字友好型发展目标

数字友好型发展目标主要回应城市智慧养老服务的发展方向等关键问题，其核心内涵被称为"3P3D"发展原则。

"3P"是指智慧养老服务应当以满足老年人的养老需求为导向，并达成三项建设目标。

第一，提供个性化（Personalized）服务，智慧养老服务应根据"老有所养"的核心原则规范相应服务，根据老年人的现实需求提供有针对性的支持、辅导、帮助等，解决老年人在使用智慧服务时面临的"急难愁盼"问题，有效提升服务质量。

第二，提供预防性（Preventive）服务。智慧养老服务的核心是"智慧"，随着计算机芯片技术、大容量存储技术、高速通信技术的快速发展，智慧养老服务应聚焦发展以"助老、慰老"为核心的人工智能服务，在分析个体的非正常睡眠、心跳、血压等基础上，判定个体的健康状况，并及时采取措施。

第三，提供参与性（Participatory）服务。在智慧养老视域下，老年人被赋予了服务的参与者与解读者两个新角色。作为服务的参与者，城市智慧养老体系的建设需要老年人提供健康数据等个人资料，以推动完善服务过程，提升服务质量。作为服务的解读者，在智能技术的帮助下，老年人可以随时了解自身的健康状况，或者向专家进行远程问诊。老年人在接受服务的过程中，既提交相应的数据，也对数据的内涵进行解读。换言之，智慧养老赋予老年人新的权利，使老年人能够自由地控制、管理、了解自身的健康相关数据。

相应地，"3D"是智慧养老服务体系建设应重点解决的三个关键问题。

第一，解决老年歧视（Discriminatory）问题。智慧养老服务需要依托人工智能并基于涉老大数据做出服务决策，而相关数据基本来自主流社会群体，部分高龄、残障、失独等特殊老年人的数据和材料可能不会被纳入生物样本库。因此，老年人的个体特征易遭到忽视，少数服从多数的习惯使个性化的养老需求难以得到充分重视。

第二，解决"非人性化"（Dehumanized）问题。"智慧养老"在解读老年人的个性化养老需求时容易出现决策偏差，例如，养老机器人可能以"地面湿滑"为由，阻止高龄、残障老年人外出活动。如果放任"非人性化"问题蔓延，则随着智慧服务逐渐普及，老年人会感受到和其他人的交流越来越少。这将导致照护逐渐成为一种工具性结果，而失去"孝老、敬老"的文化内涵。

第三，解决智慧养老的"规训"（Disciplining）问题。基于人工智能的老年健康管理正日趋成为智慧养老服务的重要形式，在为老年人创造更为健康和安全的生活环境的同时，也可能带来监控和隐私问题。例如，智能手环、监控摄像头等能够将老年人的状况发送给服务中心，这一过程甚至无须征得老年人的同意。"规训"实质上反映了智慧养老服务和老年隐私、自主等基本权利之间的冲突，成为超大城市智慧养老服务建设所必须直面的重要问题。

（二）数字友好型服务体系

基于"3P3D"发展原则，国际电信联盟等大型国际组织提出以数字友好型服务驱动智慧养老体系建设的工作思路。该思路主要关注智慧社会服务的提供机制，希望通过在公共交通建设、数字知识学习过程中赋能，助力建设老年友好型社会。相关措施涵盖生活支持、学习支持、出行支持、交流支持四个方面。

第一，以满足老年人基本需求为目标优化日常生活服务。应积极推进电子银行、电子商务、电子健康等服务体系建设，增加在线供应的产品和服务，使老年人能够足不出户就享受便利的生活服务，以提高其养老幸福感。

第二，降低老年人在智慧服务方面的学习、成长和决策成本。应不断为老年人参与智慧学习提供便利，通过提供免费的教学资源以降低学习成本，增强老年人的数字素养。

第三，实现交通工具的智能化。例如，支持发展网约车服务，开发适合老年人使用的智能约车软件或者一键呼叫约车平台，改变老年人对"网络+交通"的刻板印象，通过发展智慧交通服务建设老年交通友好型社会。

第四，进行老年社会参与渠道的疏浚与拓展。智慧城市建设要解决困扰老年人的社会隔离问题，利用网络通信技术，使更多的老年人能够实现基于网络的交流沟通；利用网络公益信息平台等渠道，为老年人社会参与提供信息引导。

（三）数字友好型环境建设

数字友好型环境是城市智慧养老体系建设的重点所在。世界卫生组织认为，生活在信息社会中的老年人面临较为突出的"信息不足"问题，应当以"信息养老"为核心确定城市智慧养老服务体系建设思路，应高度重视老年人的信息知情权与信息渠道建设，使全体老年人有效了解涉老政策、助老服务与老年活动。应把信息系统建设纳入超大城市的智慧养老服务体系之中，向老年人提供及时的、无障碍的、实用的信息，以充分彰显城市的养老功能主体特征。在数字时代，为确保健康老龄化的目标落到实处，利用通信技术为老年人提供信息支持，以无障碍的原则使老年人时刻保持信息连通性，满足老年人的信息需求，是帮助老年人应对老年社会排斥问题的有效路径。

数字友好型环境建设应聚焦知识信息传播渠道的转型。在做好社区养老服务建设的基础上，有效夯实老年信息化支持服务，开展满足老年人现实需求和学习需求的专项培训，提高老年人的数字素养，由此推动城市养老服务体系迈上高质量发展道路。

二 超大城市智慧养老的发展战略

发展战略是理论框架在社会建设实践方面的直接体现，从社会项目、社会服务、社会政策、社会发展等多个方面对智慧养老的现实内涵与价值进行解读，是对超大城市养老"何以可为"问题的直接回应。"积极和健康老龄化创新伙伴关系发展战略"与"可持续发展的智慧城市战略"为解读超大城市智慧养老的发展战略提供了全新的视角。

（一）积极和健康老龄化创新伙伴关系发展战略

积极和健康老龄化创新伙伴关系（The European Innovation Partnershipon Active and Healthy Ageing，EIP on AHA，下文简称"创新伙伴关系"）是欧盟为应对人口老龄化问题而尝试构建的新型合作机制，主张超大城市要有效发挥养老服务体系建设中坚的作用，要积极推进养老设施与服务体系建设，要有效结合超大城市老年人数量众多、需求复杂的典型特征，以完善的制度建设、服务建设、理念建设有效应对人口老龄化。为此，欧洲城市服务要综合考虑三个建设目标：一是要改善欧洲人的健康和生活质量，重点是改善老年人的生活状况；二是要支持公共卫生和医护系统的长期、可持续运作；三是发展"银龄产业"，在满足老年人需求的同时，为欧盟工业、服务业创造新的发展机遇。该战略的核心工作任务共有两个方面。

1. 以全生命周期为导向发展超大城市智慧养老

自 2022 年以来，创新伙伴关系引入全生命周期视角，以"终身保障"的理念推动助老体系建设，着力部署数字化养老技术，以促进终身健康、终身学习，利用数字工具赋权，建设智能的、健康的、老年人友好的环境，并构建欧洲银发经济和数字健康生态系统。其建设内容包括三个方面。

第一，数字世界中的积极和健康生活。该项目向创新研发团队、照护服务人员、研究人员和政策制定者开放，以鼓励其开展与老年有关的创新性研究工作，探索最佳助老实践、老年治理方案、科学合作以及与积极健康的生活和老龄化相关的政策与数字工具。该项目是创新伙伴关系战略的核心所在，希望在城市人口普遍迈入中度甚至深度老龄化的背景下，借助数字技术下沉的路径，使老年人的全生命周期都能拥有积极和健康的生活。

第二，"参考站点"计划，该计划旨在为改善老年人的生活水平和健康状况提供智力支持。"参考站点"项目正在打造具有前瞻性的城市养老智库，相关成员包括学者、政府人员、养老服务从业者等，专注于探索全面的、创新的积极健康老龄化实施路径。

第三，以"创新市场""蓝图"等为辅助手段，有效完善助老体系。创新市场发力数字健康和老年护理的解决方案，推动医护服务向数字化转型；蓝图旨在吸纳多方成员进行长期照护服务体系建设，改善老年护理途径，优化养老需求评估；创新伙伴关系还引入了综合监测与评估框架，以用于支持公共卫生和涉老服务部门的循证决策过程。

2. 以数字健康转型夯实超大城市智慧养老工作

数字健康转型是欧盟地区城市养老服务发展的另一典型特征。这种转型将健康建设作为促进城市养老服务发展的核心内容，推动老年健康管理等服务向数字化转型，欧盟认为这种转型有助于建设健康社会，并确定了三个转型目标。

第一，向数据透明转型。公民有权了解并使用个人健康数据，不受时间和地点的影响。

第二，向数据共享转型。基于数据共享等机制，推行个性化的养老照护服务，以满足老年人不同类型、不同水平的养老需求。鼓励研究人员、实务工作从业者等组建专业团队，增强老年研究与服务能力。

第三，向数字赋能转型。通过数字服务提升民众的"应对力"，老年健康服务应重点提供以人为本的护理，通过智能服务、数字工具等提升自我照护的能力，优化老年人和医护服务提供者之间的互动交流机制。

欧盟认为，数字健康转型将为探索养老治理提供新思路，健康和医疗保健的数字化转型将使普通民众、医保系统和经济建设共同受益。随着人工智能技术深度介入康养服务体系建设，老年人将获得更多、更新的健康和护理服务，老年人的独立生活、综合健康和长期照护体系建设将获得有效保障。

为有效推进数字健康体系融入欧洲超大城市养老服务体系的建设过程，欧盟在确定以健康为中心的发展路径的同时，将超大城市智慧养老服务定义为"5+5"体系。

第一个"5"是指智慧养老服务所应达成的五项工作目标：第一，"我"的数据我做主；第二，解放数据；第三，万物互联；第四，推进健康革命；第五，包容共享。据此，欧盟确立了将健康提升作为老年友好型社会建设的总体目标，更高的健康素养成为欧盟各国老年健康产业发展的重点目标所在。

第二个"5"指智慧养老服务的五项主体工作：一是健康数据的梳理与归档工作，在欧盟委员会的引导下，建立一套通用的健康数据标准格式，并制定相关的操作与记录标准等；二是推进发展数字卫生服务，并注意健康和护理数据的安全；三是注重发展公民赋权和以人为本的数字工具；四是探索人工智能和健康服务的深度融合机制；五是鼓励开展和健康、护理数字化有关的跨领域合作，加快先进技术在医护服务中的应用。

（二）可持续发展的智慧城市战略

确保智慧服务的广覆盖，确保满足老年群体多样化的养老需求，确保智慧服务维护老年安全，确保智慧服务的可获得性与无障碍性，成为超大城市智慧养老服务建设的主要特色，而"可持续发展的智慧城市"逐渐成为境外超大城市智慧养老服务建设的主体路径。可持续发展的智慧城市战略由联合国欧洲经济委员会（UNECE）提出，旨在推进实现老年人的"就地养老"，即随着老年人在熟悉的环境中老去，更需要生活环境具有稳定性、安全性、支持性等特征，以维护身份认同与自主自决。为实现就地养老的基本目标，欧美多地在城市智慧养老服务建设方面通常采取因地制宜、以老年人为本的发展方式。

第一，基于智能技术提供老年友好型支持。欧盟地区的老年友好型支持项目通常聚焦智慧社区助老服务，比如智能提醒老年人按时服药，通过水电传感器跟踪洗衣、淋浴、看电视等日常生活，还有门槛传感器监测居民是否外出。爱尔兰将老年友好写入国家政策，鼓励老年人在居住地"老化"，让老年人能够在自己家中、社区中安全独立地生活；柏林修建了智慧老年公寓区，通过在公寓内安装智慧设备，能够更有效地针对老年人的养老需求进行响应，"智能家具设备+智能传感器"的组合将老年需求的变化及时传递给服务中心，使需求及时响应成为可能。

第二，以安全为核心提供适宜的居家生活环境。UNECE 将家庭安全作为智慧城市建设的重要内容。提升居家生活安全，可以减轻老年人的安全焦虑感，提升老年心理健康和老年福祉。例如，伦敦兰贝斯区投资 8100 万英镑，对 2.3 万所住房进行改造，包括安装更为坚固的智能门锁、抗打击的玻璃等。对房屋的智能安全改造还包括在周边地区安装监控系统，安装可视化对讲系统等。这些措施有效地缓解了老年人的安全焦虑感，改善了老年人的心理健康，有效地提升了老年福祉。

第三，基于养老机构提供综合性老年智慧康养服务。芬兰积极支持综合性的老年康养系统建设，并主张老年住所应体现"Toimiva Asunto"（功能型公寓）的要求，应具备无障碍的服务设施和设备。在功能型公寓中，厨房、门厅、卧室等全部设施都应方便老年人使用，在房间内设置坚固安全的凳子，卫生间和淋浴设施都应配备防滑扶手，可以直接从卧室滑动门进入卫生间，并配备动态传感器，所有的电源插座都应至少离地60厘米，以方便老年人使用。以上措施将有效地帮助老年人在安全、独立的生活环境中安享晚年。

第四，基于智能出行提供无障碍交通系统。以波兰热舒夫为例，该市的公交车进行了老年人、残障人士友好型改造，专设轮椅空间和低地板，以方便行动不便的乘客使用；公交车也配备了视频信息管理系统，以确保老年乘客的安全。热舒夫建设了140个智能公交亭，配备了自动售票机和电子乘客信息系统，以方便视力障碍人士、高龄老人获取语音提示。

综合来看，UNECE提出，城市智慧助老服务的发展应考虑三个方面的内容。

第一，城市服务要满足各年龄段、各种能力的需求，在规划与设计时综合考虑性别、残疾、老龄化等要素。

第二，全体成员共同参与以人为中心的发展规划。向低龄、中高龄老年人就城市服务发展问题征求意见，确保城市服务发展秉持老年人导向性的特征。

第三，城市要走可持续发展道路，城市建设要适应人们的生命周期变化需求，促进代际沟通和联系。

三 国外超大城市智慧养老的典型模式

（一）堪培拉的"3+8"建设模式

堪培拉是澳大利亚最大的内陆城市，人口数量位居该国第八。堪培拉一直致力于建设老年友好型城市。2010年，堪培拉启动老年友好型城市建设规划，召开多次部长级咨询会议商讨建设策略，并初步决定将基础设施建设、卫生服务建设、司法建设、人权建设等作为建设重点。次年，堪培拉入选世卫组织全球友好城市网络成员。2018年，堪培拉开展了首次以老年友好型城市建设为主题的全市调查，大部分老年被访者认为，在快速发展的社会生活中逐渐被"边缘化"，是老年人所面临的突出问题。2020年5月，堪培拉市政府发布《关爱老年人城市规划》，提出老年友好的四个重点领域：一是确保老年人融入社会、保持社会联系、提升老年人价值；二是确保老年人安全，免受歧视虐待之苦；三是确保老年人信息无障碍，信息社会建设要考虑对象多样性；四是建设不分年龄、人人共享的城市。

"无障碍"的建设思路贯穿堪培拉城市服务建设的全过程，从设置老年无障碍停车位、修缮人行道以方便老年人行走到在社区提供关爱老年人的智能化便利服务，堪培拉一直主张智能服务应包含"面对面的互动"，而不应仅依赖互联网或电话服务。此外，应当"让智能服务走向老年人"，而不是迫使老年人"走向智能服务"。

堪培拉将老年人信息支持服务视作城市服务建设的重要内容，认为提升老年人养老获得感的关键在于根据老年人的真实需要，提供符合老年人需求的信息服务，重视并保障老年人享有"信息选择权"与生活自主权。为此，堪培拉树立老年人导向型的智慧城市建设思路，并采取"3+8"的建设策略。

"3"指代三项核心工作内容：一是确保老年人切实获得他们所需要的服务和支持，以确保其晚年生活幸福、安康、便利；二是确保服务顺应老年人的个性化需求；三是确保老年人可以自主地选择和控制自己的生活。

"8"指代社会服务建设的八大方向。一是做好文化推广服务，比如向老年人推广家庭数字图书馆服务等。二是做好社区服务中心建设。三是在社会活动空间应做到老年友好，特别是做到"失智老年人友好"。四是讲述代际故事，强调堪培拉的代际沟通、民族沟通、群体沟通的重要性。五是打击年龄歧视、社会隔离和其他歧视性行为。六是对未注册的（non-registered）卫生专业服务人员进行统一管理。七是推行支持老年人心理健康和福祉建设的发展战略。八是建设专职医疗人员网络。

不难发现，堪培拉将智慧养老、老年友好等要求深度融入城市建设的基本过程。为响应社会建设的八个总体方向，堪培拉在近年来高度重视老年友好型城市服务建设，积极鼓励老年人参加各项重大活动，在交通设施等多个方面提供无障碍服务，并加大对家庭数字图书馆服务的宣传力度。相关工作取得了良好的成效。

（二）英国利兹市的"数字素养型"建设模式

作为英国西约克郡的首府、本土第二大金融中心、人口规模第三大的城市，利兹市采取数字友好网络的建设思路，针对老年人对智能技术不会用、不敢用、不愿用等现实问题，探索出两条解决路径。

第一，做好数字技能培训综合网络。在数字友好网络的框架下，利兹市组织跨领域的专家共同设计各种方便老年人学习的系统课程。通过培养精通老年数字教学需求的专业人员，老年人在数字时代"老有所学"的愿望得到了较好的满足。目前，利兹市正在总结数字素养服务的建设经验，并试图向全国推广，建设覆盖全国的老年数字素养提升体系，从国家层面切实贯彻"老有所学"的宏观目标。

第二，做好数字健康服务措施。利兹市积极推进数字健康服务体系建设，通过与当地卫生服务机构合作，提供健康咨询、健康信息宣传等各类公益卫生健康服务。近年来，利兹市建设了多所数字健康中心，积极响应老年人的兴趣和健康需求，并向老年人提供数字健康管理服务，以提升老年人的数字素养，克服数字包容障碍。数字健康中心的建设，为分享数字服务经验、策略、工具和资源提供了全新的平台，也有效地支持了利兹市的老年人从数字化建设中获取福祉，以改善自我健康状况，减少健康不平等。

利兹市在助老服务建设过程中，逐渐形成了五个方面的典型工作特色。

第一，持续性工作模式。数字助老活动应以每周至少一次的频率持续开展，并做到覆盖全市老年人。

第二，包容性工作模式。数字助老服务应当以数字包容为工作核心，老年友好环境的建设需要全市的支持。

第三，"教育性"工作模式。数字助老服务最基本也是最重要的内容，就是"教会老年人上网"。

第四，数字自信导向的工作模式。利兹市将数字助老服务的工作重点聚焦在老年数字自信方面。

第五，代际融合性工作模式。青年志愿者是数字助老服务的重要参与者，在老年友好型数字服务建设中发挥重要作用。

（三）芬兰奥卢市的"以家为本"建设模式

奥卢市是芬兰北部最大的城市，也是芬兰最重要的工业和港口城市之一。奥卢市在智慧养老服务体系建设方面取得了瞩目的成绩，其突出特点如下。

第一，芬兰采取围绕数据中心建设安排发展助老服务的工作思路。通过建设名为"Vanhusneuvosto"的"城市议会"合作组织，奥卢市定期举办专项会议，收集与老年人有关的信息，进行积极的沟通，并负责在城市内外推进助老服务网络建设，为老年人提供稳定的、综合性智慧康养服务。

第二，建成健康服务平台。该服务平台的对象不仅限于老年人，而且面向所有存在长期照护需求的服务对象。健康服务平台会定期向服务对象提供远程诊疗服务以了解其健康状况，确定老年人需要哪些支持性服务，并根据调查结果提供药物、照护、餐饮等多方面的支持。

第三，智慧服务进家门。奥卢市重视对老年家庭开展数字素养提升教育，帮助老年人提升使用互联网以及智慧设备的有关技能，并为老年人学习这些技能提供一定补贴。

第四，提供老有所养服务。提供老有所养服务代表奥卢市在提升老年人养老获得感方面所采取的有关措施，包括老有所居服务，该服务能够根据老年人的经济状况、家庭情况、养老需求提供老年公寓、普通公寓等居住服务，并提供老年餐饮服务和开放式的社交活动；为老年人量身定做的在线购物服务，能够帮助老年人在线订购商品并送货上门；为老年人特设的健康评估服务，能够将传统的家庭照护转为提升老年人健康与福祉的支持服务。

第五，进行远程健康管理。奥卢市从 2013 年开始推动远程智慧服务体系建设，通过设置远程视频监控点，能够结合管理系统和服务系统，通过视频会议等形式进行康养指导和提供服务。除此之外，奥卢市推出了名为

"SILVER"的智慧机器人服务项目，该项目旨在通过普及照护机器人帮助老年人独立地、有尊严地生活，并提供相关服务。

综上所述，奥卢市在智慧城市、老年友好型城市的建设愿景下，综合考虑老年服务的发展方向，并采取五个方面的综合措施。

第一，老年福祉。为老年人提供个性化的康养服务、社交活动支持等多项服务。

第二，出行便利。为满足老年人无障碍出行、参与文体活动等提供便利。

第三，医疗保健。提供远程诊疗服务，建设家庭病床，以便老年人在家中接受智慧健康服务。

第四，老年安全。在社区和老年人家中安装监测老年人跌倒和老年人日常活动的设备。

第五，便民服务。为老年人提供网上购物和送货服务，方便老年人"足不出户"地享受数字化建设的福祉。

四　启示

我国积极推动数字化建设服务老年人、保护老年人、造福老年人。随着《智慧健康养老产业发展行动计划（2021-2025年）》《国务院关于印发"十四五"国家老龄事业发展和养老服务体系规划的通知》等重要政策出台，数字化建设深度嵌入养老发展，助老服务的技术革新发展满足养老需求，数字化设施的建设适应养老嬗变，数字化政策的完善助推养老完善，数字化建设锚定老年人的养老权益保障。结合境外超大城市智慧养老体系建设的经验来看，应锚定数字康养的基本目标，聚焦养老服务的发展，有效贯彻以老年人为本的原则。

（一）数字康养是超大城市智慧养老服务的主体建设内容

超大城市的智慧养老服务应满足数字康养的基本要求，落实"有养"理念目标、"安养"发展目标与"敬养"创新目标。

第一，以实现"有养"理念目标为基础。老有所养是老年人所应享有的最基本的服务内容之一，"老有所养，康养融合，防治结合，保障健康"是老有所养的主体内涵，数字时代的养老服务沿循适切、有效、多样化的基本要求，为维护老年人的生命权与健康权提供重要保障，康养与疗愈并重的服务方式将有效提升老年人的健康获得感。

第二，以实现"安养"发展目标为重点。超大城市的智慧养老服务应确保老年人的三项安全要求：一是确保老年人的健康安全，妥善维护老年人的身心健康；二是优化老年人的养老环境安全，为老年人打造尊老、敬老、爱老、助老的养老环境；三是提升老年人的舆论安全，坚持建设养老、孝老、敬老的政策体系与社会环境。

第三，以实现"敬养"创新目标为关键。在原则层面，秉持老年自立、参与和有尊严的原则，消弭因数字失能等问题而导致的老年歧视问题；在行动层面，支持助老服务落到实处，特别是要做好城市社区养老服务体系建设，增强老年人自理、自力的能力；在策略层面，肯定建设适宜的养老环境的重要性，以友好的养老环境促进康养目标实现。智慧养老服务应满足尊老敬老、有效供应、康养为本等基本要求，以确保老年人的晚年生活有尊严、有保障、有幸福感。

（二）数字伦理是超大城市智慧养老服务的主体建设原则

以做好超大城市智慧养老服务的治理为契机，推动老龄事业高质量发展，需要服务伦理体系建设的支持。总的来看，就是要以尊老、敬老、爱老、助老为核心，服务的过程贴合老年人的实际需求，保障老年人的身心健康；服务的能力稳步提升，坚持走高质量发展道路；服务的发展持续向好，助力智慧健康养老系统化、标准化发展。数字助老服务应以提升老年人的福祉为己任，以建设尊重的、信任的、负责的、规范的服务体系为目标。

超大城市的智慧养老服务应做到三点：一是推动建立完善的老年健康管理运作机制，以养老服务为基础，确保智能设备、智能照护满足老年人的养老需求；二是以生活服务为推动方向，使智慧服务走进老年人的日常生活；三是以康养服务为抓手，使康养无障碍地成为老年友好型数字社会建设的主体内涵。由此，老年人获得支持服务的方式越来越多样化，服务的便利性越来越突出，服务的安全性越来越高，服务的人性化特色越来越鲜明，服务无障碍的建设思想贯穿其中，老年人中心性的服务理念统领全局，充分实现数字时代对老年独立、参与、照顾、自我充实和尊严权利的完善保障。

在重视设备普及与设施建设的同时，缺乏人性化助老措施和精神关爱，忽视老年人的情感沟通需求和文娱生活需求，是超大城市智慧养老服务建设必须解决的突出问题。相关服务应重点发展高质量的"老有康养"，各类智慧养老服务既要改善老年人的身心健康状况，实现老年人内部控制力提升，帮助老年人缓解孤独感，鼓励老年人汲取生活乐趣，引导老年人形成科学健康的生活方式，也要在满足老年人最基本的生存需要的基础上，提升老年人的独立性，帮助老年人顺利实现尽可能长久的、健康的、自力的生活。

超大城市是全球老龄服务治理的前沿阵地，智慧养老服务是连接老年人与数字时代的桥梁，全天候、全场域、全生命周期支持老年人，既是老年人权保障的基本要求，也是数字时代助老服务发展的重点内容，通过采取多元并举、多方共建、多维共创的思路，建立助老服务、系统与机制的综合体，消除在老年支持方面所存在的数字鸿沟问题，不仅是超大城市治理的一个基本要义，也是数字社会建设的一项重要任务。

参考文献

陈昫：《数字时代的老年人权：内涵厘定与保障路径》，《人权法学》2023 年第 1 期，第 119~133 页。

Giovanni Rubeis, "The Disruptive Power of Artificial Intelligence. Ethical Aspects of Gerontechnology in Elderly Care," *Archives of Gerontology and Geriatrics* , Vol. 91, November-December, 2020.

Peter Smith, Laura Smith, "Artificial Intelligence and Disability：Too Much Promise, Yet

Too Little Substance?" *AI and Ethics*, Vol. 1, No. 81-86, 2021.

Rache lBenn, "Older People's Digital Inclusion Network," https：//www. opforum. org. uk/2022/03/23/older-peoples-digital-inclusion-network/.

国际电信联盟发展部门：《数字世界中的老龄化——从弱势到富有价值》，国际电信联盟网站，https：//www. itu. int/dms_ pub/itu-d/opb/phcb/D-PHCB-DIG_ AGE-2021-PDF-C. pdf。

Emma Davidson MLA, "AGE-Friendly City Plan 2020-2024," https：//www. communityservices. act. gov. au/_ _ data/assets/pdf_ file/0011/1544870/Age-friendly-City-Plan-2020-2024-Trifold. pdf.

Knud Erik Skouby, Anri Kivimaki, Lotta Haukipuro, Per Lynggaard, Iwona Windekilde, "Smart Cities and the Aging Population," https：//ubicomp. oulu. fi/files/wwrf13. pdf.

B.8
传统优秀孝文化融入首都社区养老
服务的价值与路径[*]

杨嘉莹[**]

摘　要： 从中国优秀文化宝藏寻找破解养老难题的钥匙，这是积极应对人口老龄化、以首善标准做好新时代首都老龄工作的重要议题。中国传统孝文化强调赡养父母、爱亲敬亲、尊长养老的价值理念。继承和发扬孝文化传统，将孝文化融入首都社区养老服务，有助于发挥弥合代际鸿沟、加强邻里互助以及培育社区精神的重要价值。北京市通州区仇庄村坚持 20 余年打造社区孝老文化品牌，不断完善为老服务体系，是将中国传统孝文化融入社区养老服务的生动典范，对于推动首都社区养老服务具有重要的启示意义。本报告提出，应弘扬孝文化理念，挖掘社区养老服务本土经验智慧；加强社区建设，形成社区养老服务支持网络；丰富养老服务内容，为老年人提供全方位养老服务保障。通过以上实施路径，实现中国传统孝文化与社区养老服务有机结合。

关键词： 传统优秀孝文化　社区养老服务　首都实践

我国已经进入老龄化社会，养老服务成为全社会普遍关注的重要民生保

[*] 本报告为中共北京市委党校（北京行政学院）2022 年度校（院）级科研项目"城市社区治理中传统基层治理智慧的现代转化研究"（项目编号：22XQN004）的阶段性研究成果。

[**] 杨嘉莹，博士，中共北京市委党校（北京行政学院）社会学教研部（北京市人口研究所）讲师，主要研究方向为基层治理、社区研究、中国社会学史。

障问题。为了有效应对人口老龄化所带来的机遇与挑战，国家层面提出了实施积极应对人口老龄化国家战略，在此顶层制度设计下，"十四五"时期，北京市密集出台《北京市"十四五"时期老龄事业发展规划》《北京市养老服务专项规划（2021年-2035年）》《关于加强新时代首都老龄工作的实施意见》等政策文件，强调要"推进老年友好型社会建设……构建养老孝老敬老社会环境""大力弘扬孝亲敬老传统美德，不断满足首都老年人日益增长的多层次、高品质健康养老需求"，"构建居家社区机构相协调、医养康养相结合的养老服务体系"。这些政策文件的出台，表明传承和发扬传统孝老文化，完善社区养老服务体系，满足老年人养老服务需求，对于积极应对人口老龄化、推动首都养老服务高质量发展具有重要意义。

社区养老不同于传统的家庭（单纯依赖子女）养老，它是以居家养老为主、以社会机构养老为辅、依托社区和社会养老服务机构等各方面力量为居家老人提供生活起居照料和精神慰藉等服务的一种模式，这种模式把家庭养老和社会化养老的优点结合为一体，让老年人在家里既可以享受到家人的照顾又可以享受到社区提供的服务。[①] 社区养老更符合中国人的养老传统，受到老年人的普遍欢迎，社区养老服务是传统孝文化真正落地的一个重要接口。正如党的二十大报告中所提出的，"坚持和发展马克思主义，必须同中华优秀传统文化相结合"。"坚定历史自信、文化自信，坚持古为今用、推陈出新，把马克思主义思想精髓同中华优秀传统文化精华贯通起来、同人民群众日用而不觉的共同价值观念融通起来，不断赋予科学理论鲜明的中国特色，不断夯实马克思主义中国化时代化的历史基础和群众基础，让马克思主义在中国牢牢扎根。"中华文化博大精深、源远流长，从尊老养老理念到孝老制度，五千多年中华文明中蕴含着丰富的养老文化资源。传承、吸收和借鉴中国传统孝文化精华，将中国传统孝文化与社区养老服务相结合，从中国优秀文化宝藏寻找破解中国养老难题的钥匙，是贯彻落实党的二十大精神、积极应对人口老龄化、以首善标准做好新时代首都老龄工作的重要议题。

---

① 景天魁：《传统孝文化的古今贯通》，《学习与探索》2018年第3期，第43页。

一　孝文化与古代养老服务

（一）中国传统孝文化的内涵解读

1. 赡养父母

孝是子女对父母的善行和美德。《尔雅·释训》中对孝的解释是"善事父母为孝"。《说文解字》中的解释为"善事父母者，从老省、从子，子承老也"。从这些解释中可以看出，"孝"被看作子女对父母的行善和敬重。赡养父母体现的是代际的互动与传承，是中国社会所独有的道德规范。传统中国社会是在农耕经济的基础上形成的乡土社会，农业经济依靠"体力"进行生产，年老体弱之人难以胜任体力劳作，难以与年轻人通过平等竞争进行资源分配，必须依靠子女得以生存，因此养老的责任必须由子女来承担，"善事父母"是子女应该履行的责任义务。上一代抚养下一代，下一代赡养上一代，这就是费孝通先生所说的中国社会家庭养老的双向"反馈模式"。而西方社会的代际关系属于"接力模式"，只是上一代人对下一代人负责，下一代不必对年老的上一代承担赡养的责任，因此在西方社会很少提及"孝"的观念以及行为规范，这也是西方社会化养老服务较为完善的原因之一。

2. 爱亲敬亲

儒家提倡的孝文化，强调子辈要对养育自己的父母亲人有爱戴尊敬之情，"孝"的精髓在于对父母的"敬"和"爱"，没有敬爱，谈不上孝。《论语·为政》中记载："今之孝者，是谓能养。至于犬马，皆能有养；不敬，何以别乎？"[1] 孔子认为，所谓孝，不仅是能够养活父母就可以的，还要尊敬父母。《礼记·祭义》中有："孝有三：大孝尊亲，其次弗辱，其下

---

[1] 《论语译注》，杨伯峻译注，中华书局，2006，第15页。

能养。"① 大意是孝有三等，第一等的孝是能使双亲受到社会上的尊敬，第二等的孝是为人处世不让父母蒙受耻辱，第三等的孝（最下等的孝）只是能养活父母而已。《礼记·内则》中记载："孝子之养老也，乐其心，不违其志，乐其耳目，安其寝处，以其饮食忠养之，孝子之身终。"②《孝经·纪孝行》中记载："孝子之事亲也，居则致其敬，养则致其乐，病则致其忧，丧则致其哀，祭则致其严，五者备矣，然后能事亲。"③ 可见，养父母之身的行孝远远不够，一个真正的孝子要在日常起居、父母生病去世、祭祀父母时都充分表现出对父母的恭敬。不仅赡养父母，还要宽父母之心，甚至长父母之志，能够光宗耀祖。因此爱亲敬亲可以看作"孝"的更高境界，并且这种爱亲敬亲的情感要推广到宗族乡里、国家民族以致整个自然界。要真诚地对待朋友，尊敬师长，甚至对国家忠诚，由对父母的孝敬推广到对他人、对国家的忠诚，进而发展出中国人常说的"孝治天下"。④

3. 尊长养老

尊长养老是孝文化的题中之义，是沉淀于中国人潜意识之中的中国文化传统。尊长养老的原则从孝亲中推演而来，正如《孟子·梁惠王上》中的"老吾老，以及人之老"⑤，孝不仅限于子女和父母的关系，而且要尊重家族中一切老者，要以对待父母的感情对待社会上的老年人。在中国传统文化中，老者享有更高的地位和权利，《礼记·乡饮酒义》中云："乡饮酒之礼，六十者坐，五十者立侍，以听政役，所以明尊长也。六十者三豆，七十者四豆，八十者五豆，九十者六豆，所以明养老也。民知尊长养老，而后乃能入孝弟；民入孝弟，出尊长养老，而后成教；成教而后国可安也。"⑥ 这表明老年人享有更高的礼遇，可以获得更多的物质分配。我国传统社会倡导"人不独亲其亲，不独子其子，使老有所终，壮有所用，幼有所长，矜寡孤

---

① 《礼记译解》，王文锦译解，中华书局，2016，第620页。
② 《礼记译解》，王文锦译解，中华书局，2016，第344页。
③ 《孝经忠经》，张景、张松辉译注，中华书局，2022，第81页。
④ 景天魁等：《中国社会学：起源与绵延（下册）》，社会科学文献出版社，2017，第380页。
⑤ 《孟子译注》，杨伯峻译注，中华书局，2008，第12页。
⑥ 《礼记译解》，王文锦译解，中华书局，2016，第829页。

独废疾者皆有所养"① 的大同理想社会，孝正是为了实现"老有所养"的理想社会目标而形成的文化传统，在中国五千多年的历史文明中发挥着养老保障、维护社会稳定等积极作用。

（二）中国古代养老服务

在孝文化的教化下，中国传统孝文化从尊老养老的理念上升为孝老礼制，古代中国形成了较为完善的以家庭养老与邻里互助相结合、以机构养老为补充的养老服务制度。

在中国古代，家是最基础的生产生活单元，我国古代养老服务制度主要围绕家庭养老进行制度设计，包括老人日常生活照顾、庆寿、居住条件改善等家庭养老服务。一是，鼓励家人对老年人进行日常生活照顾。《礼记·王制》云："八十者，一子不从政；九十者，其家不从政。"② 大意为家有 80 岁以上老人的，可以有一个儿子被豁免力役之征，家有 90 岁老人的，豁免全家的力役征召，照看老人。在饮食起居方面，老年人可以享受到更细微的照顾。例如《礼记·王制》中记载："五十异粮，六十宿肉，七十贰膳，八十常珍，九十饮食不离寝，膳饮从于游可也。"③ "五十始衰，六十非肉不饱，七十非帛不暖，八十非人不暖，九十虽得人不暖矣。"④ 国家层面保障老年人享用更为精美的食物以补充营养，并且随着年龄的增长，要有人相伴以给予老年人悉心的照顾，这些都表明了国家和社会对老年人的尊重和保护。二是，子孙为老年人庆生。早在春秋战国时期，我国就已经出现了"献酒上寿"的祝寿活动；唐代以后，让全国人民为皇帝庆寿成为历朝历代的一项法定制度，至明清时期，庆寿活动不再是权贵阶层的专享，扩大到了寻常百姓家，成为子女孝敬父母的重要活动内容。⑤ 古代民间庆寿的主要形

---

① 《礼记译解》，王文锦译解，中华书局，2016，第 258 页。
② 《礼记译解》，王文锦译解，中华书局，2016，第 176 页。
③ 《礼记译解》，王文锦译解，中华书局，2016，第 173~174 页。
④ 《礼记译解》，王文锦译解，中华书局，2016，第 174 页。
⑤ 梁盼：《以孝侍亲——孝与古代养老》，中国国际广播出版社，2014，第 93~94 页。

式是子孙为老年人举办"庆寿宴",邀请亲朋好友、乡党前来参加,邀请者和被邀请者都需要按照特定的礼节为老人祝寿,祝寿活动包括宴请、敬酒祝贺、写寿诗和绘制寿图等,以表达对老寿星的尊敬和祝福。三是,改善老年人的居住条件。古代老年人理想的居所条件是"人野相近",即老年人的居所远离闹市,同时不在偏僻的山林,周边是田园山野风貌,交通也要便利,能够方便老年人出行,在闹市和野外之间找到平衡,这样才能够使老年人心态平和,颐养天年。在中国古代,很多子女精心选址,为父母建造养老居所,其被称为"养亲院""养亲堂""悦亲堂"等①,这些居所有助于调节老年人的身心,是子女孝行的一种表现。

邻里互助长期以来是我国的养老传统。早在春秋之前,国家层面就倡导家族邻里之间的互助,到了战国时期,以里社为单位的民间养老互助已经占主导地位。在中国古代最能够体现邻里互助养老传统的是"义庄"。义庄作为宗族家族慈善组织,最早由北宋范仲淹在苏州建立。义庄主要以义田收入、义仓粮食仓储等方式救济族中老者。元代义庄的赈济方式比较灵活,有赠送、借贷和低价出售田地产品等方式,其中无偿赠送粮食是主要援助孤寡老人的方式。②自创立之后,义庄发挥的互助养老作用巨大,在之后历朝历代得以不断发展,逐渐形成了完善的制度规范。例如,清代道光二十一年,苏州吴县的庄氏《济阳义庄规条》规定,"贫老无依,不能养者,无论男女,自五十一岁"。自此,其开始获得义庄援助,其标准是每日给米六合(0.6升),年龄超过六十岁的,还会每隔一年赠送棉衣,每个月在原日给米基础上再补助若干大米。随着老人年龄的增长,每日给米数量也会有所增长。对于百岁以上的老人,义庄要出资金为其建老人坊。③

中国古代家庭养老和邻里互助养老是主要的养老方式,但机构养老是一个重要的补充。南朝萧梁时期出现了中国最早的官办养老机构"孤独园",以及最早的私立慈善机构"六疾馆",孤独园是为无家可归老年人和儿童提

---

① 梁盼:《以孝侍亲——孝与古代养老》,中国国际广播出版社,2014,第101页。
② 梁盼:《以孝侍亲——孝与古代养老》,中国国际广播出版社,2014,第65页。
③ 梁盼:《以孝侍亲——孝与古代养老》,中国国际广播出版社,2014,第66页。

供居所的机构，六疾馆专门收治"贫病六疾"不能自存的人。① 随着中国经济繁荣和市民阶层兴起，古代官办养老机构和民间养老组织逐渐兴起，延续着为孤贫老人提供养老服务的优良传统。

二 孝文化在首都社区养老服务中的价值作用

中国传统孝文化强调对于老年人的赡养和尊敬。古代中国建立了较为完善的养老服务制度。传统孝文化是一笔宝贵的文化资源，对于完善今天的首都社区养老服务制度体系依然具有重要的价值作用。

（一）有助于弥合代际鸿沟，提高子女尊老养老观念

一方面，首都北京是国际交往中心，中西方文化在此交流融合，受到西方养老文化的影响，传统的"养儿防老""双向反馈"养老理念和养老模式正在逐渐解构。人们对于孝文化的理解更多的是把子女的发展作为孝顺父母的基础，表现为老年人支持子女的自由发展，老年人和子女希望相互之间有一个独立的环境和空间，整个家庭代际关系从"敬上"到"宠下"转变，从"敬老"到"爱幼"转变。② 另一方面，北京拥有庞大规模的流动人口，由此带来了家庭人口结构变迁，即由主干家庭向核心家庭转变，虽然仍然存在一些老年人和子女居住的情况，但大多数是暂时性居住在一起，老年人从外地来到北京，帮助子女共同抚养第三代，等到孙辈长大，便分开居住。这种变迁的结果是家庭关系由父子关系向夫妻关系偏移，家庭重心向下迁移，由此出现了亲子关系的疏远和孝亲观念的淡化。"啃老"、拒绝赡养老人、侵犯老年人合法权益等社会现象的出现反映了当下的代际关系危机。虽然传统孝文化中的"愚忠愚孝""养儿防老"等理念具有保守性，但是总体来看，孝文化是中国传统美德，孝文化中的养老孝老敬老等理念应该得以继承

① 梁盼：《以孝侍亲——孝与古代养老》，中国国际广播出版社，2014，第46页。
② 陈功：《社会变迁中的养老和孝观念研究》，中国社会出版社，2009，第406页。

和发扬，这对于增强人们赡养父母、敬爱老者的责任意识，继而弥合家庭代际鸿沟，在全社会形成良好的道德风尚具有重要的推动作用。

（二）有助于加强邻里互助，增强老年人社区归属感

伴随着新技术革命浪潮，我国经济社会领域发生资源分散、社会分层、利益差异化、价值观多元化等深刻变化，整个社会的"原子化"趋势越来越显著。北京是人口规模在 2000 万人以上的超大城市，在高楼林立的现代都市，快节奏、个体化的生活方式导致人与人之间关系冷漠，"区而不社"成为值得关注的社区异象。虽然一些社区开展了丰富多样的邻里互助养老服务，但是对于老年人，特别是孤寡老年人来说，他们不仅需要日常的生活照顾，还需要长期的陪伴与精神慰藉。中国传统孝文化不仅强调对自己的父母要赡养和尊敬，这样的孝亲情感也要延伸到宗族乡里，扩展到对身边所有老者的尊敬爱戴。在孝文化的影响下，中国古代形成了邻里互助养老的传统。继承和发扬传统孝文化，积极倡导邻里守望互助的养老理念，有助于引起社区居民孝老的情感共鸣，特别是对于长期在外工作、远离父母的人来讲，孝文化的弘扬可以深深打动人们的心灵，成为人们参与社区互助、志愿服务的导向性力量。对于老年人来说，生活在敬老爱老的社区将极大地增强其对于社区的情感认同和归属感，有助于其身心健康发展。

（三）有助于培育社区精神，推动公众参与养老服务

社区精神作为一种价值要素，是社区行动不可或缺的支撑，其联结人与人之间的互动和交往，其导向作用并不是发出基于实际行动的强制性命令，而是从内在的情感、观念或信仰方面激活行动。社区精神是推动人与人之间紧密联结、维系社区情感的精神力量，彰显了社区独有的文化个性。然而，在从生产型社会向消费型社会的转型过渡中，人们对于精神和道德的追求有所忽视，更为追求物质利益，产生自私自利等行为。孝文化倡导"老吾老以及人之老"的传统美德，鼓励人们有敬爱之心，以孝的道德规范孝敬父母、关爱邻里，从而维系家庭和睦、社区安定，促进社会和谐繁荣。"孝"

文化具有悠久的历史，孝的精神流淌在中国人的血脉之中，孝行也在日常生活中不断上演，这是中国人所熟知的、有本土认同的文化"文本"。在社区层面弘扬孝文化有助于培育社区精神，在一定程度上转变人们逐利的心理，唤起人们内心"善"的一面，推动公众自觉自愿参与到社区养老服务中，从而构建人与人之间紧密联结的社区生活共同体。

三　孝文化融入首都社区养老服务的实践探索

首都北京在推进老年友好型社会建设、弘扬孝亲敬老传统美德方面积极作为，努力将中国优秀传统美德与首都养老服务相结合，在基层形成一批典型经验做法。位于北京城市副中心的于家务回族乡仇庄村，在党组织领导下坚持 20 余年打造社区孝老文化品牌，不断完善为老服务体系，着力提升老年人的获得感、幸福感、安全感，在 2022 年入选全国示范性老年友好型社区，是将中国传统孝文化融入社区养老服务的生动典范。

一是，开展社区孝老服务。尊老孝亲是孝文化的题中之义，从 1999 年起，仇庄村便把每年的腊月二十定为"老人节"，村两委班子分批入户看望全村所有 60 岁以上的老人，并为他们送上慰问金和慰问品，给老年人拜早年，了解老人的身心状况和需求，带头践行尊老敬老孝老爱老的传统美德。近年来，村中建立了养老服务中心及养老助餐点，为老年人提供助餐、日常照料、免费理发等养老服务。仇庄村对有需求和愿意并符合相关条件的老年群体协助他们申请和开展适老化改造，对村内残疾老年人协助其申领辅助器材，以方便老年人的日常生活。村里还配备了老人"聊天室"，在聊天室，老人能够聊家常、相互开导，保持心情舒畅。"帮助自助"的模式是解决老龄问题的方案和对策，这种模式强调养老服务不仅要帮助老年人解决经济问题，还要考虑老年人发展的需求，让老年人感受到自我价值和尊严。仇庄村每逢春节、端午、中秋、重阳等传统重大节日，都会打造如"老人节""美德传家，共度重阳"等特色节日文化活动，活动会邀请社区老年人参与，以增强老年人的社会融入感和参与感，帮助老年人树立老有所为的积极心态，使其在有限的生命时光中实现自我价值。

二是，加强社区孝文化教育。践行传承孝文化，仅仅有表面上的行动是不够的，还应通过行动来转变人们的思想，这就需要发挥社区教育的作用，通过社区孝文化教育，将孝文化内化为人们自觉自愿的行动，从而厚植社区养老服务的价值基础。十余年来，仇庄村将村庄主路打造成"法德文化街"，先后建成乡情村史陈列室、孝道馆、党建教育馆等教育场馆；近年来成立了仇庄书院，建成了十德公园，这些硬件设施的建设为仇庄村孝文化的弘扬提供了场地和平台。与此同时，仇庄村将孝文化融入《村民自治章程》和《村规民约》，以道德"大讲堂"+"小课堂"的模式在社区弘扬孝文化。大讲堂是在社区中开展孝亲敬老、家风文化等中华优秀传统文化方面的讲座，小课堂针对每个家庭的特点，开展一对一的指导。除此之外，仇庄村专门成立了以"村贤"为主要力量的村民宣讲团，宣讲自家好故事，让身边人讲身边事，学习身边的模范，不断提升村民的道德境界。

三是，注重家庭、家教、家风建设。古语云："天下之本在家。"家风是孝文化的核心精髓。仇庄村于2014年启动"追寻家训家规、呼唤良好家风"系列主题活动，通过这个活动，村委会为每户提炼仇庄村独有的《家道》三字经，又为各户提炼自家的家风家训家规。通过这个家训，仇庄村又编写了家风故事集，形成了家家有家训、家家有家规，家风家训家规代代相传的浓郁氛围。与此同时，仇庄村注重发挥先进典型的影响带动作用，每年组织开展"优秀党员"、"好媳妇"、"好婆婆"、"孝老爱亲之星"和文明家庭等评选表彰活动，用榜样的力量带动全村村民践行孝文化，使孝文化成为村民的自觉行动。目前，仇庄村村风文明和谐，为老服务水平持续提升，相继荣获"全国文明村""全国敬老文明号"等国家级荣誉，仇庄村以孝文化为价值导向，不断提升为老服务水平的典型做法，对于进一步完善首都社区养老服务具有重要的启示意义。

四　以孝文化助推首都社区养老服务的实施路径

（一）弘扬孝文化理念，挖掘社区养老服务本土经验智慧

中华文化源远流长、博大精深，传统孝文化中蕴含敬爱、尊重、仁爱等道德规范，具有引导人们孝顺父母、尊敬长辈、关爱长者的导向作用。孝文化是融入中国人血脉之中的优秀文化传统，在孝文化的影响下，古代中国形成了丰富灿烂的养老服务实践，对于当下完善社区养老服务是一笔宝贵的本土资源。因此，传承和弘扬中国传统孝文化，不仅是对价值理念方面的宣传和倡导，还要认真梳理中国传统孝老政策制度，充分挖掘和提炼中国本土养老服务实践的好经验、好做法，并对其进行创造性转化和创新性发展。例如，对传统义庄模式进行现代转化，以发展民间互助养老。"人野相近"的老年人颐养居处原则对于今天改善居家和社区养老环境、养老机构科学选址等都具有很好的启示意义。首都社区养老服务高质量发展不能忽视中国传统孝文化的重要推动作用，要建立起传统与现代之间的良性互动，找寻满足首都老年人需求、符合首都社区特点的社区养老服务模式。

（二）加强社区建设，形成社区养老服务支持网络

做好社区养老服务的前提基础是将社区建设好，这需要发挥传统孝文化在社区建设中的重要作用。一方面，通过社区教育的方式，加强家庭、家教、家风建设，弘扬传统家庭美德，培育家庭和睦、邻里相亲的社区精神。通过开展丰富多样的社区为老活动，发挥榜样的带动作用，在社区中积极倡导敬老、养老、爱老、助老的价值理念，营造孝亲敬老的良好氛围，从而增强子女赡养父母的责任意识，形成社区邻里之间互帮互助的社区文化，强化社区工作者、领导干部开展为老服务的担当作为。另一方面，充分发挥基层党组织的组织动员力、群众凝聚力、社会号召力，广泛动员社区居民、养老

服务机构、医疗服务机构、爱心企业、志愿者等参与社区养老服务，形成结对帮扶、互助养老的社会支持网络，增强老年人的社区归属感、认同感，促进老年人社会参与，实现老年人自我价值提升，从而变政府唱"独角戏"为社会"大合唱"，凝聚起社区为老服务的合力，共同建设守望相助、睦邻友好、团结友爱的美好生活家园。

（三）丰富养老服务内容，为老年人提供全方位养老服务保障

孝是一种行动，孝文化的传承不能停留在认识上、语言上，更为重要的是付诸实际行动。一是，充分发挥社区在连接居家养老和机构养老之间的桥梁纽带作用，通过发展社区嵌入式养老服务机构或与专业养老机构合作等方式，将机构养老服务引入社区，还可以通过开展上门服务、建设家庭养老床位等方式，将专业服务延伸到老年人家庭。① 二是，重视老年人的身心健康，通过链接医疗资源和心理咨询服务等方式，由专业人士为老年人提供医养结合服务，满足老年人养老、医疗、心理健康等多层次需求。三是，整合社区服务资源，在社区中发展助餐、助浴、助行、助医、助急等居家养老上门服务，依托社区向老年人提供日常所需的生活照顾、文化娱乐、医疗服务、心理健康支持等多种服务资源，构建"一刻钟居家社区养老服务圈"。

参考文献

景天魁：《传统孝文化的古今贯通》，《学习与探索》2018 年第 3 期。

景天魁等：《中国社会学：起源与绵延》，社会科学文献出版社，2017。

《论语译注》，杨伯峻译注，中华书局，2006。

《礼记译解》，王文锦译解，中华书局，2016。

---

① 《全国政协常委、民政部副部长唐承沛：充分发挥社区在养老服务中的重要作用》，《人民政协报》2023 年 3 月 14 日第 12 版。

《孟子译注》，杨伯峻译注，中华书局，2008。

《孝经忠经》，张景、张松辉译注，中华书局，2022。

梁盼：《以孝侍亲——孝与古代养老》，中国国际广播出版社，2014。

陈功：《社会变迁中的养老和孝观念研究》，中国社会出版社，2009。

肖群忠：《孝与中国文化》，人民出版社，2001。

B.9
北京老年人力资源现状及其展望

薛伟玲*

摘　要： 本报告主要使用定量分析方法，从老年人口比例变动、年龄结构、健康状况、受教育程度、就业特征几个维度对北京老年人力资源现状和未来变动趋势进行分析，探讨当前北京老年人口就业选择与是否享有养老保障有关，总体来看，多数老年人就业仍基于生计考虑，而非基于价值实现和全面发展，城市老年人口就业比例低于村镇老年人口；老年人口的就业活跃度随着受教育程度提高呈"U"形分布。北京老年人力资源开发工作仍处于探索阶段，尚未形成有效的开发机制和路径，然而，面对当前和未来北京不断加重的老龄化形势，相对年轻老年人口的比重较高，老年人口健康水平较高、文化素质不断提升的特点决定了未来老年人力资源开发不仅具有很强的必要性，还具有很强的人力资本收益预期。未来有必要在劳动力动态监测基础上，尝试通过工龄限制，而非年龄限制，逐步动态打破就业年龄限制，采用差异化、精准化的开发策略，打造更加精准、弹性更高的就业体系。

关键词： 老年人口　人力资源　北京

伴随着老龄化程度的不断加深，社会老年人力资源开发议题的关注度越来越高。20世纪90年代的《联合国老年人原则》确定了"自立、参与、照

---

* 薛伟玲，博士，中共北京市委党校（北京行政学院）社会学教研部（北京市人口研究所）副教授，主要研究方向为人口经济学、老年健康。

料、自我实现、尊严"的老年人地位通行标准。我国在 1978 年颁布的《国务院关于工人退休、退职的暂定办法》鼓励离退休老年人继续做一些力所能及的事。当前，积极应对人口老龄化已上升为国家战略，做好老年人力资源开发工作对于从战略上防范和化解老龄化的经济社会风险具有重要价值。本报告讨论人口老龄化程度不断加重背景下北京老年人力资源的现状，并在此基础上基于人口预测数据对其进行展望。对于老年人力资源的界定，原新认为老年人力资源既包括从事经营性有报酬社会劳动和生产的老年人口、从事无报酬或者补助劳动的老年人口，也包括从事公益性事业或有利于家庭活动的老年人口。[1] 此后的研究多采用这种界定方式，也有学者将其拓展为当前没有就业，但有就业意愿的老年人。由此可知，"有劳动能力""60 岁及以上"成为老年人力资源的必备条件。人力资源开发以人力资本投资为前提，相比老年人力资源的概念，老年人力资本概念更加强调人口素质。为此，本报告将通过北京市老年人口比例变动、年龄结构、健康状况、受教育程度、就业特征等几个方面来综合衡量老年人力资源情况。

一 北京老年人力资源现状及特征

（一）老年人力资源开发必要性日益显现：北京劳动年龄人口和老年人口呈现此消彼长的变动趋势

伴随着预期寿命的不断增加，以及长期以来的低生育率，首都老年人口所占比重逐步提升，老龄化程度不断加深。与之相对应的是劳动年龄人口占总人口的比重下降。2010~2022 年，15~59 岁劳动年龄人口从 2010 年的 1574.2 万人增加到 2013 年的 1610.5 万人的峰值后开始负增长，到 2022 年降至 1455.2 万人（见图 1）。15~59 岁劳动年龄人口在总人口中所占比重整体上呈下降态势，从 2010 年的 78.86% 降至 2022 年的 66.62%。

与此相反，2010~2022 年，北京 60 岁及以上老年人口规模从 246.0 万

---

① 原新：《21 世纪我国老年人口规模和老年人力资源开发》，《南方人口》2000 年第 1 期。

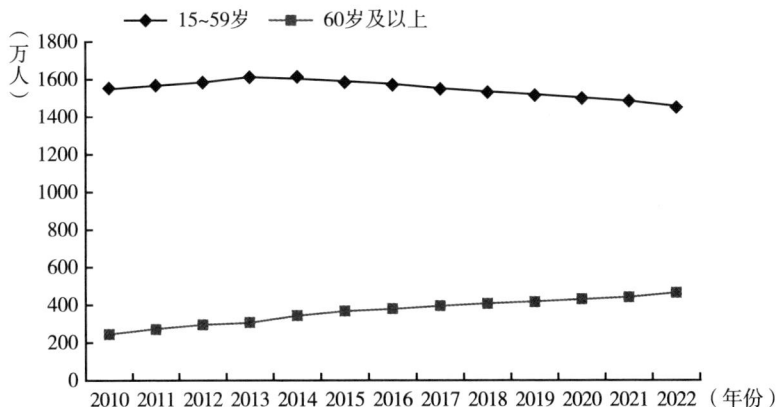

图1 2010~2022年首都劳动年龄人口和老年人口变动趋势

人上升至465.1万人，在总人口中的占比从12.5%上升至21.3%。其中，65岁及以上老年人口规模从171.0万人上升至330.1万人，老年人口中65岁及以上老年人口所占比重呈现有增有减的波动趋势，但是，总体来看该比重在2016年前基本在下降，在2016~2022年基本呈上升态势。

从劳动年龄人口同老年人口数量关系的变化可以发现：北京市老年抚养比在攀升，虽然目前就业领域仍然存在就业困难群体和结构性失业现象，但是，伴随着劳动力供给水平的不断下降，开发老年人力资源的必要性日趋显现。

（二）老年人力资源开发的人口年龄结构基础：在老年人口中，80岁及以下人口占比超过85%

2010年以来，北京市60岁及以上老年人口从2010年的246.0万人持续增至2022年的465.1万人，平均增速为18.25万人/年。分年龄组数据显示，65~69岁、70~74岁、85岁及以上年龄组的老年人口在2010~2022年持续增加。其中，65~69岁老年人口从2010年的51.5万人持续增至2022年的133.7万人，70~74岁老年人口从2010年的50.5万人持续增至2022年的82.7万人，85岁及以上老年人口从2010年的10.3万人持续增至2022

年的 33 万人（见表 1）。60~64 岁老年人口在 2021 年出现了小幅波动后，2022 年继续上升。75~79 岁老年人口在 2020 年出现波动，此后继续上升。80~84 岁老年人口则在 2022 年出现小幅下降。

表 1　2010~2022 年北京市各年龄组老年人口规模变动情况

单位：万人

年龄段	2010 年	2015 年	2020 年	2021 年	2022 年
60~64 岁	75. 2	117. 7	138. 7	130	135
65~69 岁	51. 5	76. 7	119. 5	128. 1	133. 7
70~74 岁	50. 5	50. 6	66. 8	73. 7	82. 7
75~79 岁	38. 6	45. 7	41. 5	43. 9	46. 4
80~84 岁	20	31. 6	34. 9	34. 9	34. 3
85 岁及以上	10. 3	18. 2	28. 5	31	33

资料来源：《北京统计年鉴》。

表 2 将 60 岁及以上老年人口划分为三个年龄组，即 60~69 岁、70~79 岁、80 岁及以上，并分别计算各个年份不同年龄组老年人口占当年老年人口总量的比重。由表 2 可知，当前北京市老年人口仍较为年轻，2022 年，70 岁以下老年人的比重为 57.78%，80 岁以下老年人口的比重高达 85.54%。综观北京市老年人口的年龄结构可以发现，2010 年以来，北京市 80 岁及以上高龄老年人口比重均在 15% 以下，2015 年以来基本为 14%~15%。

表 2　2010~2022 年北京市老年人年龄构成变动情况

单位：%

年龄段	2010 年	2015 年	2020 年	2021 年	2022 年
60~69 岁	51. 49	57. 10	60. 06	58. 45	57. 78
70~79 岁	36. 20	28. 28	25. 19	26. 63	27. 76
80 岁及以上	12. 32	14. 63	14. 75	14. 92	14. 47
合计	100. 01	100. 01	100. 00	100. 00	100. 01

资料来源：《北京统计年鉴》。

（三）老年人力资源开发的健康保障：良好的健康状况

根据第七次全国人口普查（简称"七普"）数据，2020 年，在北京市老年人口中，健康老年人口占 62.05%，基本健康的老年人口占 28.62%，"不健康，但生活能自理"的老年人口占 6.48%，"不健康，生活不能自理"的老年人口占 2.85%。

同期，在全国老年人口中，健康老年人口占 54.64%，基本健康老年人口占 32.61%，"不健康，但生活能自理"的老年人口占 10.41%，"不健康，生活不能自理"的老年人口占 2.34%。由于更高的老龄化程度，北京市存在更高比例生活不能自理的老年人口。但是，应该注意北京市健康老年人口的比重高于全国该比重，而且健康老年人口和基本健康老年人口的合计比重也高于全国平均水平，这说明需要对不同年龄组老年人的健康状况进行细分研究。

由图 2 可知，伴随着增龄，健康老年人口的比重在不断下降，80 岁前，"不健康，生活不能自理"老年人的比重都不高于 3.50%，其中，60~64 岁老年人口中，"不健康，生活不能自理"的老年人口占 0.70%，65~69 岁、70~74 岁、75~79 岁老年人口中相应的比例分别为 1.13%、2.03% 和 3.50%。高龄老年人口中"不健康，生活不能自理"的比重相对较高，其中，80~84 岁老年人口中"不健康，生活不能自理"老年人口占 7.49%，85~89 岁老年人口中该比例为 14.11%，90 岁及以上老年人口中该比例则为 25.75%。分年龄段的数据结果表明，在 75 岁以前，各个年龄组中健康和基本健康老年人口的合计比重都超过 90.00%，其中，60~64 岁老年人口中，健康和基本健康的占 96.37%；65~69 岁、70~74 岁老年人口中，该比例分别为 94.79% 和 91.16%；90 岁以下老年人口中，健康和基本健康的比例都高于 65.00%，其中，75~79 岁、80~84 岁、85~85 岁老年人口中相应的比例分别为 86.67%、77.60% 和 66.97%。在 90 岁及以上老年人口中，健康和基本健康老年人口的比重降至 52.52%。以上数据表明：良好的健康状况为北京市老年人力资源开发提供了可靠的基础。

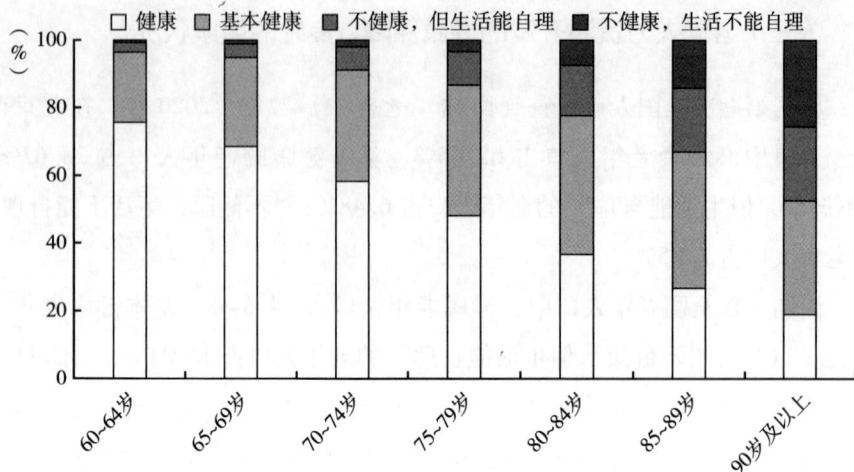

图2 不同年龄段老年人口健康状况分布情况

资料来源：《北京市人口普查年鉴—2020》。

（四）老年人力资源开发的教育保障：不断提高的受教育程度

对"七普"数据的分析发现：在所有60岁及以上老年人口中，未上过学的老年人口占3.64%，接受过学前教育、小学教育、初中教育、高中教育、大学专科教育、大学本科教育、硕士研究生教育、博士研究生教育的老年人口分别占0.09%、17.92%、33.53%、24.17%、10.12%、9.65%、0.71%和0.15%。显然，过半老年人接受过中学教育，为57.70%。超过1/5的老年人接受过大专及以上教育，为20.63%。78.33%的老年人接受过初中及以上教育。

由表3可知，伴随着时间推移，老年人的受教育程度不断提升。年龄分组数据表明，在"七普"数据中，小学及以下受教育程度的老年人所占比例呈随着年龄增加递增的特征，初中、高中、大学专科受教育程度的老年人的比例均随着年龄增加呈整体上下降的特征，研究生学历老年人的该比例随着年龄增加呈波动变化的特征，整体来看，年轻的老年人的受教育程度为研究生的比例较高。

表3 "六普"和"七普"不同年龄段老年人口受教育程度分布情况

单位：%

	60~64岁		65~69岁		70~74岁		75~79岁		80~84岁		85岁及以上	
	"六普"	"七普"	"六普"	"七普"	"六普"	"七普"	"六普"	"七普"	"六普"	"七普"	"六普"	"七普"
小学及以下	23.3	10.88	27.72	17.24	42.93	24.17	56.5	28.28	63.72	40.81	69.1	53.59
初中	40.54	32.53	32.13	42.6	20.87	36.61	16.48	29.33	13.79	19.91	11.85	16.03
高中	18.01	36.84	19.17	19.66	14.11	19.31	10.2	19.58	7.99	14.78	6.77	11.04
大学专科	10.5	10.37	9.02	11.3	6.87	11.09	5.65	9.52	4.22	7.42	3.11	5.92
大学本科	7.15	8.13	11.49	8.36	14.84	8.29	10.65	12.75	9.76	16.59	8.73	12.68
研究生	0.49	1.26	0.47	0.84	0.39	0.53	0.51	0.53	0.52	0.49	0.45	0.75
合计	99.99	100.01	100.00	100.00	100.01	100.00	99.99	99.99	100.00	100.00	100.01	100.01

资料来源：《北京市2010年人口普查资料》《北京市人口普查年鉴—2020》。

对比第六次全国人口普查（简称"六普"）和"七普"数据同样可以发现：伴随着时间的推移，在所有年龄组，老年人的受教育程度都有所提高。相比"六普"，"七普"时，小学及以下受教育程度的老年人在相应年龄组中所占比例都有所下降，受教育程度为高中、研究生的老年人在相应年龄组中所占比例都有所提高。除 60～64 岁年龄组外，受教育程度为初中、大学专科的老年人在相应年龄组中所占比例均呈"七普"高于"六普"的特征。

（五）北京老年人口就业特征分析：城市老年人口就业比例低于村镇老年人口，就业活跃度随受教育程度提高呈"U"形分布

对"七普"数据中老年人主要收入来源的分析可知，当前，老年人的就业选择与其是否享有退休金/养老金的关系密切，总体来看，多数老年人就业仍基于生计考虑，而非基于价值实现和全面发展，城市老年人口就业比例低于村镇老年人口。在城市老年人口中，2.5%的老年人主要依靠劳动收入生活；生活在镇上的老年人口中，7.60%主要依靠劳动收入生活；在乡村老年人口中，12.09%的老年人口主要依靠劳动收入生活。城市、镇、乡村老年人口中主要依靠离退休金/养老金生活的老年人口比重分别为 90.04%、66.72%和54.46%。那么，这个结论在不同受教育程度老年人口中是否存在差异？下文使用"七普"数据进行讨论。

对不同年龄组、受教育程度人口和就业人口数据的观察发现：总体上，文化程度越高，就业率越高，然而，这种结论在老年人口中并不成立。在"七普"数据中，高中及以下文化程度者在 16 岁及以上就业人口中所占的比重低于其在 16 岁及以上总人口中所占的比重；大学专科及以上人口中表现出相反的情况。其中，在 16 岁及以上总人口中，受教育程度为未上过学、学前教育、小学、初中、高中、大学专科、大学本科、硕士研究生、博士研究生的人口所占比重分别为：1.02%、0.03%、6.67%、24.72%、19.71%、15.24%、24.84%、6.58%、1.19%。在 16 岁及以上就业人口中，受教育程度为未上过学、学前教育、小学、初中、高中、大学专科、大学本科、硕士

研究生、博士研究生的人口所占比重分别为：0.21%、0.01%、3.08%、20.12%、15.39%、18.07%、31.86%、9.72%、1.55%。

在此，使用"教育就业系数 $= \dfrac{\left(e_i / \sum e_i\right)}{\left(p_i / \sum p_i\right)}$"衡量不同受教育程度人口就业活跃度时，数值越大，说明就业活跃度越高，反之，就业活跃度越低，其中，e_i 表示就业人口中第 i 类受教育程度的人口规模，p_i 表示总人口中第 i 类受教育程度的人口规模。

由表4可知，虽然就业活跃度存在小的波动，但是，总体上，学历越高，就业活跃度越高，这个现象在16~59岁劳动年龄人口中尤其明显。然而，老年人口呈现典型的两端大、中间小的特征，即受教育程度为小学及以下老年人口以及受教育程度为硕士和博士研究生的老年人口的就业活跃度相对较高。在老年人口中，就业活跃度最高的是受教育程度为博士研究生的老年人口，而且该群体的就业活跃度呈随着年龄增长而增长的特征，75岁及以上老年人口的就业活跃度高达1310.00%，硕士研究生的就业活跃度在65岁及以后也呈现这种特征。受教育程度为小学及以下的老年人口的就业活跃度也相对较高，但是，呈现与受教育程度为硕士和博士研究生的老年人口截然不同的年龄特征，即受教育程度为小学及以下的老年人口的就业活跃度呈现较为明显的随年龄增长而下降的特征，这种结论在70岁及以上老年人口中尤其如此。

表4　不同年龄组人口就业活跃度

年龄段	未上过学	学前教育	小学	初中	高中	大学专科	大学本科	硕士研究生	博士研究生
16~59岁	55.56	50.00	77.49	88.82	83.39	109.63	110.75	119.35	105.41
60~64岁	177.52	300.00	217.28	134.98	57.25	39.73	60.39	174.26	420.00
65~69岁	258.22	250.00	219.84	97.25	46.69	36.90	55.86	153.52	561.54
70~74岁	213.39	128.57	199.86	97.65	33.97	35.44	45.36	213.33	550.00
75岁及以上	82.59	—	112.91	114.74	53.51	60.00	117.70	381.25	1310.00
合计	20.59	33.33	46.18	81.39	78.08	118.57	128.26	147.72	130.25

资料来源：根据《北京市人口普查年鉴—2020》数据计算得出。

二 北京老年人力资源展望（2020~2050年）

（一）未来北京老年人力资源开发的人口基础：在预测期内，老年人口占总人口的比重不断提高，老年人口老化现象明显，然而，80岁及以下老年人口占所有老年人口的比重都将超过70%

未来老年人口的变动情况对老年人力资源开发工作具有重要的基础性作用，本部分内容在现状分析基础上，基于老年人力资源概念界定中"有劳动能力"和"60岁及以上"两个必要条件，以"七普"数据为基础，采用年龄移算法对未来北京市老年人口规模和年龄结构进行估算，并在此基础上使用"七普"数据对老年人口健康状况进行估计，以初步对老年人力资源变动情况进行展望。在人口预测部分，通过调整生育水平和迁移水平假定三种预测情景，对生育模式、出生性别比、死亡水平、死亡模式、迁移模式采用统一的假定。其中，第一种情景基本接近当前人口增长水平，是预警方案；第二种情景是适度调高的水平，更大可能接近未来人口增长水平；第三种情景是更高水平的方案，同样是预警方案。

由图3可知，在这三种情景下，北京人口老龄化形势都将不断加重，按照情景二，北京60岁及以上老年人口规模和比重都将持续增加，比重预计从2020年的19.63%持续增长至2050年的43.56%。与老年人口比重持续增加相对应的是劳动年龄人口占总人口的比重持续下降，在预测期内，劳动年龄人口比重从2020年的68.53%持续下降至46.82%。未来劳动年龄人口和老年人口此消彼长的变动趋势将非常明显，这进一步增加了老年人力资源开发工作的紧迫性。

由表5可知，在预测期内，老年人口不断老化，相对低龄的老年人口的比重下降，而相对高龄的老年人口的比重上升。在预测期内，60~69岁老年人口占所有老年人口比重的下降速度最快，预计从60.05%持续降至45.80%。70~79岁老年人口占所有老年人口的比重在预测期内呈"倒U"形变动。总体

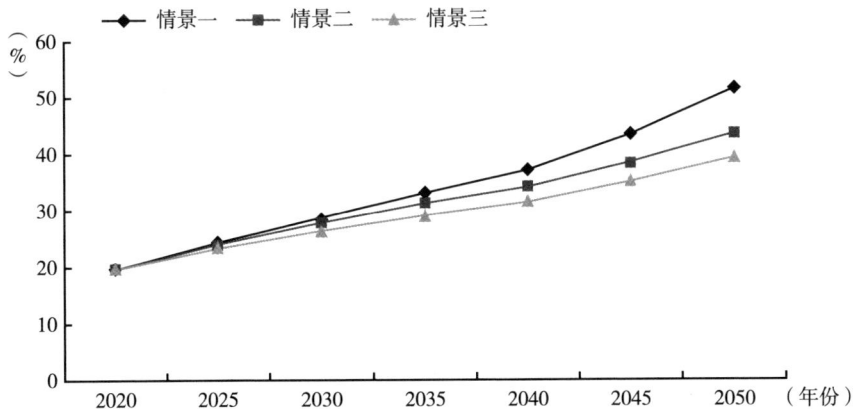

图3　2020~2050年三种情景下北京60岁及以上老年人口比重变动情况

上，80岁及以上高龄老年人口占所有老年人口的比重在预测期内将上升，预计从2020年的14.74%升至2050年的25.54%，相应地，60~79岁老年人口占所有老年人口的比重预计将从2020年的85.26%波动降至2050年的74.47%。即便如此，预计在2050年前，北京市80岁及以下老年人口占所有老年人口的比重都将超过70%。

表5　2020~2050年不同年龄组老年人口比重情况

单位：%

年龄段	2020年	2025年	2030年	2035年	2040年	2045年	2050年
60~64岁	32.26	29.75	24.98	22.17	20.35	24.08	24.98
65~69岁	27.79	25.06	24.58	21.57	19.87	17.72	20.82
70~74岁	15.55	21.08	20.20	20.72	18.88	16.87	15.02
75~79岁	9.66	11.21	16.21	16.24	17.36	15.35	13.65
80~84岁	8.11	6.27	7.84	11.93	12.42	12.98	11.47
85~89岁	4.70	4.35	3.68	4.91	7.88	7.97	8.39
90岁及以上	1.93	2.28	2.50	2.45	3.25	5.03	5.68
合计	100.00	100.00	100.00	100.00	100.00	100.00	100.00

（二）未来北京老年人力资源开发的人群健康基础：在预测期内，健康和基本健康老年人口比重都将保持在85%以上，至少在85岁之前，老年人口失能的比重都将保持在8%以下

不同年龄组的人口的健康水平具有差异，反映到各个年份，则表现为人口的年龄结构不同，总体健康水平之间也将存在差异，而且，由于当前北京社会经济发展水平相对较高，因此采用"七普"不同年龄组健康分布对未来老年人口健康状况进行估计，并在此基础上使用未来不同年龄组的人口分布进行加权处理，粗略估计不同年份老年人口的健康分布情况。

由表6可知，在整个预测期内，北京市老年人口的健康状况都相对较好，健康和基本健康老年人口占全部老年人口的比重都保持在85%以上。由于老年人口年龄结构的变化，健康老年人口所占的比重在2045年前持续小幅下降，但2050年略有回升，基本健康老年人的比重则小幅下降。

表6　2020~2050年老年人健康状况

单位：%

年份	健康	基本健康	不健康，但生活能自理	不健康，生活不能自理
2020	62.05	28.62	6.48	2.85
2025	61.18	29.15	6.68	2.99
2030	59.57	30.12	7.11	3.20
2035	57.50	31.09	7.77	3.64
2040	55.54	31.75	8.44	4.26
2045	55.32	31.39	8.62	4.66
2050	55.88	30.87	8.47	4.78

根据生命周期理论，伴随着年龄增长，老年人的健康水平将下降。对不同年龄组老年人健康状况的观察发现：虽然健康和基本健康老年人口占全部老年人口的比重从60~64岁的96.37%降至100岁及以上年龄组的36.17%，但是，在小于95岁的老年人口中，健康和基本健康的老年人口的比重在各

个年龄组别的比重都超过 50%，具体为：60~64 岁老年人口中，健康和基本健康的老年人口占 96.37%；65~69 岁老年人口中，该比重为 94.79%；70~74 岁老年人口中，该比重为 91.16%；75~79 岁老年人口中，该比重为 86.67%；80~84 岁老年人口中，该比重为 77.60%；85~89 岁老年人口中，该比重为 66.97%；90~94 岁老年人口中，该比重为 54.33%。95~99 岁老年人口中，该比重为 43.86%；100 岁及以上老年人口中，该比重为 36.17%。相反地，对"不健康，生活不能自理"老年人口比重的观察发现：60~64 岁、65~69 岁、70~74 岁、75~79 岁、80~84 岁、85~89 岁、90~94 岁、95~99 岁、100 岁及以上年龄组所占比重分别为：0.70%、1.13%、2.03%、3.50%、7.49%、14.11%、23.74%、35.87%、38.30%。由此可见，至少在 85 岁之前，老年人口失能的比重都将保持在 8% 以下。

（三）未来北京老年人力资源开发工作具有很强的人力资本收益预期

受教育程度是人力资本测算的重要指标，也是北京未来优化老年人力资源开发工作的重要维度，为此，本报告试图估算未来不同年份老年人口受教育程度的变化情况。对受教育程度的估算采用分别计算不同年龄、不同性别、不同受教育程度的人口比例的方法，并对"六普"和"七普"的结果进行差值处理，然后再计算年均差值，以"七普"不同年龄、不同性别、不同受教育程度人口的比例为基础，加上相应的年均差值，估算预测年份各个年龄组不同性别和受教育程度人口所占的比例，最后使用前文中人口预测情景二的结果乘以该比例，得到不同年份分年龄、性别、受教育程度人口的估计值。此处结合人口就业年龄分布特征，讨论大学专科及以上受教育程度者占全部 25 岁及以上人口的比重。

由表 7 可知，在 25 岁及以上大学专科及以上受教育程度人口中，60 岁及以上老年人口的比重随预测年份的推移而呈增加的趋势，在预测期内，25 岁及以上大学专科及以上受教育程度人口中，60 岁及以上老年人口的比重从 2020 年的 11.17% 增至 2050 年的 28.24%。这说明未来老年人力资源开发具有很强的必要性，需要合理规划，以充分释放老年人力资本的收益预期，尽可能防止老年人力资本浪费。不同年龄组数据显示，60~64 岁老年人口和 85 岁及以上老年人口的该比例均呈随预测年份推移而不断提高的趋势；65~69 岁老年人口的该比例除在 2045 年有微小波动外，基本呈上升趋势；70~74 岁老年人口的该比例在 2045 年、2050 年出现微小波动，在其他年份都呈上升趋势；75~79 岁老年人口的该比例在 2045 年、2050 年出现微小波动，在其他年份都呈上升趋势；80~84 岁老年人口的该比例在 2025 年、2050 年出现微小波动，在其他年份都呈上升趋势。

表 7 2020~2050 年北京大专及以上老年人口年龄分布情况

单位：%

	2020 年	2025 年	2030 年	2035 年	2040 年	2045 年	2050 年
60~64 岁	3.45	3.85	4.00	4.25	4.35	5.68	6.34
65~69 岁	3.08	3.36	4.07	4.29	4.40	4.32	5.45
70~74 岁	1.68	2.73	3.22	3.97	4.04	3.98	3.79
75~79 岁	1.19	1.70	3.08	3.76	4.61	4.61	4.48
80~84 岁	1.08	1.02	1.64	3.08	3.72	4.51	4.48
85 岁及以上	0.69	0.81	0.93	1.35	2.34	3.08	3.70
合计	11.17	13.47	16.94	20.70	23.46	26.18	28.24

三 结论和讨论

本报告聚焦北京老年人力资源开发，沿着现状和展望两个主线，从老年人口比例变动、年龄结构、健康状况、受教育程度、就业特征几个维度进行讨论，主要得到如下结论。

第一，伴随着人口老龄化程度的不断加重，北京市老年抚养比攀升，虽然目前就业领域仍然存在就业困难群体和结构性失业现象，但是，伴随着劳动力供给水平的不断下降，老年人力资源开发工作的必要性日趋显现。而且，预计在 2050 年的预测期内，人口老龄化程度都将不断加重。

第二，相对年轻的老年人口的比重维持在较高水平，为老年人力资源开发工作奠定了必要的人口年龄结构基础。在整个预测期内，80 岁及以下人口的比重都将高于 70%。

第三，老年人口良好的健康状况为老年人力资源开发工作提供了必要的健康保障。健康和基本健康老年人口比重在预测期内都将保持在 85% 以上，至少在 85 岁之前，老年人口失能的比重都将保持在 8% 以下。

第四，不断提高的老年人口受教育程度不仅说明未来老年人力资源开发具有很强的必要性，而且说明未来老年人力资源开发工作具有很强的人力资本收益预期。

第五，当前北京老年人口就业选择与是否享有养老保障的关系密切，总体来看，多数老年人就业仍基于生计考虑，而非基于价值实现和全面发展，城市老年人口就业比例低于村镇老年人口；老年人口的就业活跃度随受教育程度提高呈 "U" 形分布，这说明老年人口中越是较低文化程度和较高文化程度者，越具有较高的就业率。

总体而言，当前北京市老年人力资源开发工作仍处于探索阶段，还未形成有效的老年人力资源开发机制和路径。不同人群之间具有很强的异质性，未来有必要在劳动力动态监测基础上，尝试通过工龄限制，而非年龄限制，逐步动态打破就业年龄限制，结合不同行业、不同就业人群的特征，平衡好不同就业人群的实际就业需求，主要基于健康、受教育程度、技能水平等因素，采用差异化、精准化的开发策略，打造更加精准、弹性更高的就业体系。

参考文献

丁志宏：《城市退休老人志愿服务参与现状及影响因素研究》，《兰州学刊》2012 年第 11 期。

钱鑫、姜向群：《中国城市老年人就业意愿影响因素分析》，《人口学刊》2006 年第 5 期。

谢立黎：《中国城市老年人社区志愿服务参与现状与影响因素研究》，《人口与发展》2017 年第 1 期。

原新：《21 世纪我国老年人口规模和老年人力资源开发》，《南方人口》2000 年第 1 期。

B.10
面向共同富裕的北京农村社区居家
养老服务实践、问题与对策[*]

董亭月[**]

摘　要： 直面农村高龄、留守、独居等老年群体"急难愁盼"问题，提升农村社区居家养老服务能力，是奋发有为推进新时代首都发展、扎实推动共同富裕的应有之义。当前北京市农村社区居家养老服务体系的"四梁八柱"基本建立，并探索出文化养老、慈善养老、产业养老等农村养老经验。但由于政府职责边界不清、市场配置资源机制不完善、历史欠账久且多等原因，当前北京农村社区居家养老服务体系仍处于补缺式发展阶段，养老服务供给能力有限，养老服务体系活力不足，养老服务质量不高，养老服务有效需求乏力。为此，本报告从城乡设施一体化、参与主体多元化、人才队伍稳定化、服务精准化、监管系统化五个方面，提出健全北京市农村养老服务网络、创新养老服务模式、打造兼顾均衡与发展的农村社区居家养老服务首善标准的对策建议。

关键词： 共同富裕　农村社区居家养老　首善标准　北京

党的二十大报告中"新时代新征程中国共产党的使命任务"部分指出：

　　* 本报告为北京市社会科学基金一般项目"面向乡村振兴的北京农村社区居家养老服务体系研究"（项目编号：20JCC110）的阶段性研究成果。
　** 董亭月，博士，中共北京市委党校（北京行政学院）社会学教研部（北京市人口研究所）讲师，主要研究方向为老龄社会学、老龄社会政策。

"中国式现代化是全体人民共同富裕的现代化。共同富裕是中国特色社会主义的本质要求，也是一个长期的历史过程。我们坚持把实现人民对美好生活的向往作为现代化建设的出发点和落脚点，着力维护和促进社会公平正义，着力促进全体人民共同富裕，坚决防止两极分化。"聚焦群众"急难愁盼"问题，努力提供更高水平、更加均衡的公共服务，完善城乡社区居家养老服务体系，是奋发有为推进新时代首都发展、扎实推动共同富裕、建设国际一流和谐宜居之都的应有之义。

习近平总书记强调："促进共同富裕，最艰巨最繁重的任务仍然在农村。"[①] 北京市第七次全国人口普查结果显示，2020 年 11 月 1 日零时，北京市 65 岁及以上常住人口规模达到 291.21 万人，占全市常住人口的 13.30%；其中农村地区 65 岁及以上常住人口规模为 42.35 万人，占农村常住人口的 15.53%。根据预测，到 2025 年，北京市 65 岁及以上人口规模达到 349 万人，到 2050 年，这一规模将增长至 660 万人左右[②]，人口老龄化城乡倒置差距不断扩大[③]。相较于城市而言，农村地区人口结构形势与经济社会转型交织，老龄工作的复杂性与重要性更加显著。面向共同富裕，聚焦北京市农村高龄、留守、独居等老年群体"急难愁盼"问题，加强农村社区居家养老服务实践创新，补齐农村养老服务短板，积极应对农村地区人口老龄化加速发展形势，事关首都发展全局，事关百姓福祉，事关农村社会和谐稳定。

为此，本报告将在梳理北京市农村社区居家养老服务相关政策发展历程基础上，分析新时代农村社区居家养老服务体系建设实践、机遇与挑战，并提出提升北京市农村社区居家养老服务能力的对策建议，促进"三边四级"就近精准养老服务体系规划在北京农村地区落实落地，有效促进北京城乡融合发展，扎实推进共同富裕。

---

① 《习近平谈治国理政（第四卷）》，外文出版社，2022，第 146 页。
② 张耀军、王若丞、王小玺：《北京市"十四五"时期人口预测》，载尹德挺、胡玉萍、吴军主编《北京人口发展研究报告（2021）》，社会科学文献出版社，2021，第 121 页。
③ 林宝：《人口老龄化城乡倒置：普遍性与阶段性》，《人口研究》2018 年第 3 期。

一 共同富裕与农村社区居家养老服务政策综述

（一）共同富裕与农村养老服务

共同富裕是社会主义的本质要求，是中国式现代化的重要特征。全体人民共同富裕是一个总体概念。习近平总书记在《扎实推动共同富裕》一文中明确指出，"提高发展的平衡性、协调性、包容性……促进基本公共服务均等化……促进人民精神生活共同富裕……促进农民农村共同富裕"。① 其具体抓手包括完善养老和医疗保障体系，逐步缩小职工与居民、城市与农村的筹资和保障待遇差距，逐步提高城乡居民基本养老金水平；统筹促进共同富裕与人的全面发展，不断满足人民群众多样化、多层次、多方面的物质文化与精神文化需求；全面推进乡村振兴，加强农村基础设施和公共服务体系建设。

我国最大的发展不平衡是城乡发展不平衡，最大的发展不充分是农村发展不充分。中国自 2000 年底进入老龄化社会以来，随着城乡人口老龄化倒置现象加剧、"乡—城"人口流动频繁、农村集体经济衰退等，农村养老困境日渐突出。面向共同富裕，中国提出和实施乡村振兴战略，缩小居民收入差距，推动基本公共服务共建共享，为建立和完善农村养老服务体系提供了重要机遇。

一方面，促进农民农村共同富裕为塑造新型城乡老龄社会关系提供了历史机遇。除依赖传统家庭、家族或集体养老之外，对中国农村养老困境的治理大多依赖经济保障上的"城市反哺农村"、服务发展上的"城市带动农村"两种方式。但城乡人口老龄化倒置问题长期存在，以城市为根基的养老服务方式难以满足以农村文化、地域等环境为基础的养老服务需求，当前

---

① 习近平：《扎实推动共同富裕》，求是网，http：//www.qstheory.cn/dukan/qs/2021-10/15/c_1127959365.htm。

依赖城市的农村养老服务方式难以持续。中国必须重塑城乡老龄社会治理关系，努力探索出一条"各有所长、相互支撑、融合发展"的中国特色城乡养老道路①。促进农民农村共同富裕为塑造新型城乡老龄社会治理关系，进一步完善中国特色养老道路理论提供了历史机遇和经济基础。

另一方面，农村在产业振兴、居民致富、人居环境整治、文化繁荣等方面的全面发展将为农村养老服务发展提供强大的内生动力。首先，产业振兴将为农村康养产业和养老服务业发展提供新活力，养老服务业作为一种新业态将在强大的需求和康养产业刺激下大力发展。其次，居民致富将为扩大养老服务供给、提升养老服务质量营造良好的消费市场环境。最后，文化繁荣为丰富农村老年人精神文化生活并营造孝老爱老敬老社会氛围开启新篇章。另外，人居环境整治为农村老年宜居环境建设打开新思路。总之，农民农村共同富裕将为农村养老服务发展提供强大的内生动力。

（二）党的十八大以来的农村社区居家养老服务政策的发展历程

党的十八大召开以来，党中央、国务院高度重视养老服务。在立法层面，2013 年，《中华人民共和国老年人权益保障法》修订案通过，为社区居家养老服务提供法律保障。

在顶层设计层面，《社会养老服务体系建设规划（2011-2015 年）》《"十三五"国家老龄事业发展和养老体系建设规划》提出进一步夯实社区居家养老服务基础，开展社区居家养老服务工程；2019 年，中共中央、国务院印发《国家积极应对人口老龄化中长期规划》，进一步对社区居家养老服务的发展进行长远谋划。2018 年，中共中央、国务院印发《乡村振兴战略规划（2018-2022 年）》，明确提出要"提升农村养老服务能力""加快建立以居家为基础、社区为依托、机构为补充的多层次农村养

---

① 杜鹏、王永梅：《乡村振兴战略背景下农村养老服务体系建设的机遇、挑战及应对》，《河北学刊》2019 年第 4 期。

老服务体系"。加快农村社区居家养老服务体系建设，是满足农村老年人多层次养老服务需求的有效途径，是促进养老服务业发展的必然选择，也是实施乡村振兴战略的关键举措。2021 年，《中共中央　国务院关于加强新时代老龄工作的意见》印发，明确提出要创新居家社区养老服务模式，在农村地区，要结合实施乡村振兴战略，加强养老服务机构和设施建设，鼓励以村级邻里互助点、农村幸福院为依托发展互助式养老服务。

在配套政策措施层面，《国务院关于加快发展养老服务业的若干意见》（国发〔2013〕35 号）、《国务院办公厅关于全面放开养老服务市场提升养老服务质量的若干意见》（国办发〔2016〕91 号）、《国务院办公厅关于推进养老服务发展的指导意见》（国办发〔2019〕5 号）等发布，指出加快建设居家社区机构相协调、医养康养相结合的养老服务体系。国家发改委、全国老龄委、民政部、人力资源和社会保障部、自然资源部等部委也发布政策法规，通过促进医养结合、完善养老用地保障、鼓励金融支持、提升服务质量、探索地方试点等方式支持和规范社区居家养老服务发展。

（三）北京市农村社区居家养老服务政策进程

北京市社区居家养老服务工作走在全国前列。"十三五"期间，北京市制定了全国首部居家养老服务地方条例《北京市居家养老服务条例》（2015 年），确立社区居家养老服务的法制基础。同时，北京市政府、市老龄委等相继出台《关于依托养老照料中心开展社区居家养老服务的指导意见》（2015 年）、《关于开展社区养老服务驿站建设的意见》（2016 年）、《关于加强老年人分类保障的指导意见》（2016 年）、《北京市支持居家养老服务发展十条政策》（2016 年）、《社区养老服务驿站设施设计和服务标准（试行）》（2016 年）、《关于全面放开养老服务市场进一步促进养老服务业发展的实施意见》（2017 年）、《北京市社区养老服务驿站建设规划（2016 年-2020 年）》（2017 年）、《北京市社区养老服务驿站管理办法（试行）》

（2020 年）等政策措施，从优化市场环境、扶持服务设施建设、加强服务对象精准识别、强化服务监管等多方面发力，促进社区居家养老服务能力提升。为补足农村养老服务工作短板，促进公共服务均等化，北京市民政局发布《关于加强农村养老服务工作的意见》（2017 年），强调各级政府及主管部门在做好农村养老服务工作方面的共同责任。2021 年，北京市民政局、北京市规划和自然资源委员会制定《北京市养老服务专项规划（2021 年–2035 年）》，提出要建立农村养老服务网络，将养老服务设施逐步向居家、社区、农村倾斜，进一步完善农村社区居家养老服务发展的顶层设计与制度保障。

进入"十四五"时期以来，为深入贯彻习近平总书记对加快养老产业发展的重要指示批示精神，北京市着力完善"三边四级"养老服务体系，通过加强养老服务联合体①（以下简称"养联体"）建设，试点建设家庭照护床位，探索实行"物业服务+养老服务"模式，将养老服务工作纳入"七有""五性"评价监测体系等，着力提升精准就近为老服务标准与质量。2022 年 1 月 1 日，新修订的《北京市社区养老服务驿站运营扶持办法》正式实施，首次在市级层面对城区驿站和农村驿站进行明确界定，并有针对性地制定补贴标准，以实现因地制宜地管理。该办法还明确了驿站服务清单，清晰划分基本养老服务、普惠型养老服务、市场服务，通过分类补贴、签约补贴等方式，鼓励驿站为居家老人提供实实在在的服务，尤其是为基本养老服务对象提供基本养老服务。

当前，北京市农村社区居家养老服务体系的"四梁八柱"基本建立，顶层设计初见端倪，"三边四级"就近精准居家养老服务体系框架基本形成，涉老法治进展重大，社会养老服务体系初步形成；养老服务公共政策密集出台，养老服务管理体系迈上新台阶；养老服务发展理念更新，养老服务

---

① 《北京市养老服务专项规划（2021 年–2035 年）》提出创新养老服务联合体。具体构建街乡镇养老服务联合体时，由街道办事处、乡镇政府牵头街乡镇养老服务组织，承担区域养老服务统筹、资源整合、支持指导、监督管理等职能，实现区域养老服务设施合理布局，功能服务衔接连续，精准对接老年人多样化养老服务需求。

供给侧改革深入推进，地方示范效应逐渐显现。但是，由于在养老服务体系建设过程中政府职责边界不清晰、社会参与作用发挥不充分、市场配置资源机制不完善、历史欠账久且多等原因，当前北京市农村社区居家养老服务体系仍处于碎片化、补缺式发展阶段，缺乏统筹规划。[①]

二　基于"七普"数据的北京市农村老年人养老服务需求分析

北京市第七次全国人口普查结果显示，2020 年 11 月 1 日零时，北京市常住人口为 2189.3 万人，其中 60 岁及以上人口为 429.9 万人，占全市常住人口的 19.6%，这一比例与 2010 年相比上升了 7.1 个百分点。为了解北京市农村老年人的社区居家养老服务需求，课题组根据北京市第七次全国人口普查短表和长表数据进一步分析 60 岁及以上老年人口的居住地区、年龄结构、健康状况、主要生活来源和居住方式，具体发现如下。

分区域看人口老龄化程度，东城区、西城区的常住人口老龄化程度较高，分别达到 26.46% 和 25.97%（见表 1）。丰台区、石景山区、朝阳区以及除怀柔区外的生态涵养区 60 岁及以上老年人口比例均在 20% 以上，城市发展新区、副中心和海淀区的常住人口老龄化程度相对较低，其中，昌平区的人口老龄化程度最低，60 岁及以上老年人口比例为 14.94%。不过从 60 岁及以上老龄人口规模来看，朝阳区、海淀区、丰台区的 60 岁及以上老年人口规模居全市前三位，这与社区居家养老服务设施的区域分布相对一致，朝阳区、海淀区的养老照料中心和养老服务驿站数量居全市前两位，丰台区的养老照料中心数量居全市第三位，但驿站数量相对较少。

---

① 王雪辉、彭聪：《农村社会养老服务供给水平研究》，《华南农业大学学报》（社会科学版）2020 年第 1 期。刘卫东：《农村养老服务发展的优化路径》，《中国社会报》2020 年 7 月 6 日第 2 版。

表1　北京市各区60岁及以上老年人口规模与比例

单位：人，%

城市空间	区域	60岁及以上人口规模	60岁及以上人口占比
中心城区	东城区	187528	26.46
	西城区	287321	25.97
	朝阳区	708869	20.53
	海淀区	578347	18.46
	丰台区	478986	23.71
	石景山区	137768	24.26
副中心	通州区	315976	17.17
城市发展新区	顺义区	218751	16.52
	大兴区	299208	15.01
	昌平区	339171	14.94
	房山区	260160	19.82
生态涵养区	怀柔区	86216	19.55
	门头沟区	88759	22.61
	密云区	122106	23.14
	平谷区	109866	24.02
	延庆区	79558	23.02
合计		4298590	19.63

资料来源：2020年北京市第七次全国人口普查短表数据。

北京市城乡常住人口老龄化处于倒置状态。虽然北京市乡村人口比例仅占总人口的12.45%，但是乡村地区的人口老龄化程度已达到22.86%，高于城镇地区的19.18%。具体比较城乡老年人口年龄分布发现，乡村60~79岁低龄老年人口比例略高于城镇地区（见表2），占乡村老年总人口的88.9%。

对北京市第七次全国人口普查长表调查数据分析发现，乡村老年人口的健康状况明显比城镇老年人口差，"不健康，生活不能自理"乡村老年人口占乡村老年总人口的4.06%，"不健康，但生活能自理"的乡村老年人口占12.33%（见表3），均明显高于城镇的相关老年人口比例。这也说明，北京市乡村老年人口的养老照护需求水平较高。

表 2　北京市城乡分年龄组老年人口比例

单位：%，人

年龄组	城镇	乡村	总体
60~64 岁	32.67	32.81	32.69
65~69 岁	28.19	28.4	28.22
70~74 岁	15.28	17.31	15.57
75~79 岁	9.37	10.38	9.52
80~84 岁	8.12	6.27	7.86
85~89 岁	4.62	3.54	4.47
90~94 岁	1.45	1.11	1.4
95~99 岁	0.27	0.17	0.25
100 岁及以上	0.02	0.01	0.02
合计	3675228	623362	4298590

资料来源：2020 年北京市第七次全国人口普查短表数据。

表 3　北京市分城乡 60 岁及以上老年人口健康状况

单位：%

健康状况	城镇	乡村	总体
健康	64.34	48.47	62.05
基本健康	27.52	35.13	28.62
不健康，但生活能自理	5.50	12.33	6.48
不健康，生活不能自理	2.64	4.06	2.85

资料来源：2020 年北京市第七次全国人口普查长表数据。

比较分析城乡老年人口的居住方式发现，过半数乡村老年人口独居或者仅与配偶同住，比例达到 55.03%，其中仅与配偶同住的乡村老年人口比例最高，达到 44.99%（见表 4），另外有 9.76% 的乡村老年人口独居（无保姆），他们是社会化养老服务需求较为旺盛的群体。另外有40.1% 的乡村老年人口与子女同住，1.36% 的乡村老年人口入住养老机构，这部分老年人的照料资源相对丰富。

表 4　北京市分城乡 60 岁及以上老年人口居住方式

单位：%

居住方式	城镇	乡村	总体
与配偶、子女同住	30.67	26.31	30.04
仅与子女同住	15.96	13.79	15.65
仅与配偶同住	39.71	44.99	40.48
独居（无保姆）	8.43	9.76	8.62
独居（有保姆）	0.67	0.28	0.61
养老机构	0.81	1.36	0.89
其他	3.75	3.51	3.71

资料来源：2020 年北京市第七次全国人口普查长表数据。

分析老年人主要生活来源发现，乡村老年人依靠家庭其他成员供养和依靠劳动收入生活的比例显著高于城镇老年人，以离退休金或养老金为主要生活来源的比例虽然已经过半，但仍旧显著低于城镇老年人（见表 5）。这在一定程度上反映出乡村老年人消费能力的有限性。若想提升乡村老年人的养老服务利用积极性，则需要着重考虑服务的吸引力。

表 5　北京市分城乡 60 岁及以上老年人口主要生活来源

单位：%

主要生活来源	城镇	乡村	总体
劳动收入	2.81	12.09	4.15
离退休金或养老金	88.64	54.46	83.70
最低生活保障金	0.71	5.06	1.34
失业保险金	0.00	0.00	0.00
财产性收入	0.30	1.10	0.41
家庭其他成员供养	6.17	21.58	8.40
其他	1.37	5.71	2.00

资料来源：2020 年北京市第七次全国人口普查长表数据。

老年人的社会养老服务需求体现在主客观两个方面。一方面，由于失能、失智等客观原因，老年人存在多元化的客观养老服务需求；另一方面，受观念、态度、消费偏好等主观因素影响，老年人的主观养老服务需求呈现更加个性化、多样化的特征。北京市乡村地区的人口老龄化比例高，老年人健康状况较差，独居或仅与配偶同住比例高，其客观的社会化养老服务需求量大。与此同时，乡村老年人主要收入来源为家庭其他成员供养或者劳动收入，对社会化养老服务的支付能力有限，其主观养老意愿受到家庭等多重因素影响。保障乡村老年人的晚年生活，需要整合资源、加强保障，全面提升农村社会化养老服务供给与消费能力。

三 面向共同富裕的北京农村社区居家养老实践典型案例

进入新时代以来，北京市深入贯彻习近平总书记对北京的一系列重要讲话精神，统筹推进改革发展稳定和改善民生各项工作，人民群众获得感显著提升。在农村养老领域，伴随着共同富裕迈出新步伐，市、区层面积极探索农村社区居家养老服务模式创新，取得了一定成效。通过实地走访、深入访谈等方式收集资料，本报告初步总结三类北京市农村社区居家养老服务实践经验。

（一）面向物质生活和精神生活共同富裕的农村文化养老模式

物质富足、精神富有是社会主义现代化的根本要求。物质贫困不是社会主义，精神贫乏也不是社会主义。促进共同富裕与促进人的全面发展是高度统一的。我们要不断夯实人民幸福生活的物质条件，同时大力发展社会主义先进文化，传承中华文明，促进物的全面丰富和人的全面发展。在农村养老服务领域，要弘扬孝亲敬老传统文化，发展公共文化事业，促进农村老年人物质文明和精神文明共同富裕。

以通州区于家务回族乡仇庄村为例。仇庄村位于通州区于家务回族乡的最南端，村域面积为 2800 亩，常住人口为 780 人，流动人口为 800 人，其中 60 周岁以上的老年人为 135 人，占全村人口总数的 17%。为提升村庄治理水平与进行孝道家风建设，仇庄村推行"用德管干部，用法管村庄，用孝管村民"的三管模式，并积极参与全国"敬老文明号"创建活动，打造尊老、敬老、助老、孝老的典范村庄。

首先，村集体主导推进孝老村风建设，丰富老年社会参与活动。1999年，仇庄村将每年腊月二十定为村庄"老人节"，每到节日，两委班子成员都要到每位老人家里送慰问金、慰问品；村里向65岁以上的老人每人每月发放养老补助，从1999年的10元/月涨到现在的60元/月。成立老年协会，建设老年活动中心，召开老人恳谈会，组织开展针对老年人的听书听报服务、广场舞、乐器队等多种文娱活动以及村民自治活动。建设"孝道馆"和"村史馆"，开展"追寻家训家规、呼唤良好家风"主题教育活动，编写仇庄村《家道》三字经，以"孝德"文化和"尊老、敬老、孝老"先进典型引领孝老村风建设。

其次，通过村民互助与家庭支持，发展为老服务。建立老人"聊天室"；成立托老所、送餐队，为空巢老人提供日托、送餐、日常照料等居家养老服务；建立"孝亲浴室"，老年人洗澡免费，子女陪同老人同样享受免费待遇。开展"五好家庭""身心健康的好老人""孝敬公婆的好儿媳""孝亲敬老的好儿女"等评选表彰活动；倡导有老年人的家庭签订"孝道协议"，督促子女为老年人提供住房、饮食等养老保障。

最后，打造"孝德文化"网红基地，以孝德促产业发展。主要依托仇庄村的孝德文化进行编写、创作和制作具有正能量、感召力和精神内涵的网络短视频；同时，采取代言妈妈团队帮带和培训的方式，通过手机直播带着大家看村景、懂孝德、感文化、品美食、购产品，为中华优秀传统文化尤其是孝德文化及全国特色农产品、乡村旅游等代言，以网红促就业创业，以直播促农民增收致富，真正使文化变产业、农民变主播、手机变创业为农村的致富新模式，全力助推乡村文化振兴和产业振兴。

（二）先富带后富、帮后富的农村慈善养老模式

共同富裕是一个长远目标，是一个总体概念，既是不同人群之间的共同

富裕，也是不同地区的共同富裕，但它不是同时共同富裕，也不是同程度、同水平的共同富裕，是一个循序渐进的发展过程。实现共同富裕的目标，要允许一部分人先富起来，同时要强调先富带后富、帮后富。在农村养老服务领域，要凝聚慈善力量，通过人性的温暖和道德的力量促进养老服务资源在城乡之间、人群之间的微观均衡流动。

以延庆区互助养老模式为例。延庆区大庄科乡自 2016 年起实施慈善"1+1"关爱空巢助老服务项目，由各村党员干部、乡村医生、留守妇女、普通村民等成立志愿服务队，为高龄空巢特困及残疾孤寡老人提供理发、助医、助洁、助餐、助农等基本生活照料，以及助乐、助浴、救急等个性化服务，有效解决农村老年人故土难离、花钱养老意愿不高的养老困境。该慈善"1+1"项目推动形成了"慈善+志愿+社会治理"互助养老模式，以点带面持续提升延庆区农村养老服务供给水平。通过慈善"1+1"关爱空巢助老服务项目，培育 1400 余名志愿者，低龄健康老人积极响应参与。通过低龄帮高龄互助模式，让低龄老人、活力老人更好地实现"老有所为"，营造邻里守望的浓厚氛围，引领乡风向善向美。

以"慈孝平谷"为例。为完善慈善救助与政府救助衔接机制，建立健全区、乡镇（街道）、村（社区）三级联动慈善救助网络体系，平谷区委社会工委、区民政局联合区慈善协会从 2018 年开始推动村（居）"慈孝堂"建设，倡导自我捐款、主动付出、乐于助人的慈善风向，搭建群众爱心互助平台，营造孝老敬老助老和扶危济困的氛围。截至 2022 年，平谷区共有 28 个村成立慈孝堂，共募集民间资金 253.5 万元，参与捐款人员为 7000 余人。聚焦城乡低保家庭、老年人、残疾人和孤困儿童等 16 类民政服务对象的需求，各村慈孝堂陆续组织开展"慈孝之星"评选、老人生日会、重阳节慰问、孝老文化演出、困难群众帮扶等活动近百项，支出资金 207 万元，受益村民为 8700 余人次。平谷区委社会工委、区民政局还制定出台了《平谷区关于推进慈孝平谷建设的指导意见（试行）》，预计到"十四五"期末，基本建成上下联动、协调顺畅的慈孝工作体系，实现 2/3 以上村（社区）建立慈孝堂，形成全区广泛参与、大众受益的良好格局。

（三）面向全体人民共同富裕的农村产业养老模式

推进共同富裕要坚持以人民为中心的发展思想，在高质量发展中促进共同富裕，正确处理效率和公平的关系，构建初次分配、再分配、三次分配协调配套的基础性制度安排，加大税收、社保、转移支付等调节力度并提高精准性，促进社会公平正义，使全体人民朝着共同富裕目标扎实迈进。在农村养老服务领域，要以高质量发展为基础，全面推进乡村振兴，加快农业产业化，盘活农村资产，增加农民财产性收入，使更多农村居民勤劳致富，夯实为老服务发展的经济社会基础。

以朝阳区高碑店乡为例。高碑店乡隶属于北京市朝阳区，处于连接首都与副中心的廊道，区位特点鲜明。高碑店乡下辖 28 个社区、4 个行政村，即高碑店村、半壁店村、高井村、北花园村，是典型的城乡接合部。在城镇化的快速推进与大城市人口流动加剧背景下，高碑店地区曾面临"四多""四少""四难"的问题，"四多"即占地拆迁多、失地农民多、流动人口多、遗留问题多；"四少"即发展空间少、就业岗位少、农民收入少、文化活动少；"四难"即环境整治难、治安管理难、就业保障难、民心凝聚难。在推进乡村振兴过程中，其曾面临经济效益与社会效益、文化效益不统一的问题，乡村历史遗存、人文景观、民俗风情快速流逝，千年乡村历史文化遗产保护长时间缺位。

面对以上问题，高碑店乡以党建为引领，按照"村为主体，乡级统筹"，充分发挥基层党组织战斗堡垒作用，持续打造高碑店"新农村"品牌。全乡坚持产业与新农村建设相结合、与打造通惠河滨水文化景观带相结合、与 CBD 功能拓展区的功能定位相结合、与定福庄传媒产业走廊相结合，重点优化优势产业，培育新兴产业，实现了"传统、传媒、旅游"三大特色支柱产业规模化、高端化、区域集成化发展，推动地区经济发展质量和影响力不断提高。自 2008 年以来，高碑店乡高碑店村、高井村、半壁店村先后进行新农村建设，分别被授予"全国文明村镇""国家级充分就业村""全国民主法治示范村"等称号。

与此同时，高碑店乡坚持稳中求进总基调，以高质量发展为根本要求，不断提高精细化管理水平，不断增进百姓福祉，实现"富民强村"。2018年经济总收入为4.69亿元，区级财政收入为7.46亿元。2019年1~6月完成集体经济总收入1.2亿元，税金为1129.1万元，集体收入人均所得为2.33万元。辖区内幼儿园、小学、中学等教育机构共34所，门诊部、社区卫生服务中心、三级医院等卫生服务设施共54所，社区文化活动室、图书馆、文化中心等共41家，室外健身园、文体中心、体育场馆共30家。各村集体还结合村庄特色，在集体经济逐年发展的基础上陆续出台惠民措施，纵向贯穿婴幼儿至老年等不同年龄的人口，横向覆盖妇幼、残疾、退役军人等不同群体，实现乡村振兴背景下的"幼有所育、学有所教、劳有所得、病有所医、老有所养、住有所居、弱有所扶"。

四　面向共同富裕的北京农村社区居家养老服务痛点问题

相较于城市地区，农村养老具有突出特点。从人口学特征来看，农村人口老龄化程度高，劳动力人口外流程度高，空巢、独居老年人比例高，老年人居住地相对分散。从社会经济特征来看，农村具有天然的熟人社会基础，集体经济具有先天优势，老年人劳动参与率高，依靠养老金生活的比例相对较低。从文化特征来看，农村家风孝道文化传统保留得相对较好，"老吾老以及人之老""养儿防老"的社会观念仍然广泛存在。所以，尽管北京市农村社区居家养老服务供给不断提升，但当前北京市农村社区居家养老服务的供需错位问题依然突出，尤其是高供给成本和低支付能力之间矛盾突出，这导致社区居家养老服务容易陷入低水平均衡陷阱。基于调研访谈资料，本报告总结了北京市农村社区居家养老服务体系建设的四个痛点问题。

（一）养老服务供给能力有限

家庭养老基础不断削弱，随着家庭规模缩小、劳动力外流，农村人口年龄结构矛盾突出，家庭养老支持功能弱化。服务机构运营成本高，可持续性程度低。在访谈中，多家养老照料中心和养老服务驿站负责人提到，机构运营中遇到诸多困难，例如，养老服务人才短缺与用工成本高、资金回报周期长、基础设施和地域空间有限、医养结合落地难、政府扶持政策贯彻不到位、社区居民接受程度低。机构最急迫需要的政府和政策支持包括加大对养老服务机构的资金和补贴支持力度、制定相关规章、进行服务支持和宣传推广、提高养老行业专业人才社会地位和待遇、简化与经营相关许可的审批和手续。在提供居家上门服务方面，中心和驿站面临的最突出的问题包括人户分离严重，居住分散，这导致服务辐射范围大、服务效率低且成本过高；被服务对象对服务项目和收费标准的接受度不高，尤其是助餐服务方面，老年人的需求大但心理价位低，导致服务成本高但消费少。

（二）养老服务体系活力不足

城乡养老服务政策配套不完善，市场配置资源的基础性作用尚未发挥，养老产业贴本经营，启而不发。根据 2020 年北京市养老服务设施摸底普查，绝大部分驿站及部分养老照料中心依赖政策补贴经营，85.11% 的驿站、43.2% 的中心仍处于亏损状态。

供给侧结构不均衡，合作联通程度低。在调研中我们了解到，在养联体建设方面，驿站与照料中心之间缺乏沟通，导致整体服务供给结构不均衡，尤其在运营者不同的情况下，驿站与照料中心之间在服务对象、服务区域、服务内容上重合，容易形成竞争关系，二者很难做到信息共享，导致区域内养老服务企业各自为战，互不关联。

同时，由于每个养老服务驿站的服务人口、辐射范围有限，不能形成规模效益，这造成社区居家养老服务标准参差不齐。虽然个别区已建立驿站之间的信息共享平台，但对于驿站采集老人基础信息的要求较高，实际上驿站与老人之间尚未形成全面有效的互动，服务供需双方信息并不畅通，无法有效实现供需精准匹配。

（三）养老服务质量不高

养老服务市场细分不够，个性化服务质量不高。目前，大多数农村居家养老服务主要针对年轻老年人、健康老年人或者普遍化的对象，针对失能、失智等老年人的服务的市场份额非常少，服务内容以一般性服务为主，如助餐服务、助浴、助洁服务等，而专业医疗服务、康复护理等专业性服务较少，服务形式流于表面，服务内容缺乏专业性。调研发现，当前针对需要照料老年人的生理、生存和生活支持的"硬服务"在社区居家层面提供的比例相对较低，而文体娱乐、心理慰藉、法律援助、健康指导等"软服务"的占比较高。实际上，对于社区居家服务"高需求"的老年人，带病带残等典型特征限制了其利用"软服务"的积极性，比如驿站内供给的健康指导、聊天解闷和心理咨询等站内服务，而有限的"硬服务"由于服务距离、成本等原因呈现低可及性特征。

（四）养老服务有效需求乏力

当前北京市老年人感知到的社区居家养老服务覆盖率较低，服务购买意愿水平虽然高但事实上服务利用率低。一方面，社区居家养老服务知晓率低。虽然在多元主体参与投资和运营的基础上，当前大部分地区的养老照料中心和驿站建设数量达到或超过规划，但大多数机构在 2018 年后建立，对于周边群众的辐射、宣传作用尚不到位，许多老人对于驿站和养老照料中心的知晓率、信任度低。另一方面，农村老年人可支配收入水平低，消费观念保守，对养老服务的性价比要求较高，服务利用率低。对于大多数老年人来说，使用社会养老服务仍然属于一种消费行为①，老年人在选择利用社区居家养老服务时尤其关注自己是否能够用有限的、不同来源的金钱（比如自己的钱、儿女的钱、补贴等）购买效用最大化的服务，并达到

---

① 王永梅、杜鹏：《老年人对待社会养老服务的行为态度研究——以北京城六区为例》，《人口研究》2018 年第 6 期。

解决居行安全问题、缓解家庭照料压力等效果。但对于服务供给方而言，机构的设施、人力投入成本高，投资回报周期长，在有限的政策补贴和政府购买服务基础上，他们以市场价格提供各类社区居家养老服务，难以提供老年人预期的"免费"或者"高性价比"服务，老年人的实际服务利用率低。

五　面向共同富裕提升北京市农村社区居家养老服务能力的政策建议

面向共同富裕，完善农村社区居家养老服务体系有两个核心要点：一是均衡，二是发展。它是面向全体农村人民的，惠及不同代际、不同区域、不同阶层、不同特征的人群，能够与城市社区居家养老服务体系有效衔接的，具有均衡性质的服务体系。它也是基于农村社会经济发展水平，全面兼顾老年人物质生活和精神生活需求，能够以养老服务业发展与老年人力资源开发助力乡村振兴战略全面推进的，具有发展性质的服务体系。面向共同富裕，农村社区居家养老服务体系建设的目的在于适应农村老年人的养老服务需求，促进老年人全面发展，满足农村人民对美好老年生活的期盼。为此，我们有必要采取政府自上而下的引导和基层群众自下而上的探索相结合的发展路径，凝聚积极老龄观的社会共识，着重从城乡设施一体化、参与主体多元化、人才队伍稳定化、服务精准化、监管系统化五个方面，健全北京市农村养老服务网络，创新养老服务模式，打造农村社区居家养老服务首善标准。

（一）建设农村基本养老服务网络，促进城乡一体化发展

将农村基本养老服务设施和能力建设纳入乡村振兴战略规划，坚持整合资源、协调发展。围绕乡村振兴"人、钱、地"等要素供给，加快农业转移人口市民化，强化乡村振兴人才支撑，加强乡村振兴用地保障，健全多元投入保障机制，通过加大金融支农力度等，系统解决养老服务用工难、用地

难、融资难问题。推进乡镇区域性养老服务中心建设，鼓励"家院融合"式养老机构建设，支持农村闲置用房、农民宅基地房屋等改建微型养老机构，建设具有乡村特色的农村养老服务机构，推动农村居家养老服务设施布局更加均衡。

坚持因地制宜，完善服务资源配置。在平原和浅山区，着眼城乡基本养老服务均等化建设，提升城市养老服务资源辐射能力，完善养老服务设施布局网络，促进城乡养老服务一体化发展。深山、偏远特殊地区可精准施策，着力解决困难群体的兜底保障问题，并着力向普惠性服务转变，满足老年人的多样化养老服务需求。

建立城乡一体化的长期护理保险制度，形成转介服务系统，做实养联体建设。以对北京市老年人能力进行综合评估为基础，建立城乡统一的长期护理保险制度，统一城乡准入、给付标准，并相对应地建立区域或街乡镇内统一的长期照护服务供给清单和机构转介系统，允许长期照护需求动态变化的老年人及时入住、转介至合适的机构接受服务，充分发挥养联体在整合全过程全周期服务方面的作用，推进城乡居家、社区和机构养老融合发展。

（二）完善多元主体参与机制，营造良好孝老敬老养老社会氛围

坚持政府主导。根据城乡发展实际及时更新基本养老服务清单，将政府购买服务向农村地区、居家养老服务倾斜，强化重点老年困难群体养老保障。优化市区镇三级财政与村集体经济补贴机制，在开展机构运营扶持政策绩效评价、客观评估机构成本收益基础上，修订《北京市社区养老服务驿站运营扶持办法》，探索将运营补贴与机构人工、水电气暖等主要成本挂钩，重点向农村偏远地区倾斜，完善基础补贴、托养补贴和连锁补贴等分类，探索科学、灵活且贴合实际的补贴方式。

发扬乡土特色，发挥村集体力量，发展邻里互助。开展"孝老模范""敬老月""爱心超市""孝善基金""孝善食堂"等系列活动，激发全社会参与养老服务热情。积极发展邻里互助型服务，壮大为老服务志愿者队伍。完善家庭支持计划。发挥家庭赡养功能，采取基金引领、协议赡养、奖补激

励等办法，倡导家庭自觉承担敬老养老义务。建立家庭照护支持计划，搭建照护者信息服务平台，推进照料假制度落地，维护家庭发展能力。创新"养老服务+"业态，扩大社会资本参与。放宽行业准入门槛，拓展服务市场，丰富服务内容，创新服务模式。支持养老服务与文化、旅游、餐饮、养生等行业融合发展，结合康养产业带动养老服务业发展。

（三）专业与互助相结合，稳定人才队伍

壮大养老服务专业人才队伍。加强养老服务人才学历教育、职业培训体系建设，重视产教融合发展，加大政府购买养老服务人才技能教育、实践训练服务的力度；完善《北京市养老服务人才培养培训实施办法》，建立养老服务人员信息库，鼓励长期失能人员近亲属、本地户籍的城乡登记失业人员、在京未就业高校毕业生、非京籍及非在京毕业生、退役军人等在参加专业培训后从事相关服务工作。引入专业社会工作人才。将农村社工、老年社工、残障社工等专业人才引入养老领域，并以丰富的社会工作专业技巧与方法介入京郊农村社区居家养老服务体系，充分利用京郊当地乡村资源、社会资源、市场资源，形成多元化的系统协作模式，推动北京农村社区居家养老服务模式创新。鼓励互助队伍建设，深入挖掘农村妇女组织、老年协会组织等自组织的人员力量，通过党建引领、专业孵化等方式，引导村民组织积极参与社区居家养老服务工作。

（四）坚持以需求为导向，提升服务精准化程度

着力解决农村老年人看病、吃饭、救急三大基本养老问题，推动农村社区居家养老服务高质量发展需要扭转"需求错觉"，加快养老服务模式创新，实现供给和需求动态平衡。依托现有医疗卫生资源，市、区、镇、村四级联建，促进市区医疗卫生资源下沉，对口支援，提升农村"医养服务"能力。

推动养老照料中心和驿站有机结合与错位运营，提升服务专业化、标准化程度。养老照料中心要坚持"集中式+辐射服务"融合式服务模式，一方面，集中式服务专业化程度高、质量有保障、用工成本低，有助于机构可持

续运营；另一方面，多频次、多形式的辐射居家服务，能够最大化发挥中心的专业服务能力，且走进村居、走到老人身边与社区老人建立亲密联系，便于增强老人的信任感，潜移默化地提升品牌形象。大力发挥农村幸福晚年驿站在家庭养老床位建设中的作用。在提升驿站"硬服务"供给能力与服务质量、丰富上门服务内容、拓展其他服务形式的基础上，充分发挥驿站的地理位置优势，发挥其在家庭养老床位建设中的重要作用，为老年人提供实际的身边、床边服务。

提升北京市老年人能力评估工作智慧化水平，扩大养老服务能力评估结果的应用范围，推进服务对象精准识别与服务管理。

（五）坚持高质量发展，推进监管系统化

筑牢法制保障底线，提供公开透明的法律政策服务，明确社区居家养老服务领域的法制底线，保障老年人的人身安全与各类基本权益。完善执法连线，建立跨部门的养老服务综合监管机制，联合建管部门、民政部门及区镇村，协调解决农村微型养老机构的电梯加装、消防验收、民非登记等难题，盘活农村资源。创新服务监管路线，促进监管对象由以商品、设施为主向以服务为主过渡，探索服务业开放发展与风险防范的平衡，鼓励智慧养老、社区居家养老、失能失智老年人照料等重点养老服务领域的服务模式创新，促进农村社区居家养老服务高质量发展。

参考文献

丁建定：《居家养老服务：认识误区、理性原则及完善对策》，《中国人民大学学报》2013 年第 2 期。

杜鹏、王永梅：《乡村振兴战略背景下农村养老服务体系建设的机遇、挑战及应对》，《河北学刊》2019 年第 4 期。

杜鹏：《构建与老龄化进程相适应的中国特色养老服务体系》，《中国民政》2022 年第 12 期。

黄石松、孙书彦：《我国社区居家养老的发展历程、现实困境与路径优化》，《中国国情国力》2021 年第 10 期。

李奂：《新时代我国农村养老服务研究：机遇、困境与路径》，《劳动保障世界》2020 年第 21 期。

林宝：《人口老龄化城乡倒置：普遍性与阶段性》，《人口研究》2018 年第 3 期。

刘妮娜、杜鹏：《中国互助型社会养老的定位及发展方向》，《浙江工商大学学报》2022 年第 3 期。

刘卫东：《农村养老服务发展的优化路径》，《中国社会报》2020 年 7 月 6 日第 2 版。

陆杰华、林嘉琪：《共同富裕目标下推动养老服务高质量发展的理论思考》，《江苏行政学院学报》2022 年第 2 期。

王雪辉、彭聪：《农村社会养老服务供给水平研究》，《华南农业大学学报》（社会科学版）2020 年第 1 期。

王永梅、杜鹏：《老年人对待社会养老服务的行为态度研究——以北京城六区为例》，《人口研究》2018 年第 6 期。

王振振、何邦倩、雍岚：《我国居家养老社区服务均等化分析框架与实证探索——基于北京、南京、咸阳三市的调查》，《科学决策》2020 年第 7 期。

闫萍、董亭月：《北京养老服务要破解五大难题》，《前线》2021 年第 3 期。

B.11
首都养老需求调查研究

——以 M 街道为例

谈小燕　范炜钢　薛伟玲*

摘　要： 基于需求导向推动政策制定完善与落地实践是提高养老服务精准化和精细化的必然要求。在治理共同体视角下，北京市养老采用生产普惠性、供给多元化、传递精准化、监管规范化的"共生式"就地就近养老服务模式。课题组对 M 街道调研发现养老服务供给主体多元参与效度不高、社区互动空间匮乏且类型单一、生活照料服务精细度不足、精神文化服务需求内在异质性明显、老年人社区参与水平有待挖掘等问题。本报告建议，应促进养老服务供给主体多元化发展、优化社区养老服务基础设施布局、满足多样化服务需求、完善"医养结合"的社区服务体系、发挥老年人主体作用等。

关键词： 养老需求　精准服务　主体作用

　　北京是继上海之后第二个进入人口老龄化阶段的超大型城市，人口的快速老龄化对服务政策、养老设施、社会化养老、养老服务模式等提出新的要

---

* 谈小燕，博士，中共北京市委党校（北京行政学院）社会学教研部（北京市人口研究所）副教授，主要研究方向为社会治理、社区治理；范炜钢，中共北京市委党校（北京行政学院）社会学教研部（北京市人口研究所）硕士研究生，主要研究方向为社会治理、社区治理；薛伟玲，博士，中共北京市委党校（北京行政学院）社会学教研部（北京市人口研究所）副教授，主要研究方向为人口经济学、老年健康。

求。近年来，北京市在整合大城市养老服务资源、提高服务可及性方面先行先试，先后构建市、区、街道（乡镇）和社区四级养老服务体系，组建街道（乡镇）养老服务联合体，不断加快推进养老服务设施布局、功能衔接，形成了解决超大城市养老难题的"北京方案"。为进一步提升北京市养老服务的可及性、服务输送的匹配性和精准度，课题组在对北京市养老服务政策的变迁进行梳理的基础上，以 M 街道为例进行面对面问卷调研，收回有效问卷 2263 份，从多元协同、强基固本、全龄友好、补齐短板、优化监管等方面，为北京市就地就近养老服务可持续发展提供优化策略。

一 首都养老服务政策的特征与取向：共生式就地就近养老服务

基于治理共同体思维，养老服务供给采用政府、市场和社会共同参与，市场、社区、服务对象共同受益的共生式模式。本报告从服务生产、服务供给、服务传递、服务监管四个维度，对养老服务政策的整体走向进行回顾，通过分析发现当前北京市就地就近养老服务总体呈现生产普惠性、供给多元化、传递精准化、监管规范化的特征和取向。

（一）养老服务生产的普惠性

早在 2008 年，北京市在东城等 10 个区开展社区养老服务补贴券试点，这标志着社区养老开始得到大规模普及和推广。2009 年，北京市提出"一刻钟社区服务圈"目标，将社区养老纳入"一刻钟社区服务圈"，极大地方便了居民生活。2011 年，北京市为切实解决养老与助残问题，构建城乡一体化的社会化养老助残服务体系，完善"9064"养老服务模式，推动老年人及残疾人共享经济社会发展的成果，遵循"政府主导、部门协作、社会参与、个人自愿"的原则，北京市制定了《北京市市民居家养老（助残）服务（"九养"）办法》，该政策惠及老年人的衣食住行，兼顾老年人的物质生活和精神健康，推进社区养老硬件设施建设，改进社区养老软件环境。

随着社会养老服务体系不断完善，服务内容从基本养老服务拓展至普惠性养老服务，同时为老年人提供高品质多样化的生活性服务。2016年，《北京市支持居家养老服务发展十条政策》出台，养老服务由过去的"特惠"变成"普惠"。2018年5月，北京市民政局等五部门联合印发《关于印发〈北京市社区养老服务驿站运营扶持办法〉的通知》，指出社区养老服务驿站运营扶持措施包括服务流量补贴、托养流量补贴、连锁运营补贴和运维支持。2021年9月，北京市民政局联合北京市规划和自然资源委员会共同编制《北京市养老服务专项规划（2021年-2035年）》，制定了养老服务中长期发展目标：一是于2025年，"三边四级"就近精准养老服务体系基本形成，实现街乡镇养老照料中心和社区养老服务驿站全覆盖，区域养老服务联合体和养老服务联动支援机制逐步推进；二是于2035年，全面建立区域养老服务联合体和养老服务联动支援机制，实现基本养老服务100%覆盖老年人群。

通过政策强化，对社区养老服务驿站加大建设运营扶持力度，鼓励社会力量就近为居家老年人提供便捷高效的周边、身边和床边服务，切实为居家老人提供便捷可靠的服务，打通养老服务的"最后一公里"，养老服务体系建设取得了长足进步，为老年人提供便捷、优质的养老服务，初步体现出"普惠性"养老的特点。

（二）养老服务供给的多元化

北京市是全国最早发展社区服务和提倡社会化养老的地区。2000年，《北京市人民政府批转市民政局关于加快实现社会福利社会化意见的通知》发布，这标志着北京市社会化养老服务进入新阶段。为了进一步鼓励和引导社会力量投资兴办社区养老服务驿站，并促进其可持续运营，2009年，北京市确立了"9064"的养老服务发展目标。该目标将养老划分为家庭、社区和机构养老三种模式，即在社会化服务协助下，90%的老年人进行家庭养老，6%的老年人进行由政府购买社区照顾服务养老，4%的老年人进行养老服务机构养老。

2013年9月，《国务院关于加快发展养老服务业的若干意见》（国发

〔2013〕35 号）发布，明确提出 2020 年全面建成以居家为基础、以社区为依托、以机构为支撑的养老服务体系的目标。这一目标要求养老服务的功能完善、规模适度，并覆盖城乡各个地区。其后，在破解大城市养老难问题的探索中，北京市着力推动建立"三边四级"养老服务体系。这一体系依托区级养老服务指导中心、街乡养老照料中心和社区养老服务驿站等养老服务平台，统筹区域内企事业单位和社会组织提供各类专业服务和志愿公益服务，实现老年人在其周边、身边和床边就近享受养老服务。

（三）养老服务传递的精准化

2015 年《北京市居家养老服务条例》的出台对居家养老的服务内容、管理部门职责、服务实施主体、资金来源等做了详细规定，这是全国首个省级居家养老条例。养老服务的关键在于打通养老服务机制的"最后一公里"，将养老服务输送至社区老年群体。《北京市老龄工作委员会印发〈关于开展社区养老服务驿站建设的意见〉的通知》（京老龄委发〔2016〕8号）提出建设社区养老服务驿站，以作为养老服务的基础，用于延伸街道（乡镇）养老照料中心的养老服务功能，将政府为社区老年人提供基本养老服务逐渐下沉至基层社区。

在提升养老服务能力、加快为老服务人才队伍建设层面，2016 年 12月，北京市民政局、北京市教育委员会、北京市财政局、北京市人力资源和社会保障局、北京市卫生和计划生育委员会印发《关于加强养老服务人才队伍建设的意见》，指出加强养老服务人才队伍建设，需要打造梯次分明、结构合理的养老服务人才队伍；建立健全养老服务人才职业体系；提高养老服务人才队伍的综合素质；进一步提升养老服务人才的社会地位。此外，这一时期相继颁布《北京市民政局　北京市财政局　北京市老龄工作委员会办公室关于支持养老照料中心和养老机构完善社区居家养老服务功能的通知》（京民老龄发〔2015〕216 号）、《北京市民政局　北京市财政局　北京市老龄工作委员会办公室关于做好 2016 年养老机构辐射社区居家养老服务工作的通知》（京民老龄发〔2016〕414 号），致力于建设区域综合性为老服务平台，引入各类专业服务机构，以为区域内老年人提供专业化、多样化的上门服务；在社区养老机构的建设上，强调社区提供养老服务的专业性。

2020 年 5 月，北京市政府办公厅根据国务院对于推进养老服务发展的指导意见，结合本地实际颁布《北京市人民政府办公厅印发〈关于加快推进养老服务发展实施方案〉的通知》（京政办发〔2020〕17 号），围绕"保基本、优体系、通堵点、强管理"目标，针对界定的目标对象构建多层次分类保障、就近精准居家社区养老服务体系，在实际实施过程中，优化养老产业发展环境，多部门联动对行业发展进行全方位监管。其中，政府主体始终处于主导地位以为养老服务发展保驾护航，并明确了区、街道（乡镇）、社区（村）的养老服务工作责任，要加强对居家社区养老服务的统筹，街道办事处（乡镇政府）承担养老服务政策落实、区域统筹及资源整合等职责，牵头组建街道（乡镇）养老服务联合体，加快推进养老服务设施布局、功能衔接。基于《北京街道办事处工作条例》及《北京市街道党工委和办事处职责规定》的具体内容，街道办事处有责任配合有关部门推进养老服务工作，具体组织辖区各单位、居民，统筹辖区内的社会资源，建立社区养老服务平台，组织养老机构承担基本养老服务保障职能，落实相关政策法规及进行救助，并向居民提供养老服务。建设街道（乡镇）养老服务联合体既属于本层级政府的职责范围，又是突破"最后一公里"难题、实现养老服务发展目标的重中之重。

（四）养老服务监管的规范化

北京市在养老服务体系的建设和养老服务监管方面实现了较大的发展。在不同时间里不仅颁布了许多关于或者涉及养老服务监管的通知、意见、建议等政策文件，还对政策文件中的大量提案与建议进行答复和解读。

北京市为加强对养老服务从业主体的检查监督和诚信建设，颁布了《北京市养老服务机构监管办法》和《北京市民政局 北京市经济和信息化委员会 北京市公安局消防局 北京市环境保护局 北京市商务委员会 北京市文化局 北京市教育委员会 北京市地方税务局 北京市工商行政管理局 北京

市质量技术监督局 北京市安全生产监督管理局 北京市食品药品监督管理局 北京市老龄工作委员会办公室关于推进养老服务业诚信体系建设的指导意见》。为提高养老机构服务质量，北京市多部门联合印发《关于开展养老机构服务质量建设专项行动全面提升养老行业服务质量水平的实施意见》《北京市民政局 北京市老龄工作委员会办公室关于加强养老服务设施规范化管理工作的通知》等文件。在社区养老标准体系方面，北京市编制了助餐服务、助医服务等九项社区养老服务标准。此外，北京市制定了老年能力标准评估办法，并在海淀区完成了全市首个国家级社区养老服务业标准化试点工作。

具体而言，2013 年 10 月，《北京市人民政府关于加快推进养老服务业发展的意见》明确了区（县）政府在养老服务业发展中的主体责任和任务目标，建立区域养老服务考核评价指标体系，将保障基本养老服务纳入政府绩效考核，将整合区域养老服务资源、满足多样化养老服务需求纳入社会评价体系；建立相关部门、区（县）、行业组织和社会单位之间的信息共享机制，健全政府扶持重大项目的绩效评估制度。北京市民政局等七个部门在 2017 年 10 月出台《关于加强养老机构服务质量整治工作的指导意见》。2018 年 11 月，依据《国务院办公厅关于全面放开养老服务市场 提升养老服务质量的若干意见》（国办发〔2016〕91 号）和《民政部等六部门印发关于开展养老院服务质量建设专项行动的通知》（民发〔2017〕51 号）精神，北京市民政局等 14 个部门共同制定《北京市养老服务机构监管办法（试行）》，指出建立完善的养老服务监督体系，全面提升全市养老行业服务水平。2019 年，北京市《居家养老服务规范》（即"北京居家养老服务地方标准"）出台，填补了国内居家养老行业的服务标准空白，这标志着北京居家养老进入统一的"标准化"服务时代。2020 年 4 月，北京市民政局等七个部门印发《北京市养老服务机构分类推进设施改造达标工程实施方案》，指出到 2022 年底前，各区要督促指导全市养老服务机构在确保安全底线的基础上规范运营，持续提升养老服务质量，具体包括基层公办养老机构改造提升工程、民办养老服务机构消防安全达标工程、农村地区养老服务机构环保改造工程等。

随着北京市养老服务监管体系的建设，北京市各级政府和各部门的责任逐渐明确，这是北京市养老服务监管政策发展的重要趋势，推动北京市养老服务监管实现从由面临因职责不明确而造成监管空白或者相互推诿到责任明确化和监管协同化发展。在这个过程中，对于各级监管主体责任的明确化手段在不断发展，从建立任务目标和绩效考核机制，到专人负责制，再到建立问题清单和倒排期督导机制，从而不断推动北京市养老服务监管体系建设。

二　基于需求的养老服务实证调研

本部分内容基于实地调研数据，所使用的《社区养老服务需求调查》问卷参考相关文献、询问专家与相关人员意见等流程设计制作，并通过试调查和实地访谈对问卷进行完善和修订。调查对象为 60 岁及以上并且在 M 街道内社区生活的老年人，调查员采用面对面访谈的形式当场发放、当场收回问卷，采取匿名方式进行调查。收回问卷后，相关人员进行检查、编码和数据录入。数据录入完成后，采用 SPSS 软件进行统计分析。

此次调研共收集有效样本 2263 份，其中，本地居民占 95.16%，租户占 4.84%（排除缺失值）。其中，男性占比为 45.74%，女性占比为 54.26%。根据年龄段的划分，将 60~80 岁年龄段的老人定义为低龄老人，将 80 岁及以上定义为高龄老人。统计数据显示，男性低龄老人占比为 42.72%，女性低龄老人占比为 57.28%；男性高龄老人占比为 53.39%，女性高龄老人占比为 46.61%。平均年龄方面，低龄老人群体的平均年龄为 69 岁，高龄老人群体的平均年龄为 86 岁。在受教育水平方面，社区老年人的整体文化素质较高，约 74.28%的老年人拥有高中及以上学历。

（一）养老服务供给主体多元参与效度不高

养老服务需要政府、市场、社会、家庭、老年人个人多方参与，并清晰界定权责边界。课题组在实地调研过程中发现，仍存在社会力量参与不足、社区协调作用有限、市场活力不高、老年人付费意识不足等问题。

第一，社会力量参与不足。一方面，志愿者参与不充分。课题组发现志愿者的参与往往是偶发性和暂时性的，并不能成为养老服务体系中持续发力的一个环节。另一方面，社会组织的参与相对较少。缺乏社会组织的参与导致无法弥补养老服务各方面的不足，无法提高社区居家养老的效率，也难以整合社会福利资源的成果。同时，社会组织的参与是一条重要的资金来源渠道，缺乏其参与会限制养老服务成本的降低，难以达到完善社区养老服务体系的要求。

第二，社区协调作用有限。社区在养老服务中扮演重要的角色，它是政府、居民和养老服务供给之间的联系纽带。然而，课题组在实地调研中发现，社区协调作用有待提升。一方面，部分社区工作人员对实际运行情况的了解不够透彻，缺乏对老年人需求的全面调查分析，导致在提供养老服务的过程中存在信息不对称和服务匹配不准确的问题。另一方面，一些社区没有充分发挥整合协调作用，未积极与其他供给主体建立联系，导致社区养老服务资源的提供呈现碎片化的状态，整合效果不明显。

第三，市场活力不高。课题组通过调查发现，一方面，养老产业盈利周期长、微利的特点决定了市场投入积极性不高；另一方面，养老市场鱼龙混杂，同质性强，市场细分不足，相较于其他行业，企业看不到可观的收益，很难从中获利。这也就使企业不能清晰地看到此行业的发展前景和未来的方向，从而对此行业的兴趣和信心不足，不敢贸然投入。

第四，老年人付费意识不足。从老年人的收入水平和来源来看，除缺失值外，绝大部分（96.34%）老年人主要以退休金为收入来源，但仍有1.20%的人通过继续工作获得收入。其中，低龄老人中依靠继续工作获得收入的占比为1.67%，而高龄老人的收入来源主要为退休金和子女或孙子女提供的资金，总体来说，所调研老年人收入来源相对稳定。即便如此，居民的养老付费意愿仍然不足，在"您是否愿意为以上养老相关服务付费？"问题上，大部分人表示不愿意付费，愿意付费的仅占总人数的30.94%。

（二）社区互动空间匮乏且类型单一

养老基础设施建设是养老服务的基础和保障，如果没有完善的设施，那么老年服务供给水平和质量就得不到保证。调研数据显示，89.95%的老年人平时能够外出，低龄老年人外出比例为95.69%，高龄老年人外出比例高达74.71%，因此，应极为关注老年人外出活动的互动空间。在实地走访中，课题组发现社区里有许多基础设施，如健身器材只能满足有自理能力的老年人的需求，对于半失能、失能或者患有精神疾病的老年人而言，则缺乏相应的基础设施。

在对社区公共空间活动的需求上，从问卷开放题"您更希望社区提供哪些公共空间进行活动？"的统计结果来看，各社区的需求较为一致，有不少老年人反复谈到需要"室内活动室"（老年活动中心、棋牌室、阅览室等）、"室外休息与锻炼场所"（广场、健身锻炼空间等）、"社区公共的老年食堂"以及"更多的'花园绿地'"等，其中"老年食堂"的需求较大。在对社区配套设施的需求上，从开放题"您认为社区需要提供什么配套设施？"的回答结果来看，有较多老年人认为应当提供更多相应的养老配套设施，包括"老年餐桌"、"室外的休息长椅"、"楼内电梯"、"充电桩"、"停车位"、"室内外运动器材设备"和"更多的无障碍设施"等。

（三）生活照料服务精细度不足

高龄独居老年人存在潜在的照护需求，包括居家照护和外出陪同服务。回收的数据显示，约有11.98%的老年人处于独居状态，其中高龄独居老年人比例较低龄独居老年人高出12.84个百分点。考虑到老年人身体机能下降，他们独自外出面临较大的风险。因此，他们外出购物、就医等时，非常需要他人的陪同以确保安全。

按照需要层次理论，老年人的生活照料和医疗护理需求被视为基本需求。生活照料需求是老年人满足基本生活的必要条件，包括衣食住行等多个方面。首先，调研数据显示有60.51%的老年群体表示需要社区提供"老年餐桌"服务；其次，31.81%的群体对于"日常生活、卫生照料（钟点工）"有需求，对"家政维修服务"（31.89%）、"送餐服务"（26.57%）也有一定的需求。不仅如此，课题组发现老年人由于身体状况差异，对精细化、个性化需求比较大，而当前社区常规化、大众化的服务相对较多，针对部分或个别老年人的服务仍显不足。举例来说，有些饭菜的高含糖量给糖尿病患者带来困扰，有些饭菜的口味较重使消化能力差的老年人身体不适，等等。因此，需要针对老年人服务需求进行更精细化的挖掘。

（四）精神文化服务需求内在异质性明显

在现实生活中，由于子女不在身边，老年人代际情感交流阻塞，精神赡养资源相对贫乏。问卷数据显示，社区低龄老人群体中95.69%的调研对象平时可以自主外出，但多数（75.25%）群体的活动场所以家里为主，74.71%高龄老人表示能够外出，但相比低龄老人要少许多。在对生活状态的感知上，不同年龄段的老年人存在差异，近一半低龄老人认为处于"平平常常"的状态，36.78%的低龄老人感到"很充实"，而高龄老人的充实感（24.57%）明显低于低龄老人，这与高龄老人因身体状况等方面受到限制而较少外出参与社区活动存在密切的关系。因此，在针对高龄老人的居家服务活动的设计上，需要投入更多的精力。

在平时参与较多的娱乐活动方面，对于高龄与低龄老人，40%以上选择"听广播/看电视"，选择"用手机"（30%左右）和"读书看报"（20%以上）等的群体也不在少数，这与社区中老年群体的文化素质较高有紧密关系，在网络信息发达的当今社会，手机等电子设备是大家传递和收集信息的渠道，老年群体也不例外，对于如何保持老年群体和外界信息畅通，避免老年人被边缘化，智慧助老可以作为抓手之一。总的来说，社区老年群体的娱乐生活呈现多元化发展态势，社区要依据老年人的能力与技能水平提供合适的娱乐活动。

在对社区举办的老年活动的需求上，"旅游"和"免费讲座"受到整个老年群体的普遍喜爱；此外，高龄老人对于"心理咨询"（11.31%）和

"茶话会"（11.31%）的青睐程度明显高于低龄老人（相应占比分别为7.18%和7.53%），同时"歌舞学习""手工艺小组"等各类活动受到整个老年群体的关注，老年群体对于社区活动的需求是多种多样的，高龄老人对于人际交往等活动的需求较高。比如，"专设老年活动室，方便老年人交流活动"成为老年群体最为关注的服务活动，高龄老人（74.02%）相比低龄老人（71.22%）对其的关注度高（见图1），可见老年人尤其是高龄老人对于群体人际沟通高度重视；同时，组织休闲娱乐、举办各类兴趣班或培训班受到整个老年群体的欢迎，在实际活动的开展中，应根据不同年龄段老年群体的需求，设计与之更加匹配的兴趣娱乐与技能培训类活动。

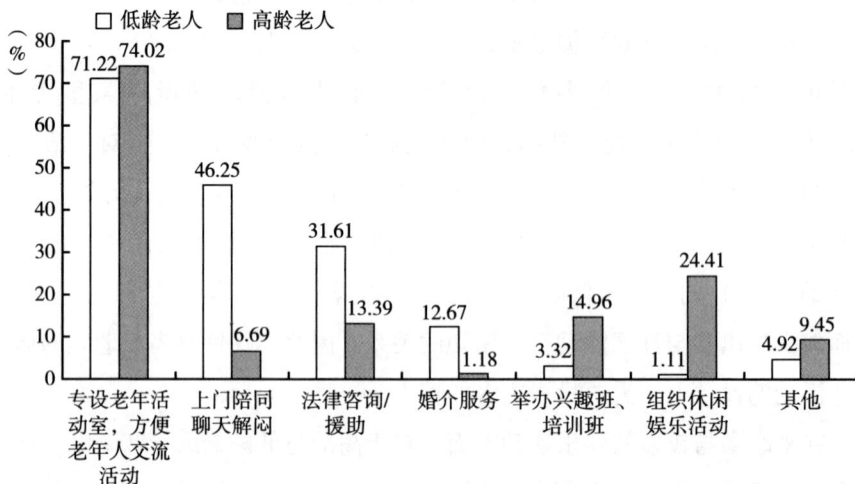

图1　低龄老人和高龄老人的部分精神文化服务需求比例

（五）社区医疗服务条件改善尤为迫切

整个老年群体的健康状况一般。随着年龄增长，老年人患病的概率增加，这严重影响他们的身体健康和生活质量。调查显示，近六成老年人认为自己的健康状况处于一般状态，认为自己处于"较差"状态及以下的老年人占15.66%；同时，调查发现高龄老人中患有身体疾病的比例为66.43%，比低龄老人高 20.73 个百分点，比较常见的有高血压、高血脂、糖尿病及心脏病等。由此可以看出，社区中的老年群体的健康状况相对一般，对于老年群体高发的一些慢性疾病，需要引起更多的重视与关注。

看病就医便利程度有待提升。在日常处于生病情况时，61.81% 的老年人表示会前往社区卫生室就近看病，33.68% 的老年人会前往市区医院就诊，多数老年人倾向于就近就医。在对"看病是否方便"的态度上，只有 3.04% 左右的老年人表示非常方便，近 66% 的老年人认为看病方便的程度仅为一般及以下。从不同年龄段老年人的情况来看，对于方便程度，低龄老人高于高龄老人，超过 30% 的高龄老人认为看病不方便（见图 2）。因此，社区改善医疗服务设施等各种条件显得较为紧迫，同时，社区在养老服务开展上可以积极发挥低龄老人的作用，低龄老人可以通过与高龄老人结对的方式向其提供居家照顾与帮扶服务。

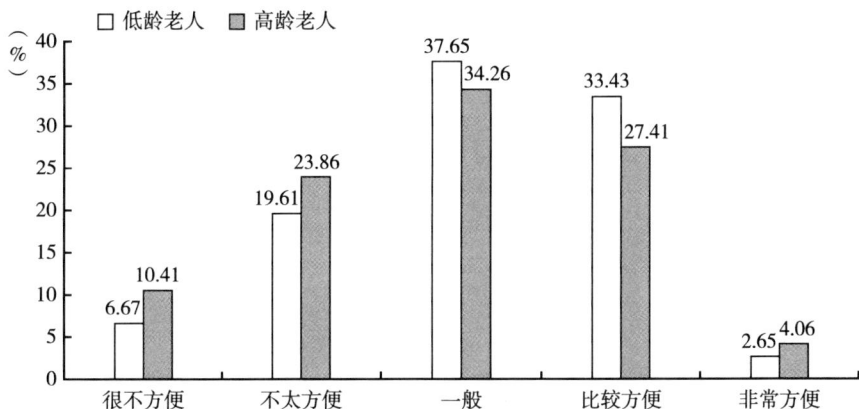

图 2　低龄老人和高龄老人对"看病是否方便"的态度

定期体检需求受到低龄和高龄老人的共同重视。在对社区医疗保健服务的需求上，高达 65.74% 的老年人表示需要"定期体检"等相关服务，此外，对于其他服务，其对"卫生保健服务"（30.12%）、"家庭医生"（23.43%）、"疾病应急措施"（23.27%）等均有一定需求，整体来说，除重点项目外，老年群体对于社区医疗服务需求存在一定的多元化倾向。另外，"定期体检"受到高龄、低龄老人的共同重视（均超过60%），但在"疾病应急措施"和卫生保健服务的选项上，高龄老人的需求高于低龄老人，这与高龄老人所面临的身体疾病状况是正相关的，对于高龄老人而言，其更需要专人联系探访及社区家庭医生等。

（六）老年人社区参与水平有待挖掘

在对社区事务的参与态度上，35.89%的老年人明确表示愿意参与老年友好型社区建设等相关公共事务，当然还有（55.84%）的老年人保持观望的态度，可以看出老年人对于老年友好型社区的建设工作是比较支持的，在今后的工作中需要加强宣传以吸引更多老年人加入其中。

在社区事务参与形式上，老年人大多愿意以公益志愿者、互助养老志愿者的身份参与社区事务（见图3），如何发挥老年人的力量和智慧共建社区、促进社区自治，是值得深入探讨的问题。

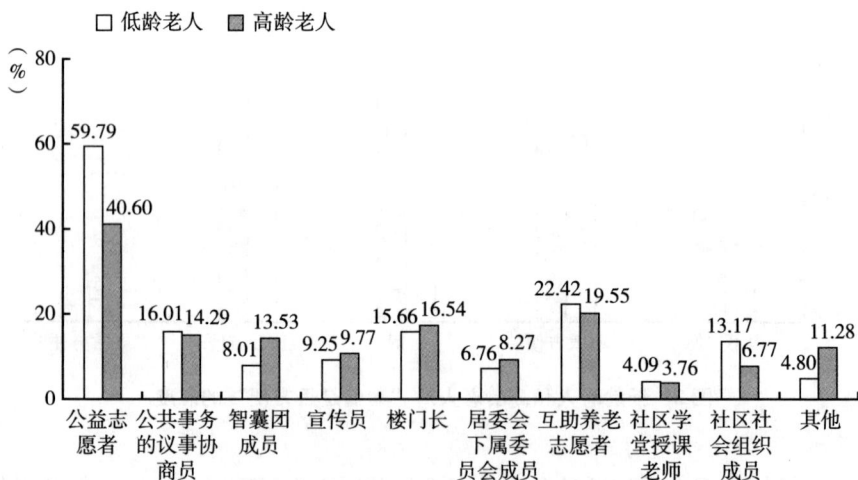

图3　低龄老人和高龄老人的社区事务参与形式的比例

在谈到目前社区的相关问题或不足的情况时，较多老年人指出社区卫生治理存在问题（如蟑螂消杀、垃圾分类、楼道卫生、文明养犬等），认为物业需要增强为民服务意识（提升社区工作者的能力与服务意识等），指出社区医疗服务不足，社区场所不对所有居民开放，进出社区人员较多造成卫生、安全等各类相关问题，可见老年人的意见的表达对社区建设具有积极的价值，对老年友好型社区建设工作的开展具有重要的参考价值和实践意义。

三　完善首都养老服务的几点建议

（一）多元协同：促进养老服务供给主体多元化发展

协同治理理论是协同理论和治理理论相结合的产物，旨在强调多元化主体的参与以及发挥社会力量的作用，以优化治理效果。在这一理论的指引下，我们能够探索新的途径来应对社区养老服务供给面临的挑战。社区养老服务涉及多个参与主体，包括政府、企事业单位、非营利组织、社区成员和志愿者等。每个主体都应根据所处的位置和扮演的角色发挥相应的作用。通过整合和优化各方资源，我们可以推动社区养老服务朝着专业化、高效化方向发展。同时，各个参与主体之间需要进行必要的协商和交流，立足当前老年人的实际需求，建立完整统一的合作体系，以提高合作的效率和公平性。

因此，必须建立"一核多元"的养老服务供给模式，厘清政府、市场、社会各方面的权责边界，明确自身角色定位，发挥各方优势以规避劣势，促进社区养老服务精准供给实现。

首先，政府在社区养老服务的精准供给中扮演引领者与兜底者的角色。作为引领者，要对社区养老服务的精准供给进行切实可行的顶层设计，加大对市场和社会组织的资金和政策支持力度，放宽社区养老服务的市场参与要求，并制定完善规范的行业标准，以提高社区养老服务供给的市场与社会组织参与率。其次，市场是社区养老服务精准供给的主要参与者。市场具有灵敏捕捉老年人养老服务需求变化的能力，具备灵活性的特征，能够为老年人提供不同层次的养老服务。市场应该充分意识到社区老年群体庞大的养老服务需求，并主动寻求与政府合作，合理利用优惠政策，加强在社区养老服务领域的参与。社会组织是社区养老服务精准供给的重要补充者。社会组织具有民间性的特点，能够弥补政府和市场的不足，发挥补充辅助的作用。除了依靠政府支持外，社会组织要增强自身能力，完善治理结构并且加大宣传力度，以自身特色满足社区老年人养老服务的需求。最后，家庭是养老服务多元供给的重要承担者，需要增强子女对赡养老人的责任感，引导子女积极主动地关心父母的生活状况，除了提供经济支持外，要对父母的内心生活多加关怀，满足老年人不同的养老需求。

（二）强基固本：优化社区养老服务基础设施布局

首先，加大政策创制力度。在社区建设规划中明确和体现有关老年人的建成环境的要求，特别是满足老年人对社区生活的需求。国务院办公厅印发《关于切实解决老年人运用智能技术困难的实施方案》，要求在各类日常生活场景中，必须保留老年人熟悉的传统服务方式。如针对"健康码"、手机支付等难题，通过出台细则，设立"无健康码通道"、社区便民消费中心、老年服务站等设施，满足老年人的基本生活需求。

其次，加快创建示范性老年友好型社区。要保持社区建成环境的公平性，在政策制定和实施过程中，保障老年人能公平参与公共政策制定，发挥其共建共治能力，让老年人共享社区建成环境。

最后，增加社区养老设施与适老化改造并举。在老年人的基本需要方面，社区应增加必要的生活服务设施。在多样化需求方面，社区应增加文化娱乐设施，为有需要的老年人建设、购买康乐设施和设备，如棋牌室、音响等，丰富老年人的精神生活。同时要开展社区公共服务设施的适老化改造，如进行地面防滑、采光照明、安全通道和防撞家具的配套升级，构建无障碍的老年人生活居住环境。

（三）医养结合：完善"医养护"社区服务体系

医养结合是应对深度老龄化的重要举措，以满足失能高龄老年人日益增长的需求。在医养结合模式中，"医"涵盖与老年人健康相关的各类服务，包括疾病医疗、健康咨询、失能护理、大病康复以及临终关怀等服务。"养"关联老年人的生活和精神慰藉，包括生活照护服务、精神心理服务、文化活动服务等。医养结合模式将集医疗、康复、养生、照顾等要素于一体，最大化利用养老和医疗资源，其主要针对失能与半失能、不能自理、残障高龄、大病康复期的老人，社区康复护理中心是主要的服务供给机构。

课题组在实地调研中发现，社区医院是大部分老年人就医的首选地。因此，为了满足老年人特殊的医疗康复、护理等需求，应以基层卫生服务中心为基础，借助现有的医护、医疗设施等资源，改善传统的居家养老及机构养老模式。一种可行的方式是通过在社区卫生服务中心内设养老机构，或者与养老机构就近建设相互联动，以便老年人能够更加方便地获得医疗和照护服务，减轻居家养老负担，提高老年人的生活质量。

未来的社区养老服务业的发展重点将聚焦人文关怀和智能化。这两个方面是养老服务业社区化过程中不可或缺的要素。为实现医养结合和养老服务资源整合，需要将社区医疗卫生和养老服务资源进行整合。首先，根据老年人口数量分布进行网络化布局，以满足不同地区的需求。其次，进行"社区嵌入式"医养服务设施建设，将医疗和养老资源融入社区服务机构。这些设施应配置全科医生、护士、营养师、康复训练师、心理咨询师、专业社工等多学科专业照护团队。通过制定个性化、就近照护方案，关注重点人群需求，使老年人享有公平可及、系统连续的康养服务。

（四）全龄友好：满足多样化服务需求

"老年友好型社区"的概念源于西方，不同学者对其阐释存在差异，总体上，老年友好型社区具有以下特征：可支付性，指老年人有经济能力满足其需求；可达性，指场所间的便利和方便的服务的程度；可参与性，指老年人参与社区建设的程度；安全性，表现为居住、食品、财产、出行安全；健康性，表现在环境系统、卫生户外服务和健康娱乐设施等层面；可识别性，如增加社区标志物。

结合对老年友好型社区的解释，养老服务多样化供给是促进老年友好型社区建设的重要举措。从调研结果来看，首先，在需求侧，养老总体需求仍不断增长，且呈现多样化趋势，必须提供差异化、精细化的养老服务，这就需要了解老年人的详细需求；不仅如此，老年人的身体状况、家庭情况等不是一成不变的，对老年人的养老服务供给也应及时调整。换句话说，这项工作并不是能够一蹴而就的，需要进行深入调查及分类管理，建立养老服务需求动态调整机制，准确及时识别老年人的养老服务需求。其次，现存社区养老服务的回访渠道并不完备，老年人的实际需求无法及时、高效、准确地传递给服务提供者，导致服务内容与服务需求不一致。目前的居家养老社区服务采取的是政府主导的自上而下的提供模式，政府在主导过程中以服务指标为衡量标准，地方部门和社会组织以这些指标为发展方向，逐渐偏离为老年人提供更优质的养老服务的方针和目的，转而将原本就不多的资金用于建设大量有形设施。对于这些设施，在实际使用中，一方面没有专业人员指导老年人使用；另一方面老年人在精神层面、医疗护理方面的内在需求没有得到满足。

总体而言，上级政府与服务提供者、接受者的沟通不畅，对老年人的需求的前期调研不足，缺乏动态性等原因导致重点服务对象之外的一般老年人的养老需求被忽略，针对一般老年人的养老服务十分有限。

为满足不同层次老年人养老服务的需求，可引进第三方企业以为社区老年人提供便利化、个性化、定制化的服务，根据社区老年人的不同需求定制不同的服务方案，有选择性地为老年人建设日间照料室、老年人活动室、心理咨询室、图书阅览室，开设服务热线、老年餐桌等，促进社区养老服务内容多样化。

（五）补齐短板：发挥老年人主体性作用

第一，大力孵化老年人社区社会组织。因地制宜，根据老年人的需求，开展各类文娱活动、节日主题活动、体育活动，丰富老年群体的精神文化生活，扩大他们的社会支持网络，使他们的老年生活更加丰富多彩。开展健康主题活动，如开设老年健康学堂、提供义诊服务等，提高老年人的健康水平，增强老年人的健康保护意识；开展手工类活动，如开展剪纸、毛线编织、盆栽培育等活动，缓解老年人的生活压力，培养老年人的兴趣爱好；开展体育类活动，跳广场舞、开办太极交流会等，提高老年人的身体素质，丰富老年人的生活。

第二，搭建老年人参与社区治理的平台。鼓励社区老年人积极参与社区志愿服务，让老年人在参与社区志愿服务中实现价值，实现"老有所为"。"新清河实验"鼓励老年人参与楼门美化、空间更新等活动，受到老年人的积极评价。针对社区公共事务如垃圾分类、老旧小区改造等，完善相关制度，保障老年人有积极参与社区公共事务的机会和平台。

第三，完善社区养老互助平台。建立低龄老人服务高龄老人的社区互助平台，进一步完善时间银行和可持续互助机制，探索社区养老伙伴计划，强化社区养老互助志愿者培训体系和赋能机制，积极营造互助养老的社会氛围。

B.12
北京市老年友好型社区创建现状与特点

甄茂成　浦帆　刘建兵　邢新主　陈廷*

摘　要： 本报告介绍了我国老年友好型社区建设的背景和现状，详细分析了北京市全国示范性老年友好型社区建设的现状和特点。在此基础上，从老年人需求视角对北京市老年友好型社区现状进行调查和分析，进而提出完善无障碍通行系统、加强社区环境整治、增加老年人公共休息空间、加快智慧养老产品研发和应用、加大多元资金投入力度、加强政策宣传以及将老年友好型社区的创建工作纳入政府绩效考核体系等具体建议。

关键词： 人口老龄化　老年友好型社区　北京

一　我国老年友好型社区建设背景与现状

人口老龄化是我国中长期内经济社会发展面临的重大问题。自2000年进入老龄化社会以来，我国老龄化程度持续加深。截至2021年底，全国60岁及以上老年人口达2.67亿人，占总人口的18.9%；预计"十四五"时期，60

---

* 甄茂成，博士，北京市科学技术研究院智慧养老研究所副研究员，主要研究方向为老年友好型社区评估、智慧养老、城乡规划；浦帆，硕士，北京市科学技术研究院智慧养老研究所助理研究员，主要研究方向为智慧养老；刘建兵，博士，北京市科学技术研究院智慧养老研究所研究员，主要研究方向为服务创新、老年技术学；邢新主，硕士，北京市科学技术研究院智慧养老研究所副研究员，主要研究方向为智慧养老；陈廷，硕士，北京市科学技术研究院智慧养老研究所副研究员，主要研究方向为智慧养老。

岁及以上老年人口总量将突破 3 亿人，占比将超过 20%，我国将进入中度老龄化阶段。①

在这种背景下，党的十九届五中全会提出了实施积极应对人口老龄化战略，《中共中央　国务院关于加强新时代老龄工作的意见》进一步提出把积极老龄观和健康老龄化理念融入经济社会发展全过程，走出一条中国特色积极应对人口老龄化的道路。党的二十大报告再次对这一关键性的国家战略予以明确，这标志着积极应对人口老龄化已经不仅涉及"养老服务"，而且已经上升到老龄社会治理体系建设的层面。

经过十多年的探索，我国老龄社会治理体系建设的方向和内容已经较为明确，相关的政策和措施也在积极部署，我国已进入突破堵点、难点问题的阶段。对个体来讲，老年生活涵盖了人生的很长一段时间，会经历健康活跃和失能两个大的阶段。在积极老龄观和健康老龄化框架下，我国老龄工作面临四重任务：一是快速建立起面向长期照护老人的普惠养老服务体系和保障制度，以解决老年人"无人或无力"照护的问题；二是建立起面向积极老龄观和健康老龄化理念的健康养老服务体系和保障制度，以压缩疾病期限和延缓失能，同时兼顾老年人就业和经济发展问题；三是发挥党和政府在老龄社会治理体系中的主体作用，建立起"党委领导、政府主导、民主协商、社会协同、公众参与、法治保障、科技支撑"的老龄社会治理体系；四是建设支持老年人（包括失能老年人）在社区和居家独立安全生活的老年友好环境。

我国政府自 2009 年开始推动老年友好环境建设。全国老龄办在国内一些城市或城区开展"老年友好型城市"和"老年宜居社区"的试点工作。2011 年，全国范围内全面开展老年友好型城市和老年宜居社区的建设工作。2016 年，我国正式提出老年宜居环境建设这一理念，并提出老年宜居环境建设板块的五大任务，积极开展老年宜居环境建设示范工作。

---

① 《国家卫健委：近十年我国老龄工作取得显著成效》，中华人民共和国中央人民政府网，https：//www.gov.cn/xinwen/2022-09/21/content_ 5710849. htm。

2017 年 3 月，《"十三五"国家老龄事业发展和养老体系建设规划》进一步明确开展"老年友好型城市"和"老年宜居社区"建设示范行动，并要求到 2020 年大部分老年人的基本公共服务需求能够在社区得到满足。

2020 年 12 月，国家卫生健康委、全国老龄办发布《关于开展示范性全国老年友好型社区创建工作的通知》，2021 年，国家卫生健康委办公厅印发《全国示范性老年友好型社区评分细则（试行）》，启动全国示范性老年友好型社区创建工作。全国示范性老年友好型社区标准框架见图 1。整个创建工作分为四个阶段。

（1）第一阶段：示范创建阶段（2020～2022 年）。2020 年，启动老年友好型社区创建工作。2021～2022 年，在全国创建 2000 个示范性城乡老年友好型社区，以在全国发挥示范引领作用。

（2）第二阶段：示范推进阶段（2023～2025 年）。进一步推进示范性城乡老年友好型社区创建，2023～2025 年，在全国再创建 3000 个示范性城乡老年友好型社区。

（3）第三阶段：总结深化阶段（2026～2030 年）。认真总结示范性城乡老年友好型社区创建的工作经验和工作模式，加强工作宣传，扩大创建范围，开展中期评估，到 2030 年底，老年友好型社区在全国城乡的覆盖率在 50%以上。

（4）第四阶段：全面评估阶段（2031～2035 年）。大力推广老年友好型社区创建经验和工作机制，评估创建效果，加强分类指导，进一步扩大城乡老年友好型社区创建的覆盖面，到 2035 年底，全国城乡社区普遍达到老年友好型社区标准。

从标准框架和评分细则来看，我国老年友好型社区涵盖养老服务和老龄社会治理体系的全部内容，不仅包括环境方面，而且评价的对象本质上是对区域（省、区、市）和街（乡镇）老龄社会治理体系建设状况的体现。

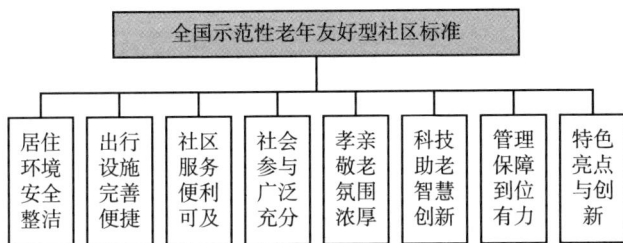

图 1 全国示范性老年友好型社区标准框架

经过逐级审核，2021 年和 2022 年全国分别创建示范性老年友好型社区 992 个和 999 个（见表 1）。

表 1 2021 年和 2022 年全国示范性老年友好型社区创建情况

单位：个

序号	区域	2021 年	2022 年	序号	区域	2021 年	2022 年
1	北京市	29	32	17	湖北省	48	45
2	天津市	25	29	18	湖南省	47	45
3	河北省	39	40	19	广东省	43	44
4	山西省	28	30	20	广西壮族自治区	30	25
5	内蒙古自治区	26	27	21	海南省	15	14
6	辽宁省	38	40	22	重庆市	37	38
7	吉林省	22	26	23	四川省	52	50
8	黑龙江省	23	25	24	贵州省	27	25
9	上海市	35	37	25	云南省	24	25
10	江苏省	54	54	26	西藏自治区	5	4
11	浙江省	50	46	27	陕西省	36	36
12	安徽省	44	41	28	甘肃省	20	19
13	福建省	34	35	29	青海省	8	8
14	江西省	30	33	30	宁夏回族自治区	10	11
15	山东省	54	53	31	新疆维吾尔自治区	14	15
16	河南省	43	45	32	新疆生产建设兵团	2	2

资料来源：2021 年和 2022 年全国示范性老年友好型社区名单。

二 北京市老年友好型社区创建现状

北京市是全国人口老龄化最严重的地区之一，已经进入中度老龄化阶段，且面临特大城市人口老龄化的特殊问题，人口老龄化形势更为严峻。截至2022年底，全市常住人口中60岁及以上人口为465.1万人，占总人口的21.3%；比2021年增加23.5万人，增幅为5.3%，2022年是近五年60岁及以上人口增量最多、增长幅度最大的一年；其中80岁及以上人口为69.9万人，占老年人口的约15%，比2021年增加5.6万人，增长8.7%，2022年是近十年80岁及以上人口增量最多、占总人口比例最高的一年。

2021年，北京市老龄委印发《北京市推进老年友好型社会建设行动方案（2021-2023年）》，明确了居家生活、家庭关系、社区环境、健康支持、智能应用、交通出行、社会参与、公共服务、人文环境9个方面的33项老年友好型社会具体建设任务，目前，其正在进行效果评价。

2021年，在全国整体框架下，北京市卫健委和老龄办启动老年友好型社区创建工作。2021年和2022年北京市共创建全国示范性老年友好型社区61个（见表2），分布在17个区（16个区、1个经开区，下同），社区类型涵盖胡同、普通商品房小区、单位家属院、别墅区或高级住宅区、保障房小区、农村自建房。从61个全国示范性老年友好型社区的分布情况及得分情况来看，北京示范性老年友好型社区主要分布在东城区、西城区、朝阳区、海淀区、丰台区、石景山区城六区，通州区、顺义区、昌平区、房山区等外围地区以及门头沟区、平谷区、怀柔区、密云区、延庆区等远郊区较少，且高分值社区主要分布在海淀区、西城区、朝阳区。

表2 北京市全国示范性老年友好型社区名单

序号	社区	序号	社区	序号	社区
1	八角北路社区	3	三里河二区社区	5	六街坊社区
2	后桥梓村	4	景阳东街第二社区	6	西里二区社区

序号	社区	序号	社区	序号	社区
7	毛纺北小区社区	26	草桥村	45	美丽园社区
8	潘庄社区	27	赢海庄园社区	46	东花市南里社区
9	二里庄社区	28	欢乐谷社区	47	星城第二社区
10	峨嵋山村	29	太阳城社区	48	航天社区
11	乐府家园社区	30	仇庄村	49	马栏村
12	地大二社区	31	霍家营社区	50	幸福社区
13	枣园社区	32	超梁子村	51	朱家坟南区社区
14	杨庄北区社区	33	河防口村	52	永安社区
15	龙头村	34	西坝河东里社区	53	大北家园社区
16	前门西河沿社区	35	康营家园一社区	54	佟馨家园南里社区
17	兴华社区	36	承泽园社区	55	上河湾社区
18	新安里社区	37	石油大院社区	56	西王平村
19	畅春园社区	38	柳荫街社区	57	金茂嘉园社区
20	南小街社区	39	南线阁社区	58	亦城景园社区
21	新鲜社区	40	北航社区	59	连心园社区
22	核桃园社区	41	东村	60	宏城花园社区
23	南海家园一里社区	42	北草厂社区	61	寅洞村
24	新贤家园社区	43	八角中里社区		
25	东岔村	44	八角南路社区		

资料来源：2021年和2022年全国示范性老年友好型社区名单。

三 北京市全国示范性老年友好型社区创建工作的特色

自2021年以来，北京市连续两年致力于开展全国示范性老年友好型社区创建工作。通过不断的探索实践，在评分细则、系统应用、部门合作和专家团队等方面积累了宝贵的经验，北京市的创建工作走在全国前列。

（一）细化评分细则，突出北京特色

在全国示范性城乡老年友好型社区评估指标基础上，细化评估方法，提高评估的客观公正性和可操作性，特别是对《全国示范性城乡老年友好型社区标准》中"赋分标准"中容易产生歧义的地方进行重点深入研究和反

复论证，使《评估指标体系细化考核表》更具准确性和区分度，同时更便于被评估考核单位开展工作。

（二）老龄委成员单位联合推进，实现多部门协同

从 2022 年起，在北京市卫健委的协调和推进下，依据《关于开展 2022 年全国示范性老年友好型社区创建工作的通知》，北京市老龄办、市卫生健康委等多个部门在评审过程中选派专家积极参与，实现多部门协同。

（三）建立专家库，充分发挥专家的专业化作用

在创新过程中，北京市全国示范性老年友好型社区创建专家库共有 59 名专家成员，涵盖老年学、建筑设计、医疗护理、康复健康、通信电子、管理信息系统等众多专业领域，这些专家在培训指导、评估验收过程中发挥了重要的作用，保障了创建评审工作的顺利进行。

（四）应用信息系统，提高效率

为了方便社区申报管理和专家评审，研发北京市全国示范性老年友好型社区创建管理系统，这是全国首个用于示范性老年友好型社区创建评估的专用系统，该系统包括全国示范性老年友好型社区申报管理系统和老年友好型社区专家测评系统。其中，全国示范性老年友好型社区申报管理系统具备申报表填写、自评打分、资料上传、修订和补充、区卫健委审核及数据管理等功能；老年友好型社区专家测评系统涵盖专家行程管理、任务模块分配、评审打分、资料查看和补充、数据管理等功能。该系统的研发和使用促使北京全国示范性老年友好型社区创建工作更加科学高效，为扎实开展评审工作护航。

四　基于需求视角的北京市老年友好型社区现状调查

为了更好地了解北京市老年友好型社区的发展情况，构建和优化评估指标，本报告作者所在课题组从老年人需求视角对北京市老年友好型社区现状进行调查和分析，下面是调查情况和主要结果。

（一）调查维度和指标选择

1. 调查维度

老年友好型社区涉及多方面、多层次、多学科的系统性问题，涵盖人、环境、社会、文化、科技等各种要素，为简化分析，本报告主要分为物质环境、为老服务、社会参与以及为老科技四个维度（见图2）。

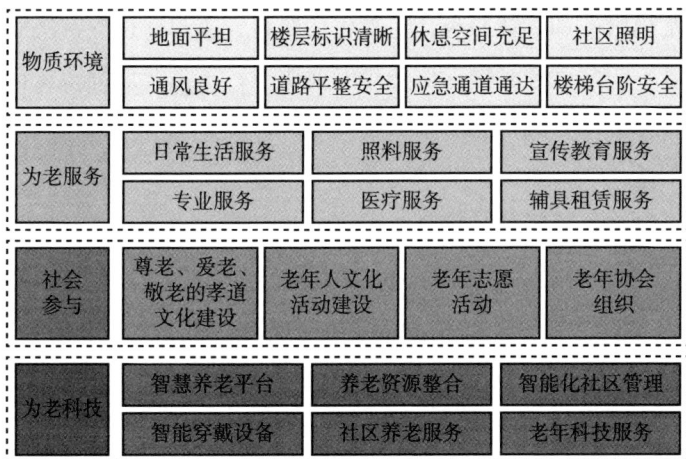

物质环境	地面平坦	楼层标识清晰	休息空间充足	社区照明
	通风良好	道路平整安全	应急通道通达	楼梯台阶安全
为老服务	日常生活服务	照料服务	宣传教育服务
	专业服务	医疗服务	辅具租赁服务
社会参与	尊老、爱老、敬老的孝道文化建设	老年人文化活动建设	老年志愿活动	老年协会组织
为老科技	智慧养老平台	养老资源整合	智能化社区管理
	智能穿戴设备	社区养老服务	老年科技服务

图2 老年友好型社区调查维度框架

（1）物质环境

物质环境是老年人居住以及所在社区的自然环境和人工环境，主要包括住房、交通、户外环境三个方面，其建设完备与否直接关系到老年人的住宿舒适度、出行的频率和社会参与程度。根据空间位置不同可以将物质环境分为两类：第一类是居室环境，要做到消除高差，进行防撞处理，确保轮椅通行；第二类是楼体与社区环境，其中，楼体连接处要求楼梯台阶安全，楼层标识清晰，高层要安装电梯，要做到道路平整安全、休息空间充足、应急通道通达。由于居室环境和楼体与社区环境内容的差异性较大，下文的评价指标中将两者列作两个维度。

（2）为老服务

为老服务是指为满足老年人的日常需求，社区所提供老年福利项目、专业服务、便民服务和管理系统的集成。《老年宜居社区建设指南》（2009 年）、《关于推进老年宜居环境建设的指导意见》（2016 年）、《全国示范性城乡老年友好型社区标准（试行）》（2020 年）等文件都将社区为老服务作为重要维度单列出来。该评价维度主要是评价社区是否有针对性地以老年人群体为对象提供各种社区服务，通常从四个方面考察为老服务完善程度：一是日常服务可达性，包括与养老机构、照料中心、生活服务设施、医疗机构的距离；二是提供常规服务和专业服务，包括生活照料、巡视探访等常规服务以及疾病风险筛查、慢病管理和医疗服务等专业服务；三是开展健康宣传、健康讲座等宣传服务；四是提供康复辅具租赁服务。

（3）社会参与

社会参与指标是衡量社区老年友好水平的重要内容，WHO 在《全球老年友好城市建设指南》中将社区参与列为单独维度，其随后发布的《衡量城市关爱老人的程度：核心指标使用指南》在"社会环境的包容性"和补充指标两个部分分别强调老年人参与的相关内容。社会参与也是"积极老龄化"理念的三大支柱之一。文化是社会参与的基础和载体，加强全社会尊老、爱老、敬老文化建设，推动老年人积极组织和参加社区文化活动，是社会参与的重要内容。

（4）为老科技

为老科技强调将科技和居家、社区养老有机结合，运用信息技术整合"家庭—社区—机构—社区"的跨界养老资源，减轻居家、社区养老压力。随着互联网、云计算及大数据等技术的推广普及，可以利用信息技术推动养老发展为政界、学界以及产业界共同关注的重要议题。《全国示范性老年友好型社区评分细则（试行）》将"科技助老"列为一个重要评价维度。

2. 调查指标选择

本报告在遵循内容全面性、问题独立性、指标代表性、量化可得性等原则的基础上，充分参考 WHO 发布的《全球老年友好城市建设指南》《衡量城市关爱老人的程度：核心指标使用指南》、加拿大年龄友好型社区评估指南以及《关于推进老年宜居环境建设的指导意见》、《全国示范性城乡老年友好型社区标准（试行）》等国内外老年友好型社区相关评价文件，借鉴学者关于城市老年友好型社区建设及评估维度的研究成果，结合北京市居民对老年友好型社区的现实需求，最终设计了北京市老年友好型社区的调查指标，我们将其分为两大部分：一部分是人口学变量，包括性别、年龄、学历、居住时间、住房年代、与谁居住、健康状况等不同属性变量；另一部分是衡量老年友好型社区建设情况的指标，涵盖环境类（包括居室环境、楼体环境、社区环境）、服务类、文化和参与类、科技类4个维度59个细分指标（见表3）。按照李克特五级量表，将细分指标转化为相应的问题，其中设5个选项，分别是"非常不满意"、"不满意"、"一般"、"满意"和"非常满意"。

表3 老年友好型社区指标体系

一级指标	二级指标
环境类	地面防滑处理
	安装扶手
	地面高差处理
	起夜感应灯
	室内灯光照度
	升降式晾衣竿
	蹲改坐处理
	防撞处理
	紧急呼叫装置
	轮椅通行
	轮椅回转
	电梯
	电梯是否需要经过半层楼梯才能入户
	楼梯扶手的完整性
	楼梯间休息座椅
	楼梯间照明
	楼梯台阶安全性
	无障碍坡道
	楼层标识

续表

一级指标	二级指标
环境类	道路的平整度、安全性和轮椅通过性
	人车分离
	社区照明
	公共与休息空间
	公共厕所
	应急/急救可达性
	社区标识系统老年友好性
服务类	养老服务设施可达性
	六助服务
	生活圈可达性
	医疗机构可达性
	巡视探访服务
	救助服务
	办事办证的便利性
	就医/急救的绿色通道
	免费体检服务
	疾病风险筛查和慢病管理
	应急预案中适老化内容
	老年机构
	健康宣传
	康复辅助器具
	时间银行
	生活照料服务
	专业照护服务
	医护服务
	健康管理服务
	安全协助服务
	喘息服务
文化和参与类	敬老孝老文化
	积极老龄观
	《老年人权益保障法》普及
	老年防诈骗
	公共法律服务室
	社区老年协会
	社区老年志愿组织
	社区老年文体组织

一级指标	二级指标
科技类	社区生活服务热线/平台
	社区微信群/公众号
	教老人使用手机的服务
	智能化产品使用

（二）数据来源和样本属性

课题组共发放纸质调查问卷700份，回收有效问卷637份，回收率为91%。根据老年人的基本情况，对性别、年龄、学历、健康状况及居住情况进行描述性统计分析（见表4）。调查对象中，男性占30.77%，女性占69.23%。年龄分布以60~69岁为主，占比约为55%。60岁以下的占11.15%，70~79岁的占24.18%，80岁及以上的占7.84%。健康老人占88.22%，"体弱、尚可自理"的占7.54%，"行动不便或依靠轮椅，需要部分照护"的占2.2%。初中和高中学历占83.05%，本科及以上学历占9.89%。居住时间为11~20年的占29.36%，21年及以上的占54.01%，其中有30.46%的居住时间超过30年，最长的居住了70年。独居和与配偶同住的占70.96%，与子女同住的占25.43%。

表4 老年人个体特征

单位：人，%

项目	选项	频次	有效占比
性别	男	196	30.77
	女	441	69.23
年龄	60岁以下	71	11.15
	60~69岁	350	54.95
	70~79岁	154	24.18
	80~89岁	45	7.06
	90岁以上	5	0.78
	缺省值	12	1.88

续表

项目	选项	频次	有效占比
学历	小学	35	5.49
	初中	383	60.13
	高中	146	22.92
	本科	51	8.01
	本科以上	12	1.88
	缺省值	10	1.57
健康状况	健康活跃、自理有余	231	36.26
	基本健康,可分担家务	331	51.96
	体弱、尚可自理	48	7.54
	行动不便或依靠轮椅,需要部分照护	14	2.20
	缺省值	13	2.04
居住时间	5 年以下	32	5.02
	5~10 年	57	8.95
	11~20 年	187	29.36
	21~30 年	150	23.55
	30 年以上	194	30.46
	缺省值	17	2.67
与谁居住	独居	81	12.72
	与配偶同住	371	58.24
	与子女同住	162	25.43
	与保姆同住	2	0.31
	其他	21	3.30

调查涵盖东城区、西城区、朝阳区、海淀区、石景山区等城区的 150 个社区,包括中关园小区、清和园小区、蔚秀园小区、汽北社区、八角北路特钢社区、古城南里社区、杨庄北区社区、八角北里社区等。社区类型包括未经改造的老城区小区(25.86%)、单位家属院(30.99%)、保障房小区(22.26%)、普通商品房小区(20.21%)、别墅区或高级住宅区(0.68%)。调查社区以老旧社区为主,这类社区的建设年代久远,基础设施陈旧,老年服务缺失,其成为老年友好型社区建设的重点。

（三）调查结果分析

1. 居室环境

（1）总体评价：满意度较低，提升改善空间较大

本报告主要从地面防滑处理、安装扶手、地面高差处理、起夜感应灯、室内灯光照度、升降式晾衣竿、蹲改坐处理、防撞处理、紧急呼叫装置、轮椅通行、轮椅回转 11 个方面进行老年友好型社区居室环境评价（见图 3）。总体来看，居室环境整体得分为 22 分，其中升降式晾衣竿得分最高，为 43 分，地面防滑处理得分最低，为 9 分。限制居室环境友好性的主要因素是地面防滑处理（9 分）、防撞处理（10 分）、蹲改坐处理（11 分）。

（2）要素评价：升降式晾衣竿、起夜感应灯、紧急呼叫装置满意度较高

从调查结果来看，①升降式晾衣竿布置较好。随着年龄增加，人的骨质脆弱性增高，骨折风险增加。升降式晾衣竿可以辅助老年人晾晒衣物，减少老年人在阳台发生意外的风险。②在北京市的老年人居室环境建设中，一些常见的功能如紧急呼叫装置、轮椅通行和轮椅回转等得到了一定的重视。紧急呼救装置在老年住宅生活中非常必要。该装置类似于医院病房病床呼叫设备，老年人只需按下按钮，即可发送求救信息，相关亲属或救援人员会及时接收到。这样老年人就能得到救援与帮助。③虽然部分家庭在设计基本空间时会考虑到老年人室内使用轮椅的需求，但仍有很多家庭忽略这一点。通常轮椅的长度约为 1000 毫米，因此老年人在日常活动中需要更多的空间。在卧室和卫生间等地方，应为轮椅预留足够的活动空间。④随着年龄增长，老年人的行动能力减弱，发生意外时身体应激能力下降，因此对居室内环境安全的需求更高。调查表明，老年人家中的地面防滑处理、防撞处理以及卫生间的适老化改造并不充分，无法满足老年人的日常需求。

2. 楼体环境和社区环境

（1）楼体环境：评价一般，楼梯台阶安全性评价高，楼梯间休息座椅评价较低

本报告主要从电梯、电梯是否需要经过半层楼梯才能入户、楼梯扶手的

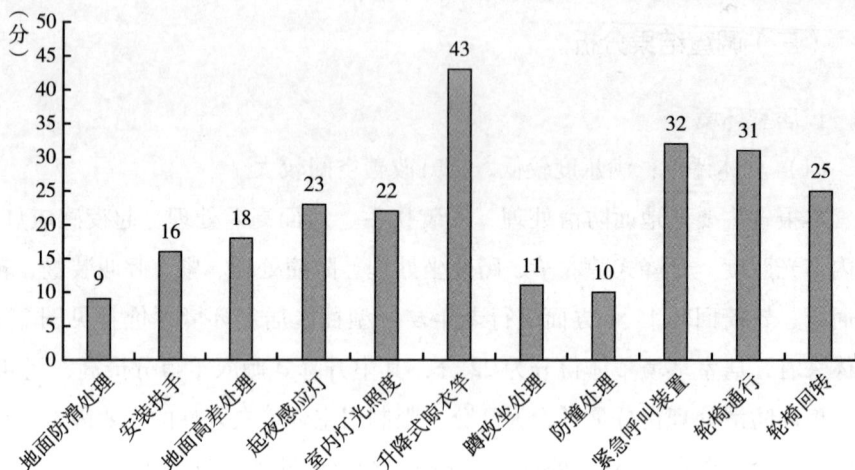

图 3　居室环境指标得分

完整性、楼梯间休息座椅、楼梯间照明、楼梯台阶安全性、无障碍坡道和楼层标识 8 个方面进行楼体环境评价（见图 4）。总体来看，平均分为 35 分，其中楼梯台阶安全性的得分最高，为 59 分，限制楼体环境友好性的主要因素是电梯是否需要经过半层楼梯才能入户（1 分）、楼梯间休息座椅（2 分）。

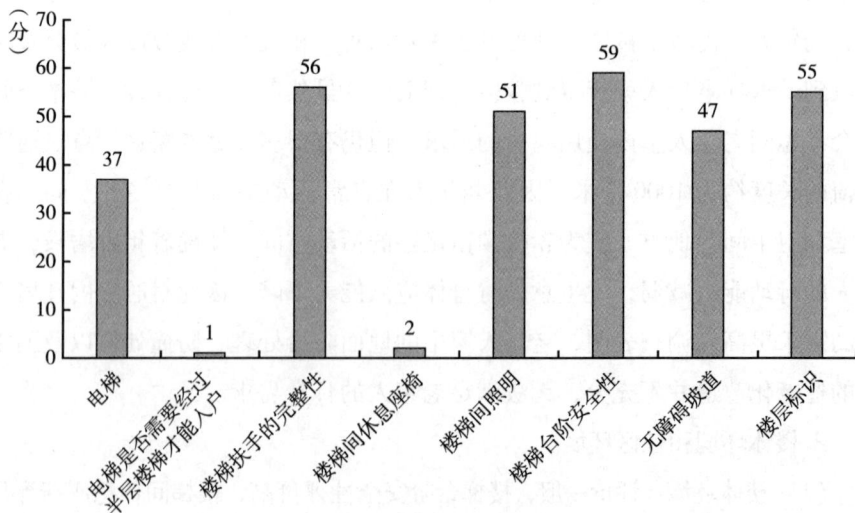

图 4　楼体环境指标得分

具体而言，对于楼梯的建设，老年人普遍对楼梯台阶安全性（59分）、楼梯扶手的完整性（56分）、楼层标识（55分）、楼梯间照明（51分）以及无障碍坡道（47分）较为满意。然而，由于电梯在全部社区尤其是老旧社区的普及程度不高，得分相对较低，仅为37分。而对于电梯是否需要经过半层楼梯才能入户这一选项，得分仅为1分，表明电梯入户建设相当便利，老年人不需要在乘坐电梯的同时还要走半层楼梯。需要注意的是，由图4可知，大多数被访者居住在没有电梯的环境中，楼梯间休息座椅（2分）的配备情况不容乐观。在后续改造中，应重视这两点，以保障老年人走出家门的便利性。

（2）社区环境：较为满意，缺少公共厕所是老旧社区的痛点

本报告主要从道路的平整度、安全性和轮椅通过性，人车分离，社区照明，公共与休息空间，公共厕所，应急/急救可达性和社区标识系统老年友好性7个方面进行社区环境评价（见图5）。社区环境整体平均分为50分，其中社区照明的得分最高，为68分，公共厕所的得分最低，为5分。其余几项的得分较为接近。限制社区环境友好性的主要因素是公共厕所。

从指标来看，社区环境整体建设情况较好。道路的平整度、安全性和轮椅通过性（62分），社区照明（68分），公共与休息空间（55分），应急/急救可达性（60分）这几项老年人在社区活动中较为重要的设施能够满足老年人的需求，建设效果较好，受访者对此较为满意。然而，在社区环境评价部分，公共厕所的评分最低，仅为5分，说明大部分社区没有建设公共厕所。考虑到老年人免疫力下降、泌尿系统患病率高，公共厕所对老年人非常重要，未来社区应注重适老化公共厕所建设。社区标识系统老年友好性（43分）也与要求有一定差距。这说明虽然标识导向的适老化设计受到一定程度的重视，但精细化程度还不够。需要结合老年人群体的生理和心理特征，对社区内的信息标识、指示导向标识、交通导向标识、公共厕所标识等进行适老化改造，使其位置明显、图文清晰、符号简洁。

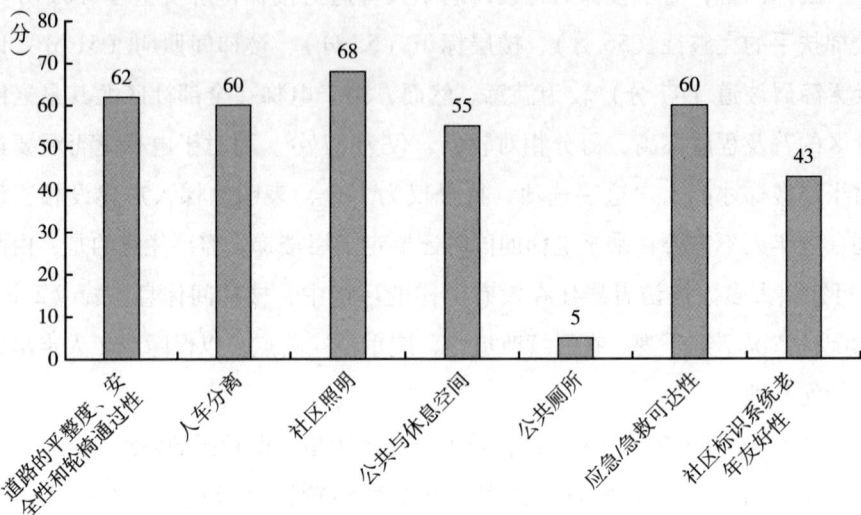

图5　社区环境指标得分

3. 为老服务

（1）居家服务：评价较差，亟须提升各项服务供给数量和质量

居家服务整体平均分为8分，其中生活照料服务的得分最高，为14分，喘息服务的得分最低，为4分（见图6）。限制居家服务友好性的主要因素是喘息服务（4分）、医护服务（5分）、健康管理服务（6分）。

调查结果显示，针对老年人的居家服务建设情况较不理想，整体得分较低。即使是生活照料服务的得分也仅为14分。近年来，随着养老照料中心、社区服务驿站等社区居家养老服务设施的逐步建设和服务内容的不断丰富，老年人对社区养老服务的需求越来越高。2018年北京市进行的养老现状和需求调查结果显示，80.3%的被访老年人对社区居家养老服务有需求。老年人的家庭生活是他们日常生活的重中之重，但从本次调查来看，对他们的健康医护、生活照料等方面并没有予以足够的重视。这说明对于老年友好型社区的服务建设仅限于社区层面，没有完全覆盖老年人的家庭。为了改善这种状况，可以重点推广家庭医生制度，为老年人提供个性化的治疗和护理服务，以更好地满足他们的身体需求。

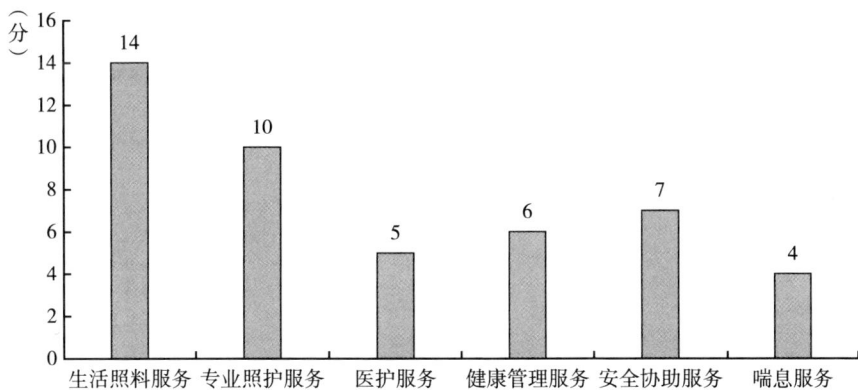

图6　居家服务指标得分

（2）社区服务：评价一般，改善志愿服务、辅助租赁、健康管理是重点

社区服务整体平均分为29分，其中健康宣传的得分最高，为59分（见图7）。生活圈可达性和医疗机构可达性的得分较高，分别为54分和53分。时间银行的得分最低，为9分。限制社区服务友好性的主要因素是时间银行（9分）、疾病风险筛查和慢病管理（14分）、就医/急救的绿色通道（14分）、康复辅助器具（17分）、六助服务（19分）和应急预案中适老化内容（19分）。

社区服务方面的健康宣传、生活圈可达性和医疗机构可达性建设得相对较好，评价较高。这表明社区关注老年人的医疗健康问题和生活便利性问题。对于65岁及以上老年人，免费体检服务、办事办证的便利性和养老服务设施可达性得到了一定程度的重视。然而，办事办证的地点相对固定，不能实现在步行生活圈内可达，因此评价较低，需要进一步改善。社区可以简化老年人办事环节和手续，优化公共服务流程，并在必要时为行动不便的老年人提供上门服务。需要注意的是，时间银行在全部社区服务中得分最低，仅为9分。这说明大部分老年人并不了解或者社区没有普及这项服务。未来应该在社区进行试点，推动时间银行普及。

4. 社会参与

（1）**总体评价：较为满意，需加强积极老龄观宣传，建设公共法律服务室，成立社区老年协会**

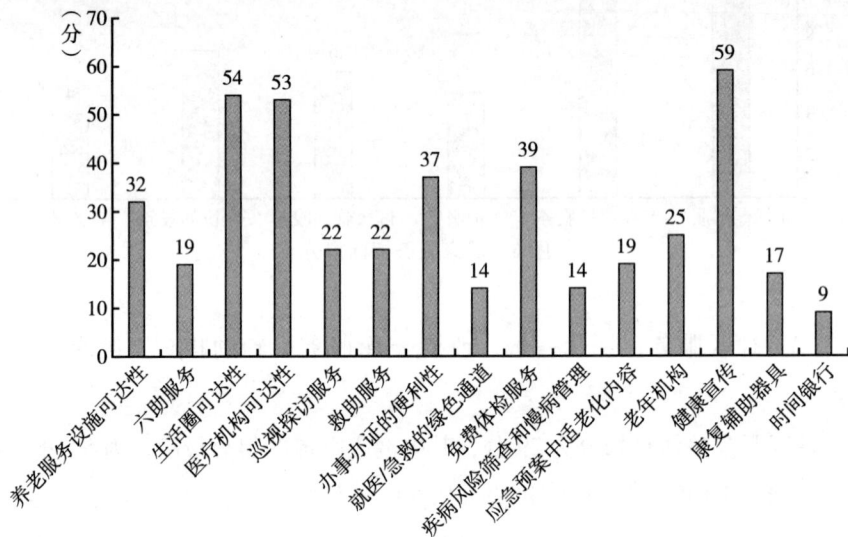

图7　社区服务指标得分

社会参与指标整体平均分为 33 分，其中老年防诈骗得分最高，为 48 分，社区老年文体组织（45 分）和社区老年志愿组织（41 分）的得分较高。限制社会参与友好性的主要因素是公共法律服务室（21 分）、社区老年协会（21分）、《老年人权益保障法》普及（23 分）和积极老龄观（28 分）（见图8）。

（2）**要素评价：老年防诈骗、社区老年文体组织、社区老年志愿组织评价较高**

调查结果显示，对老年人的参与的整体建设较为完善。特别是在老年防诈骗、社区老年文体组织、社区老年志愿组织方面，社区开展了广泛深入的宣传和动员，老年人对此评价较高。不过，还有一些方面需要进一步改进。社区应重视对非老年人的教育宣传，比如定期举办敬老孝老文化活动、制作宣传标语和视频等，动员社区各个群体，共同营造敬老孝老的氛围。同时，社区应加强对老年人心态的重视，提高老年人对积极老龄观的认识。

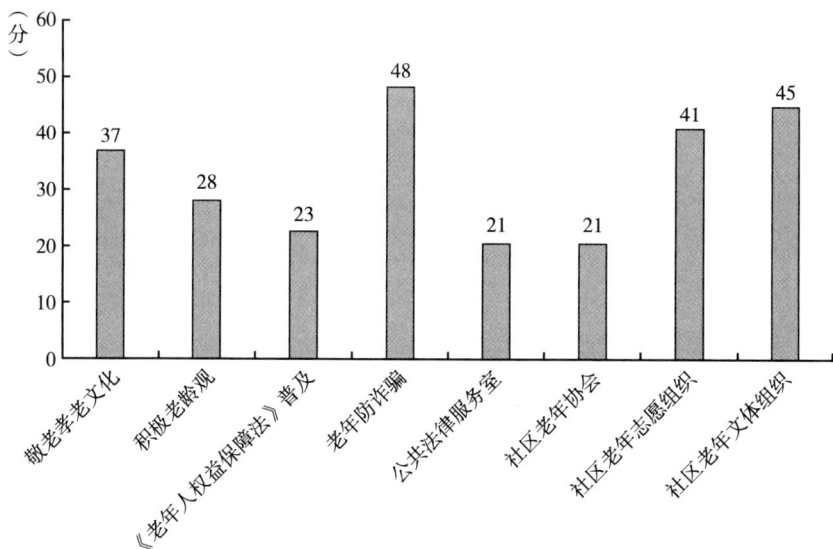

图8 社会参与指标得分

5.为老科技

（1）为老科技：整体评价较高，科技助老发挥功效

总体来看，智能化产品使用的得分最高，为69分；社区微信群/公众号的得分（51分）较高。社区生活服务热线/平台（31分）、教老人使用手机的服务（33分）的得分较低（见图9）。

（2）要素评价：养老平台建设、智能产品使用任重而道远

在信息化浪潮下，科技助老效果显著，智能化产品已经走进大部分老年人的生活。微信群的建立方便了老年人交流，适合老年人浏览的公众号丰富了其生活。但是，数据显示，社区服务平台建设不到位，对老年人个性化的手机使用服务的提供还不够深入。

五 结论与建议

（一）主要结论

本报告介绍了国家和北京市全国示范性老年友好型社区创建的现状和特

263

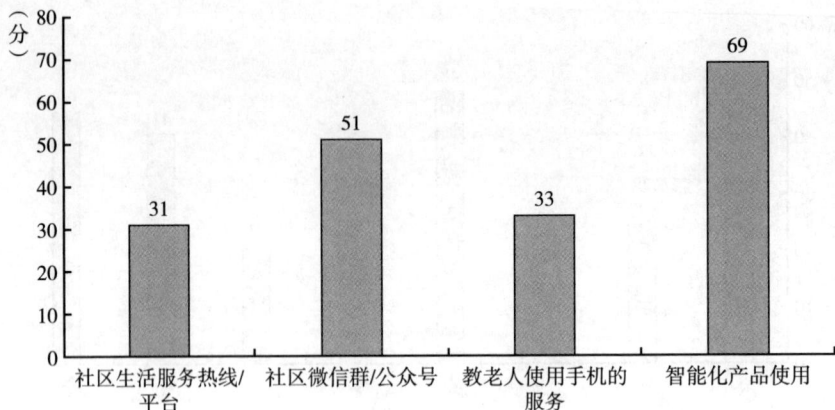

图9　为老科技指标得分

点，在此基础上，从居室环境、楼体环境和社区环境、为老服务、社会参与以及为老科技方面对北京老年友好型社区建设现状和问题进行分析。

从上面的分析可以看出，在国家和北京层面，老年友好型社区建设已经成为积极应对人口老龄化战略的重要组成部分，与人口老龄化发展趋势一致，到2035年，要100%建成老年友好型社区。

由于处在启动初期，考虑到平均水平，目前的《全国示范性老年友好型社区评价指标》的评价内容还只具有达标性、基础性水平，解决的是"有和无"的问题，随着老年友好型社区建设的深入，"对不对"和"好不好"的问题就会凸显出来，需要深入研究相关标准和技术规范，并积极探讨智慧养老普遍应用的场景、技术、服务和标准。

通过对北京市社区老年居民需求视角的调查可以看出，针对老年人的环境改造和为老服务主要集中在社区。在为老科技方面，本次调查结果显示评价较高，说明老人在网络化背景下享受到一定便利，但仍需社区不断发力。

（二）政策建议

1.加快推进老旧社区居室环境适老化改造，有效利用存量空间，改善居家养老环境

本报告建议参考相关政策文件，重点从以下三个方面对住宅进行适老化改造：一是进行安全性改造，更换老化的上下水管道、电力线路、煤气灶，加装简易外置辅助设施、安全扶手等；二是进行无障碍改造，如安装易于抓握、手感舒适的扶手和抓杆类产品；三是使用智能化产品，安装老年安全防护产品和紧急呼叫安全监测仪器，根据不同需求进行个性化定制。

2. 从社区生态环境适老性建设来看，应完善无障碍通行系统，加强社区环境整治，增加老年人公共休息空间

目前，北京市人口老龄化快速发展，对社区环境与设施的适老性提出更高要求。首先，加强老年人住宅与交通设施无障碍改造，重点对公共建筑节点和社区道路进行适老性改造；其次，加强道路综合治理，重点修复社区道路坑洼处；最后，加快配套设施建设，根据老年人的分布情况设置适合老年人使用的健身器材。

3. 加强区域分类指导和开发建设

中心城区社区要进一步加强老旧社区生态环境、老年服务设施、口袋公园等方面的建设，提高老年人对良好社区环境和设施的可获得性。郊区社区要全面推进居室环境、社区环境、为老服务、社会参与以及为老科技方面建设，重点强化老年人文化活动组织、养老服务信息平台搭建以及智能化养老产品应用等方面建设。

4. 加快智慧养老产品研发和应用

在设计智慧养老产品时要考虑老年人的实际情况，如动手能力、视力情况等，使产品操作简单方便。在推广使用过程中，应提供专业人员上门安装服务，由其指导老年人使用产品。要求安装人员教会老年人智能产品的使用方法，向其讲解注意事项，提高智能化产品的使用率。

5. 拓宽多元融资渠道，实现可持续性的资金投入增加

一是加大财政支持力度，增加公共财政预算中的资金投入比例，优先针对老年友好型社区项目提供市级各类专项资金补助和推出费用减免政策。二是鼓励民间注资，积极宣传、鼓励并支持民间组织对老龄化行业进行投资，营造宽松的政策环境，促进民间资本为社区建设注入资金。

6. 将创建工作纳入各区和街道绩效考核体系

老年友好型社区创建涉及卫健、民政、发改、住建、财政、交通、司法、文化、残联、老干、老龄等涉老部门和街办（乡镇）、社区等，需要各个部门通力合作。建议将示范性老年友好型社区创建工作纳入绩效考核体系，以引起各区、各部门、各街道对创建工作的重视，重点围绕示范性老年友好型社区创建的学习培训、任务分解、组织宣传、网络上报、现场审核、评估结果等，考察落实情况。

7. 全力做好宣传工作以营造良好舆论氛围

一是利用政府购买服务项目进行全国示范性老年友好型社区的宣传推广，这会使老年人对政府的信任度提高。二是利用电视、报刊、展会、宣传手册、户外广告等传统宣传方法及微博、微信、论坛等新媒体，加大对示范性老年友好型社区创建的宣传力度，全面提升全民对老年友好型社区创建的认知度。三是开展北京市全国示范性老年友好型社区创建典型案例征集活动并择优推广，充分发挥其示范带动效应，给其他社区提供更多参考样本，推动北京市示范性老年友好型社区建设工作稳健发展。

参考文献

黄建：《农村老年宜居社区建设评价体系研究》，《开放导报》2016 年第 2 期。

朱琳、胡超：《城市老年友好型社区建设及其满意度调查研究》，《山西建筑》2016 年第 27 期。

曲嘉瑶：《城市老年居住环境评价量表编制研究——基于北京市的实证调查》，《老龄科学研究》2017 年第 12 期。

王上：《人口老龄化背景下城市老年宜居社区的评价体系研究》，《辽宁经济管理干部学院·辽宁经济职业技术学院学报》2017 年第 1 期。

Abstract

As expounded in the Report to the 20th National Congress of the Communist Party of China: "Chinese modernization is a modernization of a huge population. China is working to achieve modernization for more than 1.4 billion people, a number larger than the combined population of all developed countries in the world today. This is a task of unparalleled difficulty and complexity; it inevitably means that our pathways of development and methods of advancement will be unique." Beijing, as the first megalopolis with decrement development in China, needs to study and forcast the comprehensive impact of population trend prospectively under the premise of adhering to the "simultaneous development of sparse and control", further implement the Beijing's strategic position as the "four centers" defined by China's central authorities. This book systematically analyzes the new opportunities and challenges brought by the population development trend in Beijing to various aspects of economic and social development from multiple dimensions such as population size, structure, distribution and quality, and puts forward countermeasures and suggestions on optimizing the policy supply mechanism, promoting the coordinated development of Beijing – Tianjin – Hebei, building a talent-friendly city, and promoting the improvement of new consumption levels.

The size of Beijing's permanent population has shown a continuous decline since 2017, reaching 21.843 million in 2022, down 43000 from the previous year. Among them, the permanent migrant population continued to decline from 8.625 million in 2015 to 8.251 million in 2022. Since 2017, the natural growth rate of Beijing's permanent population has shown a trend of decreasing year by year, and the inertia of negative population growth has continued to accumulate, and it began to decline significantly in 2021, and the natural growth rate of permanent population was negative in 2022.

The comparison of the population of each functional area shows that the population of the core area of the capital and the central urban area (except the east and west urban areas) decreased continuously, the population of the city sub-center (Tongzhou District) and the plain new town are relatively increased, and the carrying capacity is improved. The population in the ecological conservation area fluctuates, It shows a trend of "internal decline and external increase", the multi-point supporting population pattern is taking shape.

The number of women of childbearing age in Beijing has declined, and the total fertility rate has remained low. Beijing has maintained an ultra-low fertility level for a long time, the pattern of endogenous low fertility has become prominent, and the endogenous impetus of fertility boost is insufficient. Coupled with the continuous deepening of population aging, the dual challenges of low fertility and aging will continue to become the key factors affecting the high-quality population, economic and social development of the capital in the new era.

The Beijing "14th Five-Year Plan" Action Plan for the Development and Improvement of Preschool Education proposed the goal of reaching 90% coverage of inclusive kindergartens by 2025. Therefore, it is necessary to further expand the layout of inclusive education resources and promote the overall allocation of high-quality education resources soon. We need more policy support for the inclusive development of preschool education, and should identify areas with weak inclusive resources, and make up for weak links in inclusive resources. We will increase the supply of inclusive preschool education resources in rural areas through multiple methods, strengthen the construction of village-level kindergartens, balance the distribution of preschool education and public service networks in urban and rural areas, and effectively ensure that preschool age children are enrolled in kindergartens. We need to build, upgrade and expand the number of kindergartens in urban for the migrant population, ensure that children without Beijing Hukou can receive preschool education successfully.

The overall quality of Beijing's population has been improving. The health level of the population has continued to improve, and the health status of the population is among the highest in China. The average life expectancy has risen from 80. 81 years in 2010 to 82. 47 years in 2021, higher than the national average over the same period. The education level of Beijing's population continues to improve, with the average years of schooling in Beijing rising from 11. 71 years in 2010 to 12. 64 years in 2020, far higher than the national average. In 2021, for every 100, 000 permanent residents aged 15 and above in Beijing, there are 54, 573 people with a college degree or above.

With the deepening of the aging of the population, the elderly dependency ratio in Beijing continues to rise. Although there are still groups with employment difficulties and structural unemployment in the current employment field, the necessity of human resources development for the elderly is becoming increasingly apparent with the continuous decline of labor supply. The demand for elderly care services is growing and showing a diversified trend. It is necessary to establish a "one core and multiple" supply model for elderly care services, clarify the boundaries of power and responsibility of the government, the market and society, clarify their own role positioning, give play to the advantages of all parties, avoid disadvantages, and promote the accurate supply of community elderly care services.

The establishment of a metropolitan area coordination and management committe is necessary, which can avoid the shortcomings of the plan according to administrative units and take the economic, social, environmental and cultural linkages among different regions into account. Accelerate the formulation of the modern metropolitan area planning of Beijing, Tianjin and Hebei with complementary functions, further optimize the regional division of labor and industrial distribution, and then promote the rational distribution of population.

Keywords: Capital; Population Size; Fertiilty; Labor Force; Populaiton Aging

Contents

I   General Report

Abstract: This report mainly adopts quantitative analysis method to describe and forecast the basic characteristics and trends of Beijing's population size, structure, quality and distribution. It was found that the permanent population of Beijing declined steadily, the birth rate continued to decline, the natural growth rate appeared negative, the number of women of childbearing age declined, the aging degree further deepened, the proportion of the employed population in the three industries tended to be stable, the regional distribution of the population showed a multi-point support gradient distribution pattern, and the population health and cultural quality level was relatively high. This report analyzes the opportunities and challenges faced by Beijing's population in age structure, reduction development, balanced distribution and coordinated development of Beijing, Tianjin and Hebei, and puts forward countermeasures and suggestions for further promoting Beijing's population development on this basis. That is to create an integrated population development environment in the capital, optimize the policy supply mechanism, solve the problem of " urgent difficulties and worries" of workers, promote the improvement of new consumption levels, improve the talent training system, and deepen the supply-side structural reform, so as to cope with a series of challenges brought by the new population situation to the economic and social development of Beijing.

Ⅱ Topic Reports

Abstract: Based on the relevant data of the *Beijing Statistical Yearbook* and *Beijing Education Statistics* over the years, this report analyzes and summarizes the characteristics and factors influencing the population and resource allocation of preschool children in the capital. The data show that the size of preschool children has expanded significantly; the preschool population and kindergarten resources in new urban development areas have both grown significantly. The analysis found that changes in the registered birth population, the implementation of the *Beijing Action Plan for Preschool Education*, the decentralization of non-capital functions and the construction of urban sub-centers are important factors affecting the preschool population and kindergarten resource allocation.

Keywords: Preschool Education; Scale of Young Children; Allocation of Educational Resources; Beijing

Abstract: This report analyses the demographic characteristics, socio-economic characteristics and participation in grassroots governance of young people aged 18-35 in Beijing, using data from the Seventh National Population Census and sample survey data from a related study conducted by the Beijing Municipal Communist Youth League in 2022. The results show that young people aged 18-35 in Beijing have reached a high level in terms of education, political quality, living conditions and grassroots participation. However, young people from other provinces, regions and cities who came to Beijing have different characteristics in many aspects. In addition, community youth centre plays an important role in guiding Beijing's youth to participate in community governance, but there are also weaknesses. Accordingly, this report proposes to build a youth-development-oriented city, extensively and effectively connecting young people through the establishment of composite and intelligent service positions and the branding of service programme to integrate service resources, so as to promote the high-quality development of Beijing's youth population in accordance with the standard of the best.

Keywords: Youth Population; High Quality Development; "Qing Nianhui" Organization; Community Participation; Grassroots Governance

B.4　The Research on Fertility Intention and Demand for Fertility Support among People of Childbearing Age in Beijing

Ma Xiaohong, Peng Shuwan and Guo Yaning / 084

Abstract: Beijing's low fertility level has lasted for many years, and the fertility intentions of the reproductive age group is the main reason for the formation of the low fertility phenomenon. This report provides descriptive analyses of the size, age structure, education level and regional distribution of women of childbearing age in Beijing, and combines in-depth interviews with 13 women of childbearing age to provide empirical analyses of their fertility intentions, causes and desired fertility support. On the basis of comparative studies of international and domestic policies, policy recommendations are made in terms of promoting equal employment for women of childbearing age, solving the problems faced by young people of childbearing age in marriage and childbearing, improving the quality of childbearing services, guiding the social forces to set up childcare institutions, and revising the housing policy to strengthen the support for childbearing.

Keywords: Reproductive Age Group; Fertility Intention; Low Fertility Level; Fertility-Friendly Policy

B.5 Research Report on Elderly Population in Beijing

Yan Ping, Wang Juanfen / 111

Abstract: With the deepening of aging population in Beijing, the absolute size of the elderly and their proportion in the elderly population continue to grow, and the problem of old-age care is becoming increasingly prominent. At present, the academic research on the elderly is not deep enough, and the government and society have not paid enough attention to the elderly. In fact, the growing size of the elderly has become a key factor affecting the development of the cause of aging. Based on the data of previous population censuses in Beijing, this report analyzes the characteristic differences and changing trends of the elderly population in Beijing, and presents the overall situation and characteristics of the elderly population in Beijing from the perspectives of gender differences and urban-rural differences. Based on the data analysis results, suggestions were put forward to provide home-based care products and facilities that meet the needs of the elderly, improve the family support policy for the elderly, explore the intelligent care model for the elderly, promote the intervention of medical social work in elderly care services for the elderly, and promote the construction of a mutual care model for the elderly in rural areas.

Keywords: Old Age; Aging; Population Census; Beijing

B . 6   Research on Population of the Beijing Metropolitan Area

Yu Qian，*Cao Hongyu* / 135

Abstract：The population development of the capital metropolitan area is of great significance for China to realize modernization with a huge population size. Based on the 6th and 7th national population census, data from regional statistical yearbooks and international data, this report analyzes the characteristics of the capital metropolitan area such as the size of the population, the spatial distribution of the population, the industrial structure of the employed population and the spatial pattern and compares it with the Shanghai metropolitan area, the New York metropolitan area, the Tokyo metropolitan area and so on. It is found that there is a big difference in the urbanization rate between the core cities and the peripheral areas of the Capital Metropolitan Area, and for the resident population, the growth rate of the core cities is faster than that of the peripheral areas, with the resident population declining in 2021, and the population of the Beijing Ring Area contracting. The employed population in finance, culture, sports and entertainment, education and medical care is over-concentrated in the central city of Beijing, while the manufacturing industry in the periphery is insufficient to absorb the employed population. We should speed up the preparation of metropolitan area planning, optimize the population and industrial layout, narrow the regional gap in public resources, create a good ecology for talent development, and improve the attractiveness of talent and the carrying capacity of the population.

Keywords：Resident Population；Employed Population；International Metropolitan Area；Beijing Metropolitan Area

Ⅲ   Special Reports

B . 7   Smart Care for the Elderly in Foreign Megacities and Its
Enlightenment for Beijing   *Chen Xu* / 160

Abstract：Smart Care for the Elderly has become one of the core components of elderly service governance in foreign megacities. The concept of "elderly-friendly" provides guidance for the construction of care systems in these cities, focusing on personalized services, prevention, and participation. It aims to address issues such as "discriminatory", "dehumanized" and "disciplining". By anchoring the construction goals around the "3P3D" framework, smart care services are deeply integrated into the development of digitally friendly environments. The development of digital health takes center stage in smart care for the elderly, driven by the transformation towards digital health. The focus is on establishing lifelong elderly care services. Drawing insights from exemplary experiences in smart care development in locations such as Canberra in Australia, Oulu in Finland, and Leeds in the UK, the study summarizes typical characteristics related to "sustainable development of smart cities". Under the guidance of the concept of healthy aging, it is of high importance to establish a service method for smart care through digital health promotion. Furthermore, interpreting the direction of smart care development through digital ethics can help foster a well-rounded approach. This will contribute to the establishment of comprehensive urban elderly health management, healthy lifestyle services, and elderly care services.

Keywords: Smart Care for the Elderly; Digital Society; Healthy Aging; Sense of Gain of Elderly Care

B. 8　Research on the Value and Path of Traditional Excellent
　　　Filial Piety Culture Integrated into the Capital Community
　　　Old-age Service　　　　　　　　　　　　　　*Yang Jiaying* / 176

Abstract: Utilizing Chinese excellent cultural treasures to solve the elderly care problem is necessary to cope with the aging population and develop capital community old-age service with the first good standard. Chinese traditional filial piety culture contains the values of supporting parents, loving relatives and respecting elders. Inheriting and carrying forward filial piety culture tradition and integrating the filial piety culture into the capital community old-age service will help to bridge the gap between generations, strengthen mutual help between neighbors and cultivate community spirit. Chouzhuang Village in Tongzhou District in Beijing has been building a brand of community filial piety culture for more than 20 years, and constantly improving community old-age service system, which is a vivid capital practical experience of integrating Chinese traditional filial piety culture into community old-age service. This report points out that we should carry forward filial piety culture and explore the traditional wisdom of community old-age service. We should strengthen community construction to form a community support network for the elderly. We also should enrich old-age services to provide all-round old-age services for the elderly. Through these implementation path, Chinese traditional filial piety culture can be integrated into community old-age service.

Keywords: Filial Piety Culture; Community Old-age Service; Capital Practical Experience

B.9   Present State and Prospect of Elderly Human Resources

in Beijing   *Xue Weiling* / 189

Abstract: This report mainly uses quantitative analysis method to analyze the present state and future trend of the elderly human resources in Beijing from several dimensions, such as the change of the proportion of the elderly population, age structure, health status, education level and employment characteristics. It is found that the current employment choice of the elderly population in Beijing is closely related to whether they enjoy the old-age security. Generally, most elderly people's employment is still based on the consideration of livelihood. Rather than based on value realization and comprehensive development, the employment ratio of urban elderly population is lower than that of rural elderly population. However, the employment activity of the elderly population presents a U-shaped distribution with the increase of education level. The development of human resources for the elderly in Beijing is still in the exploratory stage, and an effective development mechanism and path have not yet been formed. However, the increasingly severe aging process in Beijing, the relatively high proportion of younger old population, the high health level of the elderly population, and the continuous improvement of education level of the elderly population, all above these situations determine that the development of human resources for the elderly in the future is not only very necessary, but also having a strong expectation of human capital return. In the future, on the basis of dynamic monitoring of the labor force, it is necessary to try to gradually and dynamically break the employment age limit through the working years limit, rather than the age limit, and adopt differentiated and precise development strategies to create a more accurate and flexible employment system.

Keywords: Elderly Population; Human Resources; Beijing

B.10 Practice, Problems and Suggestions of the Community and Home-based Care Service for the Elderly in Beijing Rural Area from the Common Prosperity Perspective

Dong Tingyue / 204

Abstract: Facing the urgent and difficult problems of elderly groups such as the elderly in rural areas, staying behind, and living alone, and improving the supplement of Community Home-based Elderly Care Services in rural communities is the due meaning of common prosperity. At present, the system of Community Home-based Elderly Care Services in Beijing rural communities has been established basically. And the local communities also explored innovative care services such as the cultural elderly care service, charity elderly care service, industrial elderly care service and so on. However, due to the unclear boundary of government responsibilities, inefficient market resource allocation mechanism, and long and numerous historical debts, the current Community Home-based Elderly

Care Services in Beijing rural area is still in the initial stage, with limited supplement, insufficient vitality, low quality and weak effective demand. Therefore, this report puts forward the improving suggestions for the system of Community Home-based Elderly Care Services in Beijing rural area from five aspects: integration of urban and rural facilities, diversification of participants, stabilization of talent team, precision of service, and systematic supervision. The aims of these suggestions include improvement of Beijing rural elderly care service network, innovation of the elderly care service mode, and balance between rural and urban area.

Keywords: Common Prosperity; Community and Home-based Care Service in Rural Area; The High-standard of a Pacesetter; Beijing

B.11　Research on Demands of the Elderly in Beijing

　　—*A Case Study of M Street*

Tan Xiaoyan, Fan Weigang and Xue Weiling / 226

Abstract: The imperative to improve the precision and refinement of elderly care services necessitates policy development and implementation driven by demand-oriented approaches. From a governance community perspective, Beijing's elderly care service policies have adopted a "symbiotic" model of locally-based and nearby elderly care services, characterized by widespread accessibility, diverse supply, targeted delivery, and standardized regulation. Research conducted in M Street reveals several challenges, including limited effectiveness of diverse participants in providing elderly care services, a lack of diverse and interactive community spaces, insufficient precision in life care services, significant internal heterogeneity in the demand for spiritual and cultural services, and untapped potential for elderly community participation. Recommendations are proposed, including promoting diversified development among elderly care service providers, optimizing the layout of community elderly care service infrastructure.

Keywords: Retirement Needs; Precision Service; Agency Role

Abstract: This report introduces the background and status quo of the development of elderly friendly communities in China, as well as the work of development and evaluation of the national demonstrative elderly friendly communities in Beijing. Moreover, a survey and analysis were conducted on the current situation of elderly friendly communities in Beijing from the perspective of the needs of senior people. Some suggestions were made for acceleration of development of elderly friendly communities in Beijing, including improving the accessibility system and community environment, increasing public rest space for senior people, accelerating R&D and application of ICT-based or smart aging products and services, providing adequate categorized guidance and training, increasing investment from diversified sources, incorporating the development and evaluation work of the national demonstrative elderly friendly communities into government performance evaluation and strengthening publicity.

Keywords: Population Aging; Elderly Friendly Community; Beijing

北京市哲学社会科学研究基地智库报告系列丛书

推动智库成果深度转化

打造首都新型智库拳头产品

为贯彻落实中共中央和北京市委关于繁荣发展哲学社会科学的指示精神，北京市社科规划办和北京市教委自 2004 年以来，依托首都高校、科研机构的优势学科和研究特色，建设了一批北京市哲学社会科学研究基地。研究基地在优化整合社科资源、资政育人、体制创新、服务首都改革发展等方面发挥了重要作用，为首都新型智库建设进行了积极探索，成为首都新型智库的重要力量。

围绕新时期首都改革发展的重点热点难点问题，北京市社科联、北京市社科规划办、北京市教委与社会科学文献出版社联合推出"北京市哲学社会科学研究基地智库报告系列丛书"。

北京市哲学社会科学研究基地智库报告系列丛书

（按照丛书名拼音排列）

·北京产业蓝皮书：北京产业发展报告

·北京人口蓝皮书：北京人口发展研究报告

·城市管理蓝皮书：中国城市管理报告

·法治政府蓝皮书：中国法治政府发展报告

·健康城市蓝皮书：北京健康城市建设研究报告

·京津冀蓝皮书：京津冀发展报告

·平安中国蓝皮书：平安北京建设发展报告

·企业海外发展蓝皮书：中国企业海外发展报告

·首都文化贸易蓝皮书：首都文化贸易发展报告

·中央商务区蓝皮书：中央商务区产业发展报告

社会科学文献出版社

皮 书

智库成果出版与传播平台

❖ 皮书定义 ❖

皮书是对中国与世界发展状况和热点问题进行年度监测，以专业的角度、专家的视野和实证研究方法，针对某一领域或区域现状与发展态势展开分析和预测，具备前沿性、原创性、实证性、连续性、时效性等特点的公开出版物，由一系列权威研究报告组成。

❖ 皮书作者 ❖

皮书系列报告作者以国内外一流研究机构、知名高校等重点智库的研究人员为主，多为相关领域一流专家学者，他们的观点代表了当下学界对中国与世界的现实和未来最高水平的解读与分析。截至2022年底，皮书研创机构逾千家，报告作者累计超过10万人。

❖ 皮书荣誉 ❖

皮书作为中国社会科学院基础理论研究与应用对策研究融合发展的代表性成果，不仅是哲学社会科学工作者服务中国特色社会主义现代化建设的重要成果，更是助力中国特色新型智库建设、构建中国特色哲学社会科学"三大体系"的重要平台。皮书系列先后被列入"十二五""十三五""十四五"时期国家重点出版物出版专项规划项目；2013~2023年，重点皮书列入中国社会科学院国家哲学社会科学创新工程项目。

皮书网

（网址：www.pishu.cn）

发布皮书研创资讯，传播皮书精彩内容
引领皮书出版潮流，打造皮书服务平台

栏目设置

◆关于皮书

何谓皮书、皮书分类、皮书大事记、
皮书荣誉、皮书出版第一人、皮书编辑部

◆最新资讯

通知公告、新闻动态、媒体聚焦、
网站专题、视频直播、下载专区

◆皮书研创

皮书规范、皮书选题、皮书出版、
皮书研究、研创团队

◆皮书评奖评价

指标体系、皮书评价、皮书评奖

◆皮书研究院理事会

理事会章程、理事单位、个人理事、高级
研究员、理事会秘书处、入会指南

所获荣誉

◆2008年、2011年、2014年，皮书网均
在全国新闻出版业网站荣誉评选中获得
"最具商业价值网站"称号；
◆2012年，获得"出版业网站百强"称号。

网库合一

2014年，皮书网与皮书数据库端口合
一，实现资源共享，搭建智库成果融合创
新平台。

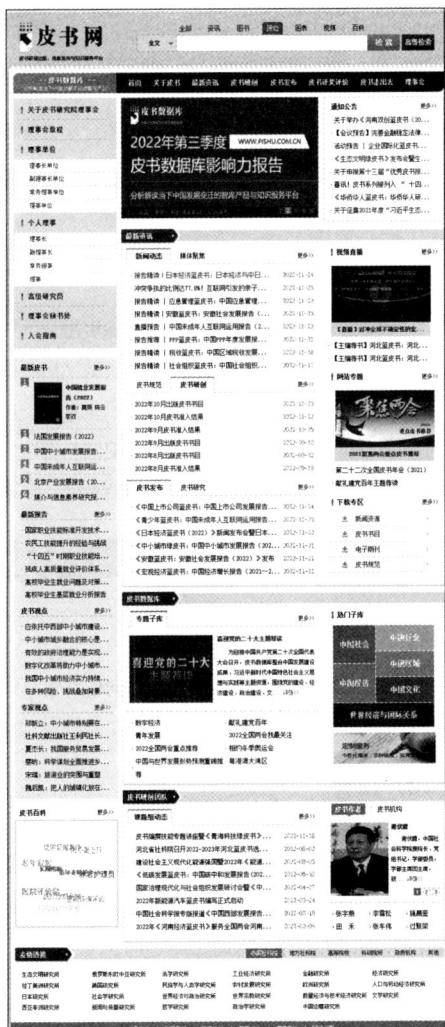

皮书网

"皮书说"
微信公众号

皮书微博

权威报告·连续出版·独家资源

皮书数据库
ANNUAL REPORT(YEARBOOK)
DATABASE

分析解读当下中国发展变迁的高端智库平台

所获荣誉

- 2020年，入选全国新闻出版深度融合发展创新案例
- 2019年，入选国家新闻出版署数字出版精品遴选推荐计划
- 2016年，入选"十三五"国家重点电子出版物出版规划骨干工程
- 2013年，荣获"中国出版政府奖·网络出版物奖"提名奖
- 连续多年荣获中国数字出版博览会"数字出版·优秀品牌"奖

皮书数据库　　"社科数托邦"
微信公众号

成为用户

　　登录网址www.pishu.com.cn访问皮书数据库网站或下载皮书数据库APP，通过手机号码验证或邮箱验证即可成为皮书数据库用户。

用户福利

- 已注册用户购书后可免费获赠100元皮书数据库充值卡。刮开充值卡涂层获取充值密码，登录并进入"会员中心"—"在线充值"—"充值卡充值"，充值成功即可购买和查看数据库内容。
- 用户福利最终解释权归社会科学文献出版社所有。

社会科学文献出版社 皮书系列
SOCIAL SCIENCES ACADEMIC PRESS (CHINA)

卡号：132638288653
密码：

数据库服务热线：400-008-6695
数据库服务QQ：2475522410
数据库服务邮箱：database@ssap.cn
图书销售热线：010-59367070/7028
图书服务QQ：1265056568
图书服务邮箱：duzhe@ssap.cn

S 基本子库
SUB DATABASE

中国社会发展数据库（下设 12 个专题子库）

紧扣人口、政治、外交、法律、教育、医疗卫生、资源环境等 12 个社会发展领域的前沿和热点，全面整合专业著作、智库报告、学术资讯、调研数据等类型资源，帮助用户追踪中国社会发展动态、研究社会发展战略与政策、了解社会热点问题、分析社会发展趋势。

中国经济发展数据库（下设 12 专题子库）

内容涵盖宏观经济、产业经济、工业经济、农业经济、财政金融、房地产经济、城市经济、商业贸易等 12 个重点经济领域，为把握经济运行态势、洞察经济发展规律、研判经济发展趋势、进行经济调控决策提供参考和依据。

中国行业发展数据库（下设 17 个专题子库）

以中国国民经济行业分类为依据，覆盖金融业、旅游业、交通运输业、能源矿产业、制造业等 100 多个行业，跟踪分析国民经济相关行业市场运行状况和政策导向，汇集行业发展前沿资讯，为投资、从业及各种经济决策提供理论支撑和实践指导。

中国区域发展数据库（下设 4 个专题子库）

对中国特定区域内的经济、社会、文化等领域现状与发展情况进行深度分析和预测，涉及省级行政区、城市群、城市、农村等不同维度，研究层级至县及县以下行政区，为学者研究地方经济社会宏观态势、经验模式、发展案例提供支撑，为地方政府决策提供参考。

中国文化传媒数据库（下设 18 个专题子库）

内容覆盖文化产业、新闻传播、电影娱乐、文学艺术、群众文化、图书情报等 18 个重点研究领域，聚焦文化传媒领域发展前沿、热点话题、行业实践，服务用户的教学科研、文化投资、企业规划等需要。

世界经济与国际关系数据库（下设 6 个专题子库）

整合世界经济、国际政治、世界文化与科技、全球性问题、国际组织与国际法、区域研究 6 大领域研究成果，对世界经济形势、国际形势进行连续性深度分析，对年度热点问题进行专题解读，为研判全球发展趋势提供事实和数据支持。

法律声明